Unternehmensübernahmen
nach Schweizer Recht

Unternehmensübernahmen nach Schweizer Recht

Ein Handbuch zu Übernahmen, Fusionen und Unternehmenszusammenschlüssen

Rudolf Tschäni
Rechtsanwalt

Verlag Helbing & Lichtenhahn
Basel und Frankfurt am Main
1989

CIP-Titelaufnahme der Deutschen Bibliothek

Tschäni, Rudolf:
Unternehmensübernahmen nach Schweizer Recht :
ein Handbuch zu Übernahmen, Fusionen und
Unternehmenszusammenschlüssen / Rudolf Tschäni. – Stand:
1. November 1988. – Basel ; Frankfurt am Main : Helbing u.
Lichtenhahn, 1989
ISBN 3-7190-1054-6

Das Werk einschliesslich aller seiner Teile ist urheberrechtlich geschützt. Jede Verwertung ausserhalb der engen Grenzen des Urheberrechtsgesetzes ist ohne Zustimmung des Verlags unzulässig und strafbar. Das gilt insbesondere für Vervielfältigungen, Übersetzungen, Mikroverfilmungen und die Einspeicherung und Verarbeitung in elektronischen Programmen und Systemen.

ISBN 3-7190-1054-6
Bestellnummer 21 01054
© 1989 by Helbing & Lichtenhahn Verlag AG, Basel
Umschlaggestaltung: Oliver Vischer, Basel
Gesamtherstellung: Merkur Druck AG, Langenthal

Vorwort

Der Anreiz, dieses Buch zu schreiben, ist aus der praktischen Tätigkeit entstanden. Ich habe stets bedauert, dass es zum Thema der Unternehmensübernahmen keine Gesamtdarstellung der schweizerischen Rechtsvorschriften gibt. Diese Lücke möchte ich schliessen.

Erwerb und Zusammenschlüsse von Unternehmen sind zwar interessante, aber auch schwierig zu bewältigende Vorgänge. Es kommen eine Vielzahl von privat- und steuerrechtlichen Vorschriften, einschliesslich Gesellschaftsrecht, Arbeitsrecht, Recht über den Grundstückerwerb durch Ausländer (Lex Friedrich), Bankenrecht und Kartellrecht zur Anwendung. Diese sollen hierin gesamthaft mit dem Ziel dargestellt werden, dem Benützer einen – auch mit Hilfe des Sachwortverzeichnisses – raschen Zugriff zu den ihn interessierenden Fragen zu ermöglichen.

Angesprochen sind hiermit in erster Linie Rechtsberater, aber auch Unternehmensvermittler (Banken, Treuhandgesellschaften, Unternehmensberater), Revisoren, Unternehmer und Manager. Die Orientierung erfolgt nach praktischen Gesichtspunkten im Sinne eines Handbuches.

Mein herzlicher Dank geht zunächst an meine Partner und Bürokollegen, welche mir die für das Schreiben dieses Buches notwendige Zeit grosszügig zugestanden und mir mit vielen Anregungen weitergeholfen haben.

Verbunden fühle ich mich auch R. Marti (Sekretariat der Eidg. Bankenkommission), Dr. C. Stockar (Eidg. Steuerverwaltung), R. Venzin (Steuerverwaltung des Kantons Zug), Prof. Dr. R. Volkart (Universität Zürich) und Dr. H. P. Widmer (Sekretariat der Eidg. Kartellkommission) für ihre Hilfsbereitschaft und wichtigen Hinweise. Natürlich bleibe ich aber für meine Ausführungen selber verantwortlich.

Spezieller Dank gebührt meinen beiden geschätzten Kollegen RA Urs Rohner und RA Matthias Oertle, welche das Manuskript kritisch durchgesehen haben und mir wirkungsvoll zur Seite gestanden sind.

Zürich, November 1988

Inhaltsverzeichnis

§ 1	**Grundlagen**	1
I.	*Zweck und Abgrenzungen*	1
II.	*Gründe für Erwerb und Zusammenschluss von Unternehmen*	4
	1. Beweggründe des Erwerbers	4
	2. Beweggründe des Veräusserers	5
	3. Gründe für Unternehmenszusammenschlüsse	5
III.	*Unternehmensbewertung*	6
	1. Bedeutung	6
	2. Verfahren in der Praxis	6
§ 2	**Rechtsverhältnisse vor dem Erwerb oder Zusammenschluss von Unternehmen**	9
I.	*Vertragsverhandlungen*	9
	1. Vorvertragliche Verpflichtungen	9
	2. Abbruch der Vertragsverhandlungen	9
	3. Erteilen von Auskünften	9
	4. Rechtsnatur der vorvertraglichen Haftung	10
	5. Letter of Intent, Punktationen und Vorvertrag	11
	a) Letter of Intent	11
	b) Punktationen	12
	c) Vorvertrag	12
II.	*Vermittler*	13
	1. Mäklervertrag	13
	2. Mäklerlohn (Honorar)	13
	3. Exklusivität	14
	4. Sorgfaltspflicht des Mäklers	14
	5. Zurechnung des Verhalten des Mäklers	14
	6. Beendigung des Mäklervertrages	14
III.	*Unfreundliche Übernahmen («Unfriendly Take-Overs»)*	15
IV.	*Verbot des Insiderhandels*	15
§ 3	**Übernahme eines Unternehmens mit Aktiven und Passiven**	17
I.	*Vorbemerkungen*	17
II.	*Kauf eines Unternehmens mit Aktiven und Passiven («Purchase of Assets»)*	17
	1. Fallbeispiele	17
	2. Grundsatz: Singularsukzession (Einzelnachfolge)	18
	3. Grundstücke	18

	4.	Bewegliche Sachen	19
	5.	Wertpapiere	19
	6.	Immaterialgüterrechte	20
		a) Patente	20
		b) Fabrikationsgeheimnisse, Know-how	20
		c) Urheberrechte	20
		d) Muster und Modelle	20
		e) Marken	21
		f) Firma	21
	7.	Geschäftsbücher	22
	8.	Vertragsübernahmen	22
	9.	Forderungen	23
	10.	Schulden	23
	11.	Haftung	24
	12.	Mietverträge	25
		a) Unternehmen als Mieter	25
		b) Unternehmen als Vermieter	26
	13.	Arbeitsverträge	27
	14.	Leasingverträge	28
	15.	Lizenzverträge	28
		a) Unternehmen als Lizenznehmer	28
		b) Unternehmen als Lizenzgeber	29
	16.	Versicherungen	30
		a) Sachversicherungen	30
		b) Motorfahrzeughaftpflicht	31
		c) Andere Versicherungen	31
		d) Sozialversicherungen	31
	17.	Hängige Prozesse	32
III.	*Einlage eines Unternehmens mit Aktiven und Passiven («Contribution of Assets»)*		34
	1.	Einlage in eine Personengesellschaft	34
	2.	Einlage in eine AG	36
		a) Sacheinlage	36
		b) Sachübernahme	39
		c) Kapitalerhöhung	39

§ 4 Erwerb von Gesellschaftsanteilen — 41

I.	*Kauf von Gesellschaftsanteilen («Purchase of Shares»)*		41
	1.	Kauf von Anteilen an Personengesellschaften	41
	2.	Kauf von Aktien	42
		a) Inhaberaktien	42
		b) Namenaktien	43
		c) Vinkulierte Namenaktien	43
		d) Rektaaktien	44
		e) Nichtverurkundete Aktien	44

		f)	Zustimmung der übrigen Aktionäre	44
		g)	Haftungsverhältnisse	44
		h)	Zur Kontrolle erforderliche Mehrheit	45
		i)	Öffentliches Übernahmeangebot («Tender Offer»)	47
II.	Einlage von Gesellschaftsanteilen («Contribution of Shares»)			48
	1. Einlage in eine Personengesellschaft			48
	2. Einlage in eine AG			49

§ 5 Fusion und Gemeinschaftsunternehmen («Joint Ventures») 50

I. Fusion 50
   1. Anwendungsbereich 50
   2. Universalsukzession 50
   3. Mitgliedschaftsrechtliche Kontinuität 53
   4. Auflösung ohne Liquidation 54
   5. Durchführung der Fusion 55
      a) Fusionsvertrag 55
      b) Generalversammlungsbeschlüsse 55
      c) Publizität 56
      d) Eintragung im Handelsregister 56
   6. Schutz der Gläubiger 57

II. Unechte Fusion 57

III. Quasifusion («Shares for Shares») 58
   1. Bedeutung und Arten 58
   2. Zusammenschlussvertrag 59
      a) Rechtsnatur 59
      b) Inhalt 60
   3. Bereitstellen der Aktien durch die übernehmende Gesellschaft 60
   4. Erwerb der Anteile der übernommenen Gesellschaft 61
   5. Gesellschaftsrechtliche Bestimmungen 62

IV. Gemeinschaftsunternehmen («Joint Ventures») 62
   1. Arten 62
   2. Grundvereinbarung 63
      a) Inhalt 63
      b) Rechtsnatur 64
      c) Dauer 64
      d) Stimmbindungen 65
      e) Übertragungsbeschränkungen 66
      f) Vollzug der Grundvereinbarung 67
      g) Satellitenverträge 67

§ 6 Management Buy-Out 68

   1. Erscheinungsformen 68
   2. Finanzierung durch Lombardkredit 68

3. Sicherung der Finanzierung durch Aktiven der übernommenen Gesellschaft ... 69
   a) Arten ... 69
   b) Darlehen der Bank an die Betriebsgesellschaft ... 70
      aa) Verstoss gegen die guten Sitten? ... 70
      bb) Verstoss gegen den Gesellschaftszweck? ... 71
      cc) Folgerungen ... 72
   c) Darlehen der Betriebsgesellschaft an die Holdinggesellschaft ... 72
      aa) Verstoss gegen das Verbot der Einlagerückgewähr? ... 72
      bb) Nachträgliche Bildung eines Non-Versé? ... 73
      cc) Verantwortlichkeit des Verwaltungsrates ... 73
      dd) Verstoss gegen den Gesellschaftszweck? ... 73
      ee) Paulianische Anfechtungsklage ... 74
   d) Sicherungsverträge der Betriebsgesellschaft ... 75
      aa) Sicherung zugunsten der Bank ... 75
      bb) Sicherung zugunsten des Verkäufers ... 75
   e) Schlussfolgerungen und Alternativen ... 75
4. Zivilrechtliche Konflikte ... 77
   a) Manager als Arbeitnehmer ... 77
   b) Doppelvertretung ... 77
5. Strafrechtliche Schranken ... 78
   a) Verbot des Insiderhandels ... 78
   b) Ungetreue Geschäftsführung ... 79

§ 7 Der Unternehmenskauf ... 80

I. *Vorbemerkungen* ... 80

II. *Kaufpreis* ... 80
  1. Ermittlung ... 80
  2. Zahlungsmodalitäten ... 81
    a) Fälligkeit und Erfüllungsort ... 81
    b) Sicherheiten ... 81
    c) Escrow Agreement ... 82

III. *Nutzen und Gefahr* ... 83
  1. Bedeutung und Folgen ... 83
  2. Closing ... 83

IV. *Erfüllungsstörungen* ... 85
  1. Übersicht ... 85
  2. Nichterfüllung oder verspätete Erfüllung ... 85
    a) Seitens des Käufers ... 85
    b) Seitens des Verkäufers ... 87
    c) Einrede des nichterfüllten Vertrages ... 88
  3. Gewährleistung für Mängel ... 88
    a) Rechtsgewährleistung ... 88
      aa) Voraussetzungen und Folgen ... 88

		bb)	Verkauf eines Unternehmens mit Aktiven und Passiven	89
		cc)	Verkauf von Anteilen	90
	b)	Sachgewährleistung		90
		aa)	Allgemeine Voraussetzungen und Folgen	90
		bb)	Besonderheiten beim Unternehmenskauf	91
		cc)	Verkauf eines Unternehmens mit Aktiven und Passiven	92
		dd)	Verkauf von Anteilen	93
			aaa) Wertpapiere	93
			bbb) Nichtverurkundete Mitgliedschaftsrechte	93
			ccc) Vinkulierte Namenaktien	94
			ddd) Rektaaktien	94
			eee) Börsengeschäfte	95
			fff) Aktienkauf	95
			ggg) Trennung zwischen AG und Unternehmen	96
			hhh) Wandelung, Minderung, Schadenersatz	97
			iii) Anteile an Personengesellschaften	99
4.	Willensmängel bei Vertragsabschluss			99
	a)	Übersicht über die gesetzlichen Vorschriften		99
	b)	Irrtum und Täuschung beim Unternehmenskauf		100
5.	Abgrenzungen			101

V. *Internationaler Unternehmenskauf*   102
     1. Internationale Sachverhalte   102
     2. Auf Vertrag anwendbares Recht   102
     3. Auf Zession anwendbares Recht   103
     4. Auf Schuldübernahme anwendbares Recht   104
     5. Auf gesellschaftsrechtliche Vorgänge anwendbares Recht   104
     6. Auf dingliche Verfügungen anwendbares Recht   105
     7. Internationale Fusionen   105
     8. Extraterritoriale Wirkungen fremden Rechts   105

VI. *Zusatz: Besonderheiten beim Sacheinlage-, Sachübernahme- und Fusionsvertrag*   106
     1. Sacheinlagevertrag   106
        a) Bei einer Personengesellschaft   106
        b) Bei einer AG   107
     2. Sachübernahmevertrag   108
     3. Fusionsvertrag   108

§ 8 Verfügungsbeschränkungen für den Erwerb und Zusammenschluss von Unternehmen   110

I. *Privatrechtliche Beschränkungen*   110
     1. Allgemeines   110
        a) Personen-, Familien- und Erbrecht   110
        b) Gesellschaftsrecht   110
           aa) Vertretung einer Personengesellschaft   110
           bb) Vertretung einer AG   111

	2.	Vertretungsmacht beim Verkauf eines Unternehmens mit Aktiven und Passiven	111
		a) Personengesellschaften	111
		b) AG	113
	3.	Vertretungsmacht beim Kauf eines Unternehmens	115
II.	*Öffentlichrechtliche Beschränkungen*	116
	1.	Allgemeines	116
	2.	Kartellrecht	117
		a) Verwaltungsrechtliche Bestimmungen	117
		b) Zivil- und prozessrechtliche Bestimmungen	118
	3.	Bankenrecht	119
		a) Geltungsbereich	119
		b) Bewilligungspflichtige und andere Übernahmen	120
		aa) Übernahme einer Bank mit Aktiven und Passiven	120
		bb) Übernahme eines Unternehmens mit Aktiven und Passiven durch eine Bank	120
		cc) Übernahme einer bankähnlichen Finanzgesellschaft mit Aktiven und Passiven	121
		dd) Übernahme eines Unternehmens mit Aktiven und Passiven durch eine bankähnliche Finanzgesellschaft	121
		ee) Übernahme der Aktien einer Bank-AG	121
		ff) Übernahme der Anteile einer Gesellschaft durch eine Bank	121
		gg) Fusionen	122
		c) Zusatzbewilligung für ausländisch beherrschte Banken	122
		aa) Voraussetzungen	122
		bb) Ausländische Beherrschung	122
		cc) Gegenrecht	123
		dd) Bewilligungspflichtige Übernahmen	123
		aaa) Vorbemerkungen	123
		bbb) Übernahme einer Schweizer Bank durch Ausländer	124
		ccc) Fusionen	124
		ee) Schlussbemerkung	124
		d) Auswirkungen fehlender oder verweigerter Bewilligungen	124
III.	*Grundstückerwerb durch Ausländer (Lex Friedrich)*	125
	1.	Bewilligungspflicht	125
		a) Geltungsbereich	125
		b) Anwendungsfälle	126
		aa) Übernahme eines Unternehmens mit Aktiven und Passiven	126
		bb) Übernahme einer Personengesellschaft	127
		cc) Übernahme einer AG	127
	2.	Bewilligungsvoraussetzungen	128
		a) Notwendigkeit zum Betrieb des übernommenen Unternehmens	128
		b) Tatsächliche Leitung durch den Erwerber	128
	3.	Zwingende Verweigerungsgründe	129
	4.	Bedingungen und Auflagen	129
	5.	Sanktionen	130

§ 9 Steuerliche Folgen von Unternehmensübernahmen 132

I. *Vorbemerkungen* 132
II. *Übernahme eines Unternehmens mit Aktiven und Passiven* 133
    1. Kauf eines Unternehmens 133
        a) Umsatzabgabe 133
            aa) Voraussetzungen 133
            bb) Steuerbare Urkunden 133
            cc) Inländische Effektenhändler 133
            dd) Vermittlung 134
            ee) Entgelt 134
            ff) Berechnung der Abgabe 134
            gg) Entstehen der Abgabe und Abgabepflicht 134
        b) Verrechnungssteuer 135
            aa) Verkauf eines Personenunternehmens 135
            bb) Verkauf eines AG-Unternehmens 135
            cc) Bemessung der Verrechnungssteuer 136
            dd) Rückerstattung der Verrechnungssteuer 136
        c) Einkommens- und Ertragssteuer 136
            aa) Beim Verkäufer 136
                aaa) Verkauf einer Einzelfirma 136
                bbb) Verkauf eines Personenunternehmens 137
                ccc) Verkauf eines AG-Unternehmens 137
            bb) Bei den Aktionären der verkaufenden AG 138
        d) Grundstückgewinnsteuer 138
        e) Warenumsatzsteuer 139
    2. Einlage eines Unternehmens 139
        a) Einlage eines Personenunternehmens in eine Personengesellschaft 139
            aa) Einkommenssteuer 139
            bb) Stempelabgaben und Verrechnungssteuer 140
        b) Einlage eines AG-Unternehmens in eine Personengesellschaft 140
            aa) Ertrags- und Einkommenssteuer 140
            bb) Stempelabgaben und Verrechnungssteuer 140
        c) Einlage eines Unternehmens in eine AG 141
            aa) Emissionsabgabe 141
            bb) Umsatzabgabe 141
            cc) Verrechnungssteuer 142
            dd) Einkommens- und Ertragssteuer 142
            ee) Grundstückgewinnsteuer 143
III. *Erwerb von Gesellschaftsanteilen* 143
    1. Kauf von Gesellschaftsanteilen 143
        a) Anteile an Personengesellschaften 143
            aa) Umsatzabgabe 143
            bb) Verrechnungssteuer 144
            cc) Einkommenssteuer 144
            dd) Grundstückgewinnsteuer 144

				b) Kauf von Aktien	144

  b) Kauf von Aktien 144
     aa) Umsatzabgabe 144
     bb) Emissionsabgabe 144
     cc) Verrechnungssteuer 144
     dd) Einkommens- und Ertragssteuer 146
     ee) Grundstückgewinnsteuer 148
  2. Einlage von Gesellschaftsanteilen 148
     a) Einlage in eine Personengesellschaft 148
        aa) Stempelabgaben 148
        bb) Verrechnungssteuer 148
        cc) Einkommens- und Ertragssteuer 149
        dd) Grundstückgewinnsteuer 149
     b) Einlage in eine AG 149
        aa) Stempelabgaben 149
        bb) Verrechnungssteuer 149
        cc) Einkommens- und Ertragssteuer 150
        dd) Grundstückgewinnsteuer 151

IV. Fusion 151
  1. Echte Fusion 151
     a) Emissionsabgabe 151
     b) Umsatzabgabe 151
     c) Verrechnungssteuer 151
     d) Einkommens- und Ertragssteuer 152
        aa) Bei der übernehmenden Gesellschaft 152
        bb) Bei der untergehenden Gesellschaft 152
        cc) Bei den Aktionären der untergehenden Gesellschaft ... 153
        dd) Absorption einer Tochtergesellschaft 153
  2. Fusionsähnliche Sachverhalte: Unechte Fusion und Quasifusion . 153
     a) Definition 153
     b) Emissionsabgabe 154
        aa) Anwendungsbereich 154
        bb) Voraussetzungen für die Anwendung des privilegierten Satzes von 1 Prozent 154
     c) Umsatzabgabe 155
        aa) Unechte Fusion 155
        bb) Quasifusion 155
     d) Verrechnungssteuer 156
     e) Einkommens- und Ertragssteuer 156
     f) Grundstückgewinnsteuer 157

V. Gemeinschaftsunternehmen 157
VI. Management Buy-Out 158

§ 10 Vertragsgestaltung 159

I. *Vorbemerkungen* 159

	1. Überblick	159
	2. Grundlagen der Vertragsgestaltung	159
II.	*Unternehmenskaufvertrag*	160
	1. Parteien	160
	2. Präambel	160
	3. Kaufobjekt	161
	a) Unternehmen oder Gesellschaft	161
	b) Unternehmen mit Aktiven und Passiven	161
	c) Mitgliedschaft einer Personengesellschaft	161
	d) Aktien	162
	4. Kaufpreisbestimmung	162
	5. Gewährleistungen	162
	6. Übergangszeit	163
	7. Inkrafttreten, Bedingungen, Closing	164
	8. Weitere Vertragsklauseln	164
III.	*Sacheinlage- und Sachübernahmevertrag*	165
	1. Sacheinlagevertrag	165
	a) Bei einer AG	165
	b) Bei einer Personengesellschaft	165
	2. Sachübernahmevertrag	166
IV.	*Fusionsvertrag*	166

§ 11 Unfreundliche Übernahmen («Unfriendly Take-Overs»)   168

I.	*Angriffsmittel*	168
	1. Geheimer Aufkauf	168
	2. Öffentliches Übernahmeangebot («Tender Offer»)	169
	a) Bedeutung und Rechtsnatur	169
	b) Zustellung an die Aktionäre	170
	c) Pflichten des Verwaltungsrates der angegriffenen Gesellschaft	170
	3. Recht zur Einberufung der Generalversammlung	171
	a) Voraussetzungen	171
	b) Traktanden	172
	4. Abstimmungskämpfe	172
	a) Recht zur Vorbereitung der Generalversammlung	172
	b) Antragsrecht	173
	c) Proxy Rules	173
	5. Wahl des Verwaltungsrates	174
	a) Grundsatz: Majorzsystem	174
	b) Wahlrecht verschiedener Aktienkategorien	174
	6. Auskunftsrecht	175
	a) Auskunfts- und Einsichtsrecht	175
	b) Einsicht in das Aktienbuch	176
	c) Klage auf Auskunft	176
	7. Klagerechte	176

		a) Klagemöglichkeiten	176
		b) Superprovisorische Verfügungen	177
		c) Schranken	177
II.	*Abwehrmittel*		178
	1.	Vinkulierung	178
	2.	Stimmrechts- und Vertretungsbeschränkungen	180
		a) Stimmrechtsbeschränkungen	180
		b) Vertretungsbeschränkungen	181
	3.	Stimmrechtsaktien	181
	4.	Partizipationsscheine	182
	5.	Kapitalerhöhungen	182
	6.	Erwerb eigener Aktien	183
	7.	Aktionärbindungsverträge und statutarische Erwerbsberechtigungen	183
	8.	Weitere statutarische Massnahmen	184
		a) Anwesenheits- und Mehrheitserfordernisse	184
		b) Abschreckungsklauseln nach amerikanischer Art	184

Literaturverzeichnis 185

Sachwortverzeichnis 191

Abkürzungsverzeichnis

AG	Die Aktiengesellschaft
AGVE	Aargauische Gerichts- und Verwaltungsentscheide
AHV	Alters- und Hinterlassenenversicherung
a.M.	andere Meinung
ASA	Archiv für Schweizer Abgaberecht
BdBSt	Bundesratsbeschluss über die Erhebung einer direkten Bundessteuer vom 9. Dezember 1940
BewG	Bundesgesetz über den Erwerb von Grundstücken durch Personen im Ausland vom 16. Dezember 1983
BewV	Verordnung über den Erwerb von Grundstücken durch Personen im Ausland vom 1. Oktober 1984
BGE	Bundesgerichtsentscheid
BJM	Basler Juristische Mitteilungen
BZPO	Bundesgesetz über den Bundeszivilprozess vom 4. Dezember 1947
DB	Der Betrieb
EBK	Eidgenössische Bankenkommission
ESTV	Eidgenössische Steuerverwaltung
FS	Festschrift
GWB	Gesetz gegen Wettbewerbsbeschränkungen in der Fassung vom 24. September 1980
GBV	Verordnung betreffend das Grundbuch, in der revidierten Fassung vom 19. Oktober 1987
GU	Gemeinschaftsunternehmen
HRV	Verordnung über das Handelsregister vom 7. Juni 1937
IPRG	Bundesgesetz über das internationale Privatrecht vom 18. Dezember 1987
IV	Invalidenversicherung
i.V.m.	in Verbindung mit
JDT	Journal des Tribunaux
KG	Bundesgesetz über Kartelle und ähnliche Organisationen vom 20. Dezember 1985
MMG	Bundesgesetz betreffend die gewerblichen Muster und Modelle vom 30. März 1900
MMV	Verordnung über die gewerblichen Muster und Modelle
MSchG	Bundesgesetz betreffend den Schutz der Fabrik- und Handelsmarken, die Herkunftsbezeichnungen von Waren und die gewerblichen Auszeichnungen vom 26. September 1890
MSchV	Verordnung über den Schutz der Fabrik- und Handelsmarken vom 24. April 1929
OR	Schweizerisches Obligationenrecht vom 30. März 1911
Pra	Praxis des Bundesgerichts
PatG	Bundesgesetz betreffend die Erfindungspatente vom 25. Juni 1954
PatV	Verordnung über die Erfindungspatente vom 19. Oktober 1977

SAG	Schweizerische Aktiengesellschaft
SchKG	Bundesgesetz über Schuldbetreibung und Konkurs vom 11. April 1889
SJ	Semaine Judiciaire
SJZ	Schweizerische Juristenzeitung
SP	Schweizerisches Privatrecht
ST	Der Schweizer Treuhänder
StE	Der Steuerentscheid
StG	Bundesgesetz über die Stempelabgaben vom 27. Juni 1973
StGB	Schweizerisches Strafgesetzbuch vom 21. Dezember 1937
StR	Steuer Revue
StV	Verordnung über die Stempelabgaben vom 3. Dezember 1973
SVG	Strassenverkehrsgesetz vom 19. Dezember 1958
URG	Bundesgesetz betreffend das Urheberrecht an Werken der Literatur und Kunst vom 7. Dezember 1922
UVG	Bundesgesetz über die Unfallversicherung vom 20. März 1981
UVV	Verordnung über die Unfallversicherung vom 20. Dezember 1982
VStG	Bundesgesetz über die Verrechnungssteuer vom 13. Oktober 1965
VStV	Vollziehungsverordnung zum Bundesgesetz über die Verrechnungssteuer vom 19. Dezember 1966
VKKP	Veröffentlichungen der Schweizerischen Kartellkommission und des Preisüberwachers
VVG	Bundesgesetz über den Versicherungsvertrag vom 2. April 1908
ZBJV	Zeitschrift des bernischen Juristenvereins
ZGB	Schweizerisches Zivilgesetzbuch vom 10. Dezember 1907
zit.	zitiert
ZPO	Zivilprozessordnung
ZR	Blätter für Zürcherische Rechtsprechung
ZVglRWiss	Zeitschrift für vergleichende Rechtswissenschaft

§ 1 Grundlagen

I. Zweck und Abgrenzungen

Zweck dieser Arbeit ist eine *Gesamtdarstellung* der auf Unternehmensübernahmen und -zusammenschlüsse anwendbaren Rechtsnormen. *Übernahme* im vorliegenden Sinn umfasst den Erwerb von Unternehmen durch von den bisherigen Eigentümern unabhängige Drittpersonen, wobei die früheren Inhaber gezwungenermassen oder freiwillig die Kontrolle aufgeben. Zu denken ist beispielsweise an den Kauf eines Unternehmens durch einen Konkurrenten, bei dem die bisherigen Inhaber aus dem Geschäft ausscheiden. Unter *Unternehmenszusammenschluss* wird das Zusammenführen von zwei oder mehreren Unternehmen, welche vorher unabhängig voneinander wirtschafteten, zu einer neuen wirtschaftlichen Einheit verstanden. Typisches Beispiel eines solchen Zusammenschlusses ist die Fusion zweier Gesellschaften auf dem Wege der Kombination, bei der eine neue Gesellschaft gegründet und die fusionierten Gesellschaften aufgelöst werden. Die beiden Begriffe «Unternehmensübernahme» und «Unternehmenszusammenschluss» sind nicht sehr präzise voneinander abgrenzbar. Die «Übernahme» betrifft eher Sachverhalte, in denen eines der beteiligten Unternehmen das andere in seine Kontrolle bringt; ferner jene Fälle, in denen der Übernehmer selber kein Unternehmen betreibt. Der «Zusammenschluss» setzt demgegenüber das Vorhandensein von mindestens zwei Unternehmen voraus und ist begrifflich in Hinsicht auf die Kontrollverhältnisse zwischen den Beteiligten neutral.

1.

Im Schrifttum wird grundsätzlich unterschieden zwischen drei Kategorien von Unternehmensübernahmen und -zusammenschlüssen (Weber, 13; Cagianut/Höhn, 574). Alle drei Arten werden in diesem Buch behandelt. In die erste Gruppe fallen *Übernahmen und Zusammenschlüsse mit Verschmelzung* der beteiligten Gesellschaften. Die Gesellschaften werden gestützt auf einen Fusionsvertrag verschmolzen. Anwendungsfälle sind die eigentlichen Fusionen, sei es durch Kombination, sei es durch Annexion, welche, wie im Gesetz vorgesehen, zur Auflösung der untergehenden Gesellschaften führen. Ein weiteres Beispiel sind sog. unechte Fusionen, bei denen Aktiven und Passiven auf die weiterbestehende Gesellschaft übertragen und die übertragende Gesellschaft aufgelöst und liquidiert werden. In die zweite Kategorie gehören *Übernahmen und Zusammenschlüsse ohne Verschmelzung,* bei denen die übernommene Gesellschaft rechtlich zwar weiterbestehen bleibt, jedoch in die Kontrolle der übernehmenden Gesellschaft übergeht. Der Vorgang erfolgt jeweils gestützt auf einen Übernahme- oder Zusammen-

2.

schlussvertrag. Ein bezeichnendes Beispiel hierfür ist der Kauf der Aktien einer Gesellschaft durch einen Konzern, in den die gekaufte Gesellschaft eingegliedert wird. Die dritte Gruppe umfasst *Übernahmen und Zusammenschlüsse ohne Verschmelzung und ohne Vertrag* zwischen den beteiligten Gesellschaften. Die erwerbende Gesellschaft unterbreitet den Aktionären der zu übernehmenden Gesellschaft direkt ein Übernahmeangebot. Diese Art ist heute unter dem Begriff «*Unfriendly Take-Over*» oder «*Hostile Take-Over*» bekannt.

3. Eine weitere Unterscheidung wird getroffen zwischen koordinierten und unkoordinierten Zusammenschlüssen (Weber, 14). Von *koordinierten Zusammenschlüssen* wird gesprochen, wenn sich zwei wirtschaftlich gleichwertige Partner zusammenschliessen und das Unternehmen gemeinsam weiterbetreiben. Ein Anwendungsfall hierfür ist das durch die schwedische Asea und die schweizerische Brown Boveri gegründete Gemeinschaftsunternehmen Asea-BBC. Davon abzugrenzen sind reine Kooperationsformen wie z. B. Kartelle oder gewisse Arten von Gemeinschaftsunternehmen (dazu Schluep, ZSR 1973 II, 153 ff.), welche im Unterschied zu den koordinierten Zusammenschlüssen nicht Gegenstand dieses Buches sind. *Subordinierte Zusammenschlüsse* finden zwischen wirtschaftlich verschieden starken Partnern statt und haben ein Beherrschungsverhältnis zur Folge, in dem nach dem Zusammenschluss die eine Partei die andere kontrolliert. In der Terminologie dieses Buches werden solche Zusammenschlüsse auch Übernahmen genannt.

4. Der Übergang der Kontrolle über ein Unternehmen kann rechtlich in zahlreichen Formen vor sich gehen. Die üblichen Arten sind aber der *Verkauf* oder die *Einlage eines Unternehmens* in eine Gesellschaft. Betreibt der Erwerber seinerseits bereits ein Unternehmen, können Kauf und Einlage in der Weise verknüpft werden, dass daraus eine unechte Fusion oder eine Quasifusion resultiert. Von einer *unechten Fusion* wird gesprochen, wenn eine Gesellschaft ihr Unternehmen als Sacheinlage auf den Erwerber überträgt und anschliessend selber aufgelöst und liquidiert wird. Die Gesellschafter der aufgelösten Gesellschaft werden zu Gesellschaftern der übernehmenden Gesellschaft. Bei der *Quasifusion* übernimmt die eine Gesellschaft das Unternehmen einer anderen, indem die Gesellschafter der anderen Gesellschaft ihre Anteile als Sacheinlage einbringen und so zu Gesellschaftern der übernehmenden Gesellschaft werden. Von der unechten Fusion und der Quasifusion ist die gesetzlich geregelte Fusion im Sinne von Art. 748/749 OR zu unterscheiden *(echte Fusion),* welche einer eigenen, von Kauf und Einlage verschiedenen Ordnung unterworfen ist. Auf alle diese Formen wird im einzelnen eingetreten.

5. Bevor auf die weiteren Abgrenzungen eingegangen wird, ist darzulegen, was mit dem Begriff «Unternehmen» gemeint ist. Hierbei ist vor allem hervorzuheben, dass im Schweizer Privatrecht das *Unternehmen als solches*

nicht als Rechtssubjekt existiert. Zwar finden sich die Ausdrücke Gewerbe, Geschäft, Betrieb, Unternehmen in einer Reihe von Gesetzen, Verordnungen und Gerichtsentscheiden – siehe beispielsweise Art. 52 Abs. 3 HRV, in dem das Gewerbe definiert ist als «eine selbständige, auf dauernden Erwerb gerichtete wirtschaftliche Tätigkeit» –, doch ist nach herrschendem Recht das Unternehmen als solches nicht rechtsfähig. Es ist bloss Objekt von Rechtsnormen (Patry, 117) und gehört als Komplex von Sachen und Rechten einem Rechtssubjekt, sei es einer natürlichen Person, einer Personengesellschaft oder einer juristischen Person, ohne aber selber Person im rechtlichen Sinne zu sein. Das Rechtssubjekt, welches das Unternehmen innehält, wird auch *Unternehmensträger* genannt.

6. Unternehmen können nicht als solche übertragen werden. Übertragen werden vielmehr die zum Unternehmen gehörenden einzelnen Aktiven und Passiven (z. B. bewegliche und unbewegliche Sachen, Forderungen, Rechte, Schulden) oder aber die Anteile der Gesellschaft (z. B. Aktien, Beteiligungen an Personengesellschaften), welcher das Unternehmen gehört. Im angloamerikanischen Bereich wird im einen Fall von *«Purchase of Assets»*, im anderen Fall von *«Purchase of Shares»* gesprochen. Diese Unterscheidung ist von grundlegender Bedeutung, weil die rechtliche Behandlung in praktisch allen Gebieten für diese beiden Verkaufsarten verschieden ist.

7. Behandelt wird hierin der *Übergang der Verfügungsgewalt* über ein Unternehmen von einer Person auf eine andere, von ihr unabhängige Person. Der Wechsel der Kontrolle hebt den Vorgang ab von anderen Ereignissen wie Umwandlung (z. B. Umwandlung einer Personengesellschaft in eine AG), Reorganisation (z. B. Verkauf einer Gesellschaft innerhalb eines Konzerns), Aufspaltung und dergleichen, welche hier nicht dargestellt werden. Besprochen werden hingegen sog. *«Management Buy-Outs»*, d. h. Käufe des Unternehmens durch das Management desselben. Erläutert wird auch die Vergemeinschaftung der Unternehmensherrschaft durch zwei vormals unabhängige Gesellschaften. Zu denken ist hier an koordinierte Zusammenschlüsse wie z. B. Fusion oder *Gründung von Gemeinschaftsunternehmen (Joint Ventures)*.

8. Die Unterscheidung zwischen Unternehmen als Rechtsobjekt und Unternehmensträger als Rechtssubjekt verlangt, die behandelten *Unternehmensträger* abzugrenzen. Als Veräusserer der Unternehmen werden Einzelperson (Einzelfirma), Personengesellschaft (Kollektivgesellschaft einerseits und Kommanditgesellschaft andererseits) und die AG besprochen, als Erwerber Personengesellschaften (ebenfalls Kollektiv- und Kommanditgesellschaft) und die AG. Nicht näher eingegangen wird also namentlich auf die Rechtsformen der Genossenschaft und GmbH, doch trifft der grösste Teil der Ausführungen zur AG auch für die GmbH zu. Die Beschränkung auf die AG rechtfertigt sich aus praktischen Erwägungen, da die AG in der Rechtswirklichkeit die vorherrschende Form unternehmerischer Organisation ist.

9. Dem Wechsel oder der Vergemeinschaftung der Kontrolle von Unternehmen gehen häufig gewisse *vorbereitende Massnahmen* voraus, z. B. die Umwandlung einer Einzelfirma in eine AG mit anschliessendem Verkauf der Aktien oder die Abspaltung eines Betriebs in eine Gesellschaft, welche nachher verkauft wird. Solche Massnahmen werden nicht besonders erörtert. Dargestellt wird hingegen die Fusion zwischen Mutter- und Tochtergesellschaft, welche häufig die Übernahme eines Unternehmens von einem Dritten abschliesst.

10. Da dieses Buch den Wechsel der Kontrolle über Unternehmen und nicht über Rechtsträger, welche kein Unternehmen betreiben, zum Gegenstand hat, werden die auf den *Mantelhandel* anwendbaren Vorschriften nicht dargestellt. Von einem Mantelhandel wird gesprochen, wenn ein Rechtsträger (vorwiegend AG) ohne Unternehmen ist, sei es, dass dieses bereits liquidiert ist oder dass ein solches gar nie bestanden hat, und die Gesellschaft als leere Hülle verkauft wird. Zweck des Mantelhandels ist somit nicht der Erwerb eines Unternehmens, sondern der Erwerb einer AG als Rechtsträger.

11. Die Abhandlung beschränkt sich auf *Schweizer Unternehmen*, d. h. auf solche, die in der Schweiz von schweizerischen Aktiengesellschaften oder von Personengesellschaften betrieben werden. Hingegen wird oft auf die Besonderheiten Bezug genommen, welche sich daraus ergeben, dass Käufer und/oder Verkäufer Ausländer sind.

12. *Zur Terminologie:* Von Einzelpersonen und Personengesellschaften betriebene Unternehmen werden *Personenunternehmen* genannt, von Aktiengesellschaften betriebene *AG-Unternehmen*. Der Begriff *Personengesellschaften* schliesst die Kollektivgesellschaft und die Kommanditgesellschaft ein. Auf die einfache Gesellschaft wird nur am Rande eingegangen.

II. Gründe für Erwerb und Zusammenschluss von Unternehmen

1. Beweggründe des Erwerbers

13. Der Erwerber erhofft sich aus der Übernahme Synergieeffekte. Diese bestehen darin, dass sich aus dem Zusammengehen der beteiligten Unternehmen eine grössere Gesamtwirkung ergeben kann als nur die Summe der Resultate der einzelnen Unternehmen. Ein Beispiel hierfür ist die Möglichkeit für ein grösseres Unternehmen, zu tieferen Einstandspreisen einkaufen zu können. Übernahmen können auch Teil einer Strategie sein, auf neue Marktgegebenheiten zu reagieren. So sind hinsichtlich des Binnenmarktes der EG, der im Jahre 1992 Realität werden soll, eine Vielzahl von Übernahmen zu erwarten. In gewissen Fällen mögen auch Prestigeüberlegungen für

den Erwerber wegleitend sein. In jüngerer Zeit schliesslich werden Unternehmen vermehrt nicht zum Zwecke unternehmerischer Einflussnahme, sondern aus finanziellen Erwägungen mit der Absicht übernommen, durch einen Weiterverkauf einen Gewinn zu erzielen.

Der Käufer wird jeweils abwägen, ob ihn der Erwerb eines Unternehmens günstiger als eine Neugründung zu stehen kommt. Die Vorteile, ein bereits bestehendes Unternehmen kaufen zu können, liegen darin, dass dadurch eine bereits vorhandene Organisation mit Know-how, Mitarbeitern, Marktanteil und Immaterialgüterrechten (Marken, Patente) übernommen werden kann, während eine solche Organisation im Falle einer Neugründung erst aufgebaut werden muss. Andererseits können die Suche nach einem geeigneten Übernahmekandidaten und die Übernahmeverhandlungen mühsam sein. Auch besteht das Risiko, dass sich das übernommene Unternehmen nicht in der erhofften Weise mit dem Unternehmen des Käufers zusammenfügen lässt oder dass sich der Übernahmepreis im nachhinein als zu hoch erweist. 14.

2. Beweggründe des Veräusserers

Der Veräusserer ist etwa verkaufswillig, weil das Unternehmen sanierungsbedürftig ist oder weil die zum Ausbau und zur Behauptung der Marktstellung notwendigen Mittel fehlen. In zunehmendem Masse spielt auch das Motiv eine Rolle, durch Kauf und schnelle Weiterveräusserung des Unternehmens einen Profit zu realisieren. Nicht selten sind aber auch persönliche Beweggründe ausschlaggebend, vor allem bei Familiengesellschaften, in denen ein geeigneter Nachfolger für die Leitung des Unternehmens fehlt. 15.

3. Gründe für Unternehmenszusammenschlüsse

Auch bei den Unternehmenszusammenschlüssen werden im Regelfall Synergieeffekte angestrebt. Gesucht werden etwa die Vorteile der Massenproduktion (Economies of Scale) oder der erleichterte Zugang zum Kapitalmarkt. Zusammenschlüsse sind häufig auch die Folge grösserer Märkte. In Hinsicht auf den EG-Binnenmarkt wird man deshalb Zusammenschlüsse in zunehmendem Masse beobachten können. In Frage kommen ausserdem steuerliche Überlegungen (Verwendung eines Verlustvortrages), besonders wenn sich ein Unternehmen mit einem sanierungsbedürftigen Unternehmen zusammenschliesst. Als persönliche Beweggründe sind wiederum Prestigegewinn von Unternehmer und Manager anzutreffen. 16.

III. Unternehmensbewertung

1. Bedeutung

17. Die Bewertung eines Unternehmens dient dazu, den *Verkaufs-, Kaufs- oder Übernahmepreis* für ein Unternehmen festzulegen. Ferner ist eine Bewertung notwendig, um die *Austauschverhältnisse* im Falle eines Zusammenschlusses von Unternehmen bestimmen zu können. Die Vertragsparteien sind zwar grundsätzlich frei, diese Punkte nach ihrem eigenen Gutdünken festzusetzen, doch wird dazu vernünftigerweise eine betriebswirtschaftliche Unternehmensbewertung die Grundlage bilden. Allerdings ist einzuräumen, dass es auch Fälle gibt, in denen der Kaufpreis losgelöst von einer Unternehmensbewertung vereinbart wird. Dabei handelt es sich jedoch um Spezialsituationen.

18. Von Belang kann die Unternehmensbewertung andererseits auch sein, wenn nach dem Kauf eines Unternehmens durch den Käufer Willensmängel (z. B. Irrtum) oder Sachgewährleistungsansprüche geltend gemacht werden und sich in diesem Zusammenhang die Frage des «richtigen» Wertes des Unternehmens stellt.

19. Ferner spielt die Unternehmensbewertung dann eine wichtige Rolle, wenn in Gesellschaftsstatuten oder Aktionärbindungsverträgen die Grundsätze festgesetzt werden, nach denen das Unternehmen in gewissen Fällen bewertet werden soll.

20. Von grosser praktischer Bedeutung ist die Unternehmensbewertung überdies im Steuerrecht, in dem sich zu Bewertungsfragen eine vielfältige Verwaltungs- und Gerichtspraxis herausgebildet hat.

21. Auf die Anwendungsfälle der Unternehmensbewertung wird später an der einzelnen Stelle zurückzukommen sein. Im Rahmen dieses Abschnittes werden bloss die einzelnen Unternehmensbewertungsverfahren vorgestellt, wie sie in der Praxis angewandt werden.

2. Verfahren in der Praxis

22. Es gilt das *Prinzip der Bewertungseinheit*, d. h., die betriebswirtschaftliche Einheit wird als Gesamtes und nicht bloss als Summe der einzelnen Vermögenswerte bewertet. In allen Verfahren wird ausserdem das nicht betriebsnotwendige Vermögen, wie z. B. Wertschriften in einem Produktionsbetrieb, separat zu Liquidationswerten eingesetzt.

23. *Unsicherheiten und Risiken* (politische, wirtschaftliche, währungspolitische) werden auf unterschiedliche Weise berücksichtigt. In Frage kommen ein Abschlag auf dem Gewinn oder ein Zuschlag auf dem Kapitalisierungs-

zinsfuss; ferner ein prozentualer Abzug am berechneten Unternehmenswert. Auch mit der Wahl der Bewertungsformel kann Risiken Rechnung getragen werden.

Ausgegangen wird normalerweise von der Annahme, dass ein Unternehmen fortgeführt wird. Entsprechend erfolgt die Bewertung zum *Fortführungswert*, wobei der Ertrag im Vordergrund steht, während zu Liquidationswerten lediglich bewertet wird, wenn ein Unternehmen stillgelegt werden soll. 24.

Die in der Praxis am häufigsten anzutreffenden Verfahren sind das *Mittelwertverfahren* (Praktikermethode) und das *Ertragswertverfahren*. Nach dem Mittelwertverfahren gilt der Durchschnitt zwischen Ertragswert und Substanzwert als Unternehmenswert. Im Ertragswertverfahren wird der Ertragswert schlechthin als Unternehmenswert betrachtet. 25.

Der Unternehmenswert als *Ertragswert* errechnet sich nach folgender Formel: 26.

$$\text{Unternehmenswert} = \frac{\text{Ertrag} \times 100}{\text{Kapitalisierungszinsfuss}}$$

Der künftige *Ertrag* wird aufgrund der Ergebnisse der Vergangenheit geschätzt, wobei ein gewisser Zeitraum zugrunde gelegt wird, zum Beispiel die letzten drei bis fünf Jahre. Die vergangenen Ergebnisse werden zuerst bereinigt, vor allem hinsichtlich betriebsfremder, periodenfremder oder ausserordentlicher Aufwendungen und Erträge. Da der Ertragswert auf der Kapitalisierung zukünftiger und nicht etwa vergangener Erträge beruht, ist der so ermittelte durchschnittliche Jahresertrag aufgrund einer Zukunftsprognose zu überprüfen und allenfalls zu korrigieren. Der *Kapitalisierungszinsfuss* wird in der Regel auf der Grundlage der Durchschnittsrenditen öffentlicher Anleihen festgesetzt. Diese Rendite wird erhöht durch einen Immobilitäts- und Risikozuschlag, mit welchem Wertfaktoren wie Branche, Konkurrenzverhältnisse, Gewinnschwankungen, Rechtsform des Unternehmens, Zusammensetzung der Aktiven, Währungsrisiken, Wiederverkäuflichkeit und ähnlichen Kriterien Rechnung getragen wird.

Unter *Substanzwert* wird die Summe der einzelnen Teilwerte eines Unternehmens gemäss Bilanz verstanden (Blumer, 263). Die einzelnen Bilanzpositionen werden nach betriebswirtschaftlichen Kriterien, also nicht nach handels- und steuerrechtlichen Bewertungsvorschriften, bewertet. Danach gilt grundsätzlich folgendes: 27.
– Für Forderungen ist der Delkrederposten genau zu analysieren und unter Umständen zu berichtigen.
– Bei den Warenvorräten werden die stillen Reserven eliminiert, und die Bewertung wird aufgrund der für Rohwaren sowie Halb- und Fertigfabrikate massgebenden Ansätze vorgenommen.

- Für Sachanlagen gilt der Reproduktionswert, d.h., es sind die Kosten einzusetzen, die für eine Anlage mit gleicher Leistungsfähigkeit aufzuwenden wären.
- Immaterielle Vermögenswerte (Patente, Lizenzen, Know-how und dergleichen) werden mitgerechnet, sofern sie für sich selber einen realisierbaren Wert darstellen.
- Schulden werden in der Regel zu ihrem Nennwert eingesetzt.

§ 2 Rechtsverhältnisse vor dem Erwerb oder Zusammenschluss von Unternehmen

I. Vertragsverhandlungen

1. Vorvertragliche Verpflichtungen

In der Regel gehen dem Erwerb oder Zusammenschluss von Unternehmen Vertragsverhandlungen zwischen den Parteien voraus. Davon abgesehen, dass die Umstände dieser Verhandlungen für die Auslegung des Vertrages entscheidend sein können, herrscht Einigkeit darüber, dass die Vertragsparteien in den Verhandlungen an den Grundsatz von Treu und Glauben (Art. 2 Abs. 1 ZGB) gebunden sind. Wird gegen die Verpflichtungen, die sich daraus ergeben, schuldhaft verstossen, so wird unter Umständen eine sog. *culpa in contrahendo* angenommen, und es kann die betreffende Partei schadenersatzpflichtig werden (Keller/Schöbi, 39 ff.; Guhl, 92 ff.). 1.

2. Abbruch der Vertragsverhandlungen

Grundsätzlich steht es einer Partei frei, jederzeit die Vertragsverhandlungen abzubrechen, ohne schadenersatzpflichtig zu werden. Dies gilt selbst dann, wenn die andere Partei infolge der laufenden Vertragsverhandlungen davon abgesehen hat, weitere Gelegenheiten zum Vertragsschluss zu verfolgen und/oder im Vertrauen darauf, dass der Vertrag zustande komme, Aufwendungen eingeht oder vielleicht sogar Verträge mit Dritten abgeschlossen hat. 2.

Andererseits wird eine Partei schadenersatzpflichtig, wenn sie in Wirklichkeit von Anfang an nicht die Absicht hatte, einen Vertrag abzuschliessen. 3.

3. Erteilen von Auskünften

Nach Praxis des Bundesgerichtes gehört es zu den Verpflichtungen der Parteien, dass sie «Verhandlungen ihrer wirklichen Absicht gemäss führen und einander in gewissem Masse über Tatsachen unterrichten, die den Entscheid der Gegenpartei über den Vertragsschluss oder dessen Bedingungen beeinflussen können» (BGE 105 II 80 mit Verweisen). Wie weit diese 4.

Aufklärungspflicht geht, lässt sich nicht allgemein formulieren, sondern hängt vom Einzelfall ab (siehe z. B. SJZ 1976, 360, wo das Gericht eine Verpflichtung des Käufers ablehnte, den Verkäufer über eine bereits bestehende Wiederverkaufsabsicht zu orientieren). Immerhin dürfte im Rahmen von Verhandlungen über den Erwerb oder Zusammenschluss von Unternehmen ein strenger Massstab anzulegen sein, weil der Verhandlungsgegenstand, nämlich das Unternehmen, ein komplexes Gebilde ist, das nur mit Hilfe von Angaben des Inhabers schlüssig beurteilt werden kann.

5. Für die schuldhafte Erteilung falscher Auskünfte im Rahmen von Vertragsverhandlungen kann eine Partei schadenersatzpflichtig werden (Beispiel: Für den Preis gibt der Verkäufer an, es sei auf den vorletzten Geschäftsabschluss abzustellen, da der letzte – weitaus schlechtere – Abschluss nicht repräsentativ sei. In Wirklichkeit hat der Verkäufer Budgets zur Hand, welche für die nächsten Abschlüsse Verluste erwarten lassen.). Die Schadenersatzpflicht ist unabhängig davon gegeben, ob in der Folge der Vertrag abgeschlossen wird oder nicht. Die Pflicht, korrekte Auskünfte zu geben, ist beim Erwerb oder Zusammenschluss von Unternehmen besonders erheblich. Erst aufgrund der Auskünfte wird sich die andere Partei, nebst anderweitigen Abklärungen, zum Vertragsabschluss entschliessen können. Das Vertrauen darauf, dass Auskünfte wahrheitsgemäss erfolgen, scheint hier daher speziell schützenswert.

6. Die Parteien werden auch deshalb gut beraten sein, dem Verhandlungspartner korrekte Auskünfte zu geben, weil sonst das Risiko besteht, dass der Vertrag wegen Irrtums oder allenfalls Täuschung angefochten wird, was zum Dahinfallen des Vertrages führen kann.

4. Rechtsnatur der vorvertraglichen Haftung

7. Die vorvertragliche Haftung aus culpa in contrahendo wird teilweise der Vertragshaftung, teilweise der Deliktshaftung zugeordnet (Überblick bei Keller/Schöbi, 43). Das Bundesgericht hat zu dieser Frage noch nicht schlüssig Stellung genommen (siehe BGE 108 II 422). Hingegen hat es bereits entschieden, dass für die Verjährung derartiger Ansprüche die einjährige Frist nach Art. 60 OR anwendbar ist (BGE 101 II 269, 104 II 94). Für die Haftung für Hilfspersonen kommt demgegenüber laut BGE 108 II 422 Vertragsrecht (Art. 101 OR) und nicht Deliktsrecht (Art. 55 OR) zum Zuge.

5. Letter of Intent, Punktationen und Vorvertrag

a) Letter of Intent

Immer häufiger, vor allem bei Parteien aus dem anglo-amerikanischen Rechtskreis, wird im Laufe der Verhandlungen ein sog. Letter of Intent unterzeichnet. Dessen Inhalt unterscheidet sich von Fall zu Fall, doch lassen sich häufig gewisse Gemeinsamkeiten feststellen. So wird regelmässig abgemacht, dass die Parteien durch den Letter of Intent nicht gebunden sein wollen. Es fehlt demnach am Rechtsfolgewillen, und der Letter of Intent ist deshalb unter den nachfolgenden Einschränkungen als *Absichtserklärung* ohne Rechtswirkungen zu qualifizieren.

Oft enthält der Letter of Intent bereits die objektiv wesentlichen Punkte eines Vertrages. So werden beispielsweise der Kaufgegenstand und der Kaufpreis schon genannt. Angesichts der ausdrücklichen Erklärung der Parteien, dass sie nicht gebunden sein wollen, wirken diese Bestimmungen aber nicht vertraglich bindend.

Andererseits weist der Letter of Intent manchmal *konkrete Verpflichtungen* auf, durch welche die Parteien gebunden sein wollen:
- Verpflichtung, nicht mit Drittparteien Verhandlungen zu führen.
- Verpflichtung, der anderen Partei zum Unternehmensgelände und zu den Büchern Zugang zu gestatten. Allenfalls ist auch das Recht vorgesehen, eine Revision der Bücher durchzuführen und gewisse Unterlagen zu überprüfen (z. B. Verträge, Patente, Marken).
- Verpflichtung, die Vertragsverhandlungen geheim zu halten.
- Verpflichtung, die im Laufe der Vertragsverhandlungen ausgetauschten Informationen geheim zu halten und bei Nichtzustandekommen des Vertrages Dokumente und Unterlagen zurückzuerstatten.

Es kann auch ausdrücklich das Recht der Parteien festgestellt werden, die Verhandlungen jederzeit abzubrechen. Anzutreffen ist ferner die Vereinbarung, wonach die Parteien im Falle des Abbruches je ihre eigenen Kosten tragen und keine Schadenersatzpflichten gegeneinander haben sollen.

Besonders bei langwierigen Vertragsverhandlungen und komplizierten Verhältnissen erscheint es durchaus empfehlenswert, einen solchen Letter of Intent zu vereinbaren. Dies ermöglicht es auch, sich über die Parameter für die Vertragsverhandlungen klar zu werden. Vor allem angesichts der im Rahmen der culpa in contrahendo entwickelten Rechtsgrundsätze, welche im Einzelfall anzuwenden nicht leicht ist, dient es der Rechtssicherheit, wenn die Parteien ihre Rechte und Pflichten für die Vertragsverhandlungen verbindlich festlegen. Natürlich braucht dies nicht in einem Letter of Intent zu geschehen, sondern kann auch Gegenstand einer anderen Vereinbarung sein.

Zusammenfassend gesagt ist also jeder Letter of Intent im einzelnen dahingehend zu analysieren, wie weit er Rechte und Pflichten enthält.

Jedenfalls lässt sich nicht allgemein sagen, dass ein Letter of Intent ausschliesslich rechtlich unerhebliche Absichtserklärungen beinhalte. Richtig ist aber, dass er in der Regel im Gegensatz zu einem Vorvertrag keine Verpflichtung zum Abschluss des Hauptvertrages darstellt (Rauss, 399).

b) Punktationen

13. Manchmal legen die Parteien bei länger dauernden Vertragsverhandlungen kontinuierlich die Punkte schriftlich fest, über die abschliessend verhandelt worden ist. Dies nennt man Punktationen (sog. Heads of Agreement). Die Parteien wollen sich aber nach wie vor das Recht vorbehalten, den Vertrag nicht abzuschliessen, und insofern sind Punktationen rechtlich nicht bindend. Hingegen kommt es wie beim Letter of Intent vor, dass einzelne Rechte und Pflichten doch verpflichtend abgemacht werden. Man muss im Einzelfall die Punktationen daraufhin analysieren.

c) Vorvertrag

14. Wollen sich die Parteien zu einem Hauptvertrag verpflichten, so schliessen sie einen Vorvertrag ab (siehe Art. 22 OR). Liegt ein solcher Vorvertrag vor, so kann zwar Klage auf Abschluss des Hauptvertrages geführt werden (BGE 97 II 48 ff.). Für den Erwerb eines Unternehmens oder gar einen Zusammenschluss erscheint ein Vorvertrag in diesem Sinne jedoch kaum als tauglich. Dies deswegen, weil es bei den üblicherweise recht komplizierten Verträgen für ein Gericht kaum praktikabel ist, mit einem Urteil die fehlenden Willenserklärungen zu ersetzen. Die Realerfüllung würde einen sehr detaillierten Vorvertrag voraussetzen, welcher dann wohl bereits für sich selber den eigentlichen Kaufvertrag darstellen würde. Davon abgesehen, ist das Institut des Vorvertrages sehr umstritten. Das Bundesgericht hat sich zur Frage, ob es zwischen den gleichen Parteien überhaupt einen Vorvertrag geben könne, noch nicht abschliessend geäussert (BGE 103 III 107).

15. Wird ein Vorvertrag dennoch abgeschlossen, ist zu beachten, dass dieser der gleichen Form unterliegt, welche durch das Gesetz zum Schutze der Vertragsschliessenden für den Hauptvertrag vorgeschrieben wird (Art. 22 Abs. 2 OR). Dies ist beispielsweise zu berücksichtigen, wenn ein Unternehmen mit Aktiven und Passiven übernommen wird und sich unter den Aktiven Grundstücke befinden. Zur Gültigkeit der entsprechenden Grundstückkäufe wäre hier ein öffentlich beurkundeter Vorvertrag vorausgesetzt. Hingegen hat das Bundesgericht festgestellt, dass eine Vereinbarung über die Gründung einer gemeinsamen Holding, in welche die Parteien ihre Unternehmen einbringen wollen, trotz Art. 22 Abs. 2 OR formlos gültig ist (BGE 102 II 420).

II. Vermittler

1. Mäklervertrag

Nicht selten treten bei Veräusserungen oder Zusammenschlüssen von Unternehmen Vermittler auf, in der Regel Banken, Treuhandgesellschaften oder ausschliesslich auf Unternehmensvermittlung spezialisierte Mäkler. Dass solche beigezogen werden, hat damit zu tun, dass die Parteien häufig diskret aufzutreten wünschen. Manche Vermittler haben ausserdem spezielle Kontakte, dank denen das Geschäft überhaupt erst zustande kommt.

Die Aufgabe des Unternehmensvermittlers besteht in erster Linie darin, einen geeigneten Käufer oder Verkäufer oder einen Partner für den Zusammenschluss zu finden. Unter Umständen wirkt er auch bei den Verhandlungen mit und berät seinen Auftraggeber.

Solche Verträge mit Vermittlern sind Mäklerverträge im Sinne von Art. 412 ff. OR *(Vermittlungsmäkelei)*. Als Mäkler ist der Vermittler, vorbehältlich anderer Abmachungen, lediglich zu Tathandlungen für seinen Klienten ermächtigt, hingegen nicht zu Rechtshandlungen, insbesondere nicht zum Abschluss des Vertrages selbst. Der Mäklervertrag kann formfrei abgeschlossen werden, doch herrscht in der Praxis, zumindest bei professionellen Unternehmensvermittlern, Schriftlichkeit vor.

2. Mäklerlohn (Honorar)

Ist nichts anderes vereinbart, so gilt der Mäklerlohn als verdient, sobald der Vertrag infolge der Vermittlung des Mäklers zustande gekommen ist (Art. 413 Abs. 1 OR). Die Tätigkeit des Vermittlers muss für den Vertragsabschluss kausal gewesen sein. Auf diese Voraussetzung kann aber vertraglich verzichtet werden. In der Praxis für Unternehmensvermittlung wird vertraglich oft vorgesehen, dass die Kausalität vermutet wird und der Auftraggeber beweisen muss, dass der Abschluss auf seine eigenen Bemühungen zurückzuführen ist.

Für Aufwendungen ist dem Vermittler kein Ersatz zu leisten, es sei denn, das sei vertraglich anders vereinbart worden. In diesem Falle wäre, andere Abrede vorbehalten, der Ersatz auch zu leisten, wenn das Geschäft nicht zustande kommt (Art. 413 Abs. 3 OR).

Für die Höhe des Honorars ist die Abrede zwischen den Parteien entscheidend, wobei die richterliche Herabsetzung gemäss Art. 417 OR vorliegend, wo es um die Vermittlungsmäkelei für Unternehmenskäufe oder -verkäufe geht, nicht in Frage kommt. Üblicherweise wird das Entgelt als

Erfolgshonorar vereinbart, welches nach einer gestaffelten Skala in Prozenten des Vertragspreises ausgedrückt wird.

3. Exklusivität

22. Der Unternehmensvermittler kann sich Exklusivität zusichern lassen, so dass der Auftraggeber keinen zweiten Vermittler einsetzen darf. Eine solche Abrede ist gültig und durchsetzbar (BGE 100 II 361). Bei der Unternehmensvermittlung kommt Exklusivität häufig vor.

4. Sorgfaltspflicht des Mäklers

23. Der Umfang der Pflichten des Mäklers hängt von der Vereinbarung der Parteien und der Natur der Leistungen ab. Der Mäkler hat die Interessen des Auftraggebers zu wahren und diesen insbesondere über alle Umstände ins Bild zu setzen, welche für den Entscheid zum Vertragsabschluss wichtig sind. Dazu gehört nach bundesgerichtlicher Rechtsprechung auch, Erkundigungen über die Zahlungsfähigkeit eines vorgeschlagenen Vertragspartners einzuziehen oder einziehen zu lassen (Pra 1984, Nr. 246).

5. Zurechnung des Verhaltens des Mäklers

24. Für die Auftraggeber ist zu bedenken, dass ihnen das Verhalten des für sie tätigen Mäklers zugerechnet wird. Dies ist besonders erheblich für die verkaufende Partei, welche einen Mäkler einsetzt. Häufig wird der Mäkler nämlich gewisse Angaben über das zu veräussernde Unternehmen machen. Diese binden den Verkäufer. So hat das Bundesgericht in einem Fall festgehalten, dass die falsche Angabe, welche der Mäkler über den bisherigen Jahresumsatz des Unternehmens gemacht hatte, den Verkäufer verpflichtete und den Käufer dazu berechtigte, den Kauf durch Wandelung rückgängig zu machen (BGE 63 II 77).

6. Beendigung des Mäklervertrages

25. Wie jeder Auftrag ist auch der Mäklervertrag jederzeit und zwingend widerruflich (Art. 404 OR; BGE 103 II 130; 109 II 467). In der Praxis kommt

es immer wieder vor, dass Aufträge für Unternehmensvermittlung auf eine feste Dauer abgeschlossen werden. Dies ist rechtlich nicht verbindlich, und der Auftraggeber kann den Auftrag gleichwohl jederzeit widerrufen. Allerdings dürfte der Widerruf trotz abgemachter fester Vertragsdauer von Bedeutung sein für die Frage, ob der Auftrag zur Unzeit gekündigt worden ist, in welchem Falle der Auftraggeber ersatzpflichtig wird (Art. 404 Abs. 2 OR). Nach Praxis des Bundesgerichts setzt die Annahme eines Widerrufs zur Unzeit voraus, dass der Beauftragte zur Auflösung keinen begründeten Anlass gegeben hat und dass die Vertragsauflösung hinsichtlich des Zeitpunkts und der vom Beauftragten getroffenen Disposition für diesen nachteilig ist (BGE 110 II 383). Der Mäkler, welcher keinen Grund für die Auflösung gesetzt hat, könnte demnach geltend machen, dass er im Vertrauen auf die Vertragszeit gewisse Aufwendungen gemacht habe, welche ihm zu ersetzen seien. Der Auftraggeber muss sich auch bewusst sein, dass trotz Widerrufes der Mäklerlohn gleichwohl geschuldet ist, wenn der Kauf oder Verkauf des Unternehmens dank der Bemühungen des Vermittlers später doch noch zustande kommt.

III. Unfreundliche Übernahmen («Unfriendly Take-Overs»)

Es trifft nicht immer zu, dass der Übernahme eines Unternehmens Vertragsverhandlungen zwischen den Parteien vorausgehen. Es ist auch möglich, dass die übernehmende Partei über den Verwaltungsrat bzw. die Geschäftsleitung hinweg direkt mit den Gesellschaftern den Vertragsabschluss sucht. Vertragsverhandlungen mit der zu übernehmenden Gesellschaft gehen einem solchen Manöver möglicherweise voraus, die übernehmende Gesellschaft kann sich aber später dazu entschliessen, entgegen dem Willen der Verwaltung der Zielgesellschaft dennoch einen feindlichen Übernahmeversuch zu beginnen, falls ihr die Übernahme nicht auf gütlichem Weg gelingt. Auf solche Unfriendly Take-Overs wird hinten in § 11 näher eingetreten. 26.

IV. Verbot des Insiderhandels

Seit kurzem ist Insiderhandel strafrechtlich verboten (Art. 161 StGB). Namentlich die Mitglieder des Verwaltungsrates, der Geschäftsleitung, der Revisionsstelle oder Beauftragte einer AG werden mit Gefängnis oder Busse bestraft, wenn sie sich oder einem anderen einen Vermögensvorteil verschaffen, indem sie die Kenntnis einer vertraulichen, kursrelevanten Tatsache 27.

ausnützen oder diese Tatsache einem Dritten zur Kenntnis bringen. Nicht nur derjenige, der eine solche Tatsache mitteilt (sog. Tipgeber) oder benützt, sondern auch derjenige, welcher solche Tatsachen mitgeteilt bekommt und die Kenntnis ausnützt (sog. Tippee, Tipnehmer), kann sich strafbar machen.

28. Als eine für den Insiderhandel wesentliche Tatsache sind im Gesetz insbesondere die Emission neuer Beteiligungsrechte, eine Unternehmensverbindung oder ähnliche Sachverhalte genannt. Daraus folgt, dass Insiderhandel also namentlich auch im Zusammenhang mit Unternehmensübernahmen strafbar ist (Schmid, N 187).

29. Als mögliche Täter sind neben den Organen einer AG (Verwaltungsrat, Geschäftsleitung, Revisionsstelle) speziell auch deren Beauftragte anvisiert. Als Beauftragte kommen die Unternehmensvermittler, Rechtsanwälte und Treuhänder ebenso wie deren Hilfspersonen (z. B. Sekretärinnen und Buchhalter) als Täter in Frage.

30. Das Insiderverbot erstreckt sich bloss auf Effekten, welche börslich oder vorbörslich gehandelt werden. Es kommt aber auch dann zum Zug, wenn ein Geschäft im Einzelfall nicht über die Börse bzw. Vorbörse, sondern von Angesicht zu Angesicht, abgeschlossen wird (Forstmoser, Das neue schweizerische Insider-Recht, 22; Schmid, N 240).

§ 3 Übernahme eines Unternehmens mit Aktiven und Passiven

I. Vorbemerkungen

Ein Unternehmen wird nicht als solches erworben. Erwerbsgegenstand sind vielmehr die das Unternehmen bildenden Aktiven und Passiven (Sachen, Rechte und Verpflichtungen) oder die Anteile derjenigen Personen- oder Kapitalgesellschaft, welcher das Unternehmen gehört. Nachfolgend wird die Übernahme eines Unternehmens mit Aktiven und Passiven im einzelnen erörtert. Der in der Praxis häufiger anzutreffende Fall ist zwar der Erwerb der Anteile der Gesellschaft, welcher das Unternehmen gehört, vor allem wenn es sich bei dieser Gesellschaft um eine AG handelt. Der Erwerb der Aktiven und Passiven statt der Gesellschaftsanteile kann aber im Einzelfall sachgerechter oder sogar die einzige Möglichkeit sein, z. B. wenn bloss ein Teil des Unternehmens übernommen werden soll oder wenn eine AG ein Personenunternehmen erwirbt. Ebenso liegt eine Übernahme von Aktiven und Passiven vor, wenn die Inhaber eines Personenunternehmens ihr Unternehmen als Sacheinlage gegen Aktien in eine AG einbringen. In diesem Abschnitt werden daher sowohl Kauf als auch Einlage eines Unternehmens mit Aktiven und Passiven dargestellt. Die Betrachtung beschränkt sich dabei auf die Voraussetzungen, die eingehalten werden müssen, damit die Aktiven und Passiven gültig auf den neuen Rechtsträger übergehen. Im Unterschied dazu werden die Fragen der Erfüllung und Sachgewährleistung sowie weitere Aspekte für den Kauf von Aktiven und Passiven einerseits und den Kauf von Gesellschaftsanteilen andererseits gesamthaft hinten in § 7 erörtert.

1.

II. Kauf eines Unternehmens mit Aktiven und Passiven («Purchase of Assets»)

1. Fallbeispiele

Käufe von Unternehmen kommen in verschiedenen Arten vor, nämlich
– Kauf der Aktiven und Passiven einer Einzelfirma durch eine Kapital- oder Personengesellschaft
– Kauf der Aktiven und Passiven einer Personengesellschaft durch eine Kapital- oder Personengesellschaft (oder – selten – durch eine Einzelfirma)

2.

– Kauf der Aktiven und Passiven einer Kapitalgesellschaft durch eine Kapital- oder Personengesellschaft (oder – selten – durch eine Einzelfirma)

3. Veräussert sie ihr gesamtes Unternehmen mit Aktiven und Passiven, wird eine Gesellschaft anschliessend meistens liquidiert. Der Erlös aus dem Verkauf des Unternehmens wird den Gesellschaftern ausgerichtet. Die Gesellschaft kann aber auch weiterbestehen bleiben, so beispielsweise als Vermögensverwaltungsgesellschaft. Ebenso bleibt die verkaufende Gesellschaft fortbestehen, wenn sie bloss einen Teil ihres Unternehmens verkauft.

2. Grundsatz: Singularsukzession (Einzelnachfolge)

4. Die Eigenart des Kaufes von Aktiven und Passiven ist darin zu sehen, dass trotz der Tatsache, dass ein ganzes Unternehmen erworben wird, Singularsukzession vorliegt. Mit anderen Worten müssen für alle Sachen, Rechte und Verpflichtungen einzeln die obligationen- und sachenrechtlichen Voraussetzungen der Übertragung erfüllt sein, damit der Übergang auf den Käufer gültig zustande kommt. Das kann bei grösseren Unternehmen, wie zu sehen sein wird, recht umständlich werden. Die Singularsukzession bewirkt ebenfalls, dass die Form des Übernahmevertrages von den zu übertragenden Sachen und Rechten abhängt. Für Grundstücke, Forderungen und Patente bestehen besondere Formerfordernisse (öffentliche Beurkundung, Schriftlichkeit). Aus Gründen der Beweissicherung und zur Vermeidung von Missverständnissen empfiehlt sich aber angesichts der komplizierten Verhältnisse für den Erwerb eines Unternehmens mit Aktiven und Passiven ohnehin Schriftlichkeit.

3. Grundstücke

5. Gehören zu dem verkauften Unternehmen Grundstücke, so bedarf der Kaufvertrag zu seiner Gültigkeit der öffentlichen Beurkundung (Art. 216 OR, Art. 657 ZGB). Sachenrechtlich erfolgt die Übertragung auf den Käufer durch die Eintragung in das Grundbuch (Art. 656 ZGB). Die Übertragung des Grundstückes erfasst auch dessen Zugehör (Art. 644 ZGB). Beim Kauf eines Unternehmens mit Grundstücken stellt sich allerdings die Frage, ob der gesamte Vertrag öffentlich beurkundet sein muss oder ob es genügt, für die übrigen Unternehmensteile einen separaten Vertrag unter anderer Form abzuschliessen. Meines Erachtens muss die Aufteilung in zwei Verträge statthaft sein. Der Zweck der öffentlichen Beurkundung besteht nämlich

darin, die Parteien vor unbedachten Vertragsabschlüssen zu schützen, die Präzision des Vertrages zu fördern und eine sichere Grundlage für die Eintragung im Grundbuch herzustellen (Meier-Hayoz, N 2 ff. zu Art. 657 ZGB). Diesem Zweck ist Genüge getan, auch wenn der mit Grundstückerwerb verbundene Unternehmenskauf in zwei Verträge aufgeteilt und nur der Vertrag über die Grundstücke öffentlich beurkundet wird.

4. Bewegliche Sachen

Die Vereinbarung über die Übertragung beweglicher Sachen (Büromobiliar, Werkzeuge, Geschäftswagen und dergleichen) bedarf keiner besonderen Form, könnte also auch mündlich erfolgen. Die Eigentumsübertragung an den beweglichen Sachen erfolgt durch Übergabe des Besitzes (Art. 714 ZGB). Dies erfordert, dass der Erwerber in die tatsächliche Gewalt über die betreffenden Gegenstände gelangt, was in der Regel durch Übergabe der Sache geschieht (Art. 919, 922 ZGB). Soweit sich Aktiven bei einem Dritten befinden (z. B. Wertpapiere im Depot einer Bank, Waren in einem Warenlager) geschieht die Übertragung durch Besitzanweisung, d. h., es ist dem Dritten mitzuteilen, dass die betreffenden Aktiven nunmehr dem Erwerber gehören und für diesen zu halten sind (Art. 924 Abs. 2 ZGB).

6.

5. Wertpapiere

Für die Vereinbarung zur Übertragung von *Inhaberpapieren* (z. B. Inhaberaktien, Inhaberschuldbriefe, Inhabergülten) ist gesetzlich keine besondere Form vorgeschrieben (Art. 967 Abs. 1 OR). Das Eigentum kann, wie bei beweglichen Sachen, durch Übergabe der Titel oder, falls sich die Inhaberpapiere im Depot bei einer Bank befinden, durch Besitzanweisung übertragen werden (Art. 967 Abs. 2 OR i.V.m. Art. 924 ZGB). *Orderpapiere* (z. B. Wechsel, Namenaktien) müssen zu ihrer gültigen Übertragung zusätzlich noch indossiert werden. Dies geschieht auf dem Titel selbst oder auf einem damit verbundenen Blatt, der sog. Allonge (Art. 967 Abs. 2 und Art. 968 i.V.m. Art. 1003 OR).

7.

6. Immaterialgüterrechte

a) Patente

8. Figurieren unter den Aktiven Patente, so ist zu deren Übertragung die Schriftform Gültigkeitsvoraussetzung (Art. 33 Abs. 1 und 2 bis PatG). Auf den Erwerb von Patenten sind die Bestimmungen über den Kauf entsprechend anwendbar (Troller II, 772). Gemäss Gesetz bedarf es zur Übertragung eines Patentes keiner Eintragung im Patentregister (Art. 33 Abs. 3 PatG), jedoch empfiehlt es sich, den Eintrag unverzüglich zu erwirken, damit die Passivlegitimation des Erwerbers gegeben ist und die Rechte auch Dritten gegenüber durchgesetzt werden können (siehe Art. 33 Abs. 3 und 4 PatG). Die Eintragung hat aber bloss Beweisfunktion und ist nicht etwa konstitutive Voraussetzung für den Erwerb des Eigentums (Blum/Pedrazzini, N 17 zu Art. 33 PatG). Die Änderung des Patentinhabers muss durch eine mit beglaubigter Unterschrift versehene Erklärung des bisherigen Patentinhabers oder durch andere genügende Beweisurkunden nachgewiesen werden (Art. 105 PatV). Zuständig für die Führung des Registers ist das Bundesamt für geistiges Eigentum in Bern.

b) Fabrikationsgeheimnisse, Know-how

9. Auch Fabrikationsgeheimnisse oder Know-how können Gegenstand eines Übernahmevertrages sein. Hier geht aber nicht ein Recht über, sondern der Veräusserer hat dem Erwerber jene Kenntnisse mitzuteilen, die für die vereinbarte Nutzung des Lizenzgegenstandes nötig sind. Das schliesst in der Regel die Übergabe der entsprechenden Unterlagen und Aufzeichnungen sowie gegebenenfalls praktische Instruktionen ein.

c) Urheberrechte

10. Urheberrechte an Werken der Literatur, Musik und Kunst können formlos auf den Erwerber übertragen werden (Art. 9 URG). Ein Registereintrag ist in der Schweiz nicht möglich, doch empfiehlt sich auch hier die Schriftform.

d) Muster und Modelle

11. Die Rechte des Schöpfers gewerblicher Muster und Modelle können formlos übertragen werden (Art. 4 Abs. 1 MMG). Die Übertragung setzt zu ihrer Gültigkeit den Eintrag in das Muster- und Modellregister zwar nicht

voraus, doch ist eine rasche Eintragung wiederum empfehlenswert, weil nur so die Passivlegitimation des Erwerbers gewährleistet ist und nur so die Rechte gegenüber Dritten durchgesetzt werden können (Art. 4 Abs. 3 MMG). Zudem sind Muster und Modelle nur geschützt, wenn sie gemäss den Vorschriften des Gesetzes hinterlegt sind (Art. 5 Abs. 1 MMG). Dem Gesuch um Eintragung des Erwerbers muss eine Abtretungserklärung mit der beglaubigten Unterschrift des Hinterlegers versehen beigelegt werden (Art. 13 Abs. 3 MMV). Auch dieses Register wird vom Bundesamt für geistiges Eigentum in Bern geführt.

e) Marken

Marken können formlos übertragen werden, allerdings nur zusammen mit dem Geschäft oder dem Geschäftszweig, dessen Erzeugnissen sie zur Unterscheidung dienen (Art. 11 Abs. 1 MSchG). Gegenüber Dritten ist die Übertragung erst wirksam, nachdem sie im Register eingetragen und im Schweizerischen Handelsamtsblatt veröffentlicht worden ist (Art. 11 Abs. 3 MSchG i.V.m. Art. 19 Abs. 8 MSchV). Dann ist auch erst die Passivlegitimation des Erwerbers gegeben. Weiter sind Marken nur geschützt, wenn sie gemäss den gesetzlichen Vorschriften hinterlegt sind (Art. 4 MSchG). Die Übertragung der Marke ist beim Eidgenössischen Amt für geistiges Eigentum in Bern zu verlangen, welches das Register führt. Zu diesem Zweck ist dem Amt unter anderem eine beglaubigte Erklärung des bisherigen Inhabers der Marke einzureichen, wonach die Marke mit dem Geschäft oder mit dem Geschäftszweig, dessen Erzeugnissen oder Waren sie zur Unterscheidung dient, an den neuen Inhaber übergegangen ist (Art. 19 Abs. 1 MSchV). Dieser Nachweis kann auch auf andere Art und Weise geführt werden. Ausreichend wäre z. B. ein beglaubigter Auszug aus dem Unternehmenskaufvertrag. 12.

Es muss aber nicht notwendigerweise das ganze Unternehmen veräussert werden, damit die Übertragung der Marke gültig ist. Die Veräusserung eines Teils reicht aus, sofern sich die Marke bloss auf diesen Unternehmensteil bezieht (BGE 83 II 327). Die für die Übertragung hier dargestellten Grundsätze gelten sowohl für Fabrik- und Handelsmarken als auch für Firmenmarken (Troller II, 819). 13.

f) Firma

Bei einem Verkauf von Aktiven und Passiven gilt für die Firma der Grundsatz der Unübertragbarkeit. Das stellt ein Problem dar, weil mit der Firma unter Umständen wirtschaftliche Werte (guter Ruf, Kundschaft, 14.

Goodwill) verknüpft sind. Immerhin folgt aus Art. 953 Abs. 2 OR, dass der Übernehmer mit ausdrücklicher oder stillschweigender Zustimmung der früheren Inhaber oder ihrer Erben die bisherige Firma weiterführen kann, vorausgesetzt es wird in einem Zusatz das Nachfolgeverhältnis zum Ausdruck gebracht und der neue Inhaber genannt. Diese Vorschrift kommt zum Zuge, wenn der Erwerber eine Personengesellschaft (oder allenfalls eine Einzelfirma) ist, und gilt sogar, wenn das übernommene Unternehmen bisher nicht im Handelsregister eingetragen war (BGE 93 I 566). Wird das Unternehmen durch eine Aktiengesellschaft übernommen, kann in der Firma einfach der Zusatz «AG» hinzugefügt werden.

7. Geschäftsbücher

15. Durch Übernahme der Aktiven und Passiven erwirbt das kaufende Unternehmen auch die Geschäftsbücher und damit die Pflicht, diese Bücher, die Korrespondenz und die Buchungsbelege unter den Voraussetzungen von Art. 962 OR während 10 Jahren aufzubewahren (Käfer, N 89 ff. zu Art. 962 OR). Die Aufbewahrungspflicht entfällt damit für den Verkäufer.

8. Vertragsübernahmen

16. Vertragsübernahmen sind als solche unter Schweizer Recht nach der Rechtsprechung nicht möglich. Vielmehr werden die Vertragsverhältnisse in die einzelnen Forderungen und Verpflichtungen zerlegt, welche gemäss den Vorschriften der Zession und Schuldübernahme auf den Erwerber übertragen werden. Etwas irreführend ist daher der Randtitel von Art. 181 OR, in welchem von «Übernahme eines Geschäftes» die Rede ist. Art. 181 OR ordnet in Wirklichkeit nur die Schuldübernahme und statuiert den Grundsatz, dass die Gläubiger sich im Falle der Übertragung eines Geschäftes den Schuldnerwechsel – abweichend von den allgemeinen Prinzipien der Schuldübernahme (Art. 176 Abs. 1 OR) – auch ohne ihre Zustimmung gefallen lassen müssen. Art. 181 OR enthebt nicht von der Notwendigkeit, die einzelnen Forderungen, Sachen und Rechte nach den auf diese anwendbaren Vorschriften zu übertragen (von Tuhr/Escher, 395).

9. Forderungen

Forderungen können bloss in Schriftform übertragen werden (Art. 165 OR). Die Verpflichtung zur Übertragung (sog. pactum de cedendo) ist dagegen auch formlos gültig. Die Zustimmung der Schuldner ist nicht notwendig, doch sollte ihnen aus Sicht des Erwerbers die Abtretung so rasch wie möglich mitgeteilt werden, da sonst das Risiko besteht, dass sie mit befreiender Wirkung dem bisherigen Gläubiger, dem Veräusserer, Zahlung leisten (Art. 167 OR). Auch können Schuldner Einreden (z. B. Verrechnung) gegen den Erwerber geltend machen, soweit diese der Forderung des abtretenden Unternehmensveräusserers entgegenstanden und vorhanden waren, bevor die Schuldner von der Abtretung Kenntnis erhielten (Art. 169 Abs. 1 OR). Als Einrede könnte beispielsweise der Einwand erhoben werden, im Vertrag zwischen Schuldner und Veräusserer sei seinerzeit abgemacht worden, dass die Forderung nicht abgetreten werden dürfe. Der Erwerber muss sicherstellen, dass eine solche Abrede nicht besteht, was er, praktisch betrachtet, am einfachsten durch Einsicht in die Schuldurkunde tut, oder – andernfalls – die Zustimmung des Schuldners einholt. Besteht allerdings für die Forderung ein schriftliches Schuldbekenntnis, das ein Verbot der Abtretung nicht enthält, und hat der Erwerber die Forderung im Vertrauen hierauf erworben, so kann der Schuldner diese Einrede nicht erheben (Art. 164 Abs. 2 OR). Die Mitteilung an die Schuldner über die Abtretung der Forderung kann formlos geschehen, doch empfiehlt sich die Schriftform. Vorzugs- und Nebenrechte wie Pfandrechte und Bürgschaften gehen zusammen mit der Forderung von selbst auf den Erwerber der Forderung über, ohne dass es hierzu einer speziellen Abrede bedürfte (Art. 170 Abs. 1 OR). Durch Grundpfandverschreibung gesicherte Forderungen werden ebenfalls durch einen schriftlichen Vertrag übertragen; eine Eintragung im Grundbuch wird nicht vorausgesetzt (Art. 835 ZGB).

17.

10. Schulden

Für die Übernahme von Schulden bedarf es einer Verabredung zwischen dem Veräusserer und dem Erwerber des Unternehmens. Diese ist an sich formlos gültig (Art. 175 OR). Die Übertragung der Schulden setzt im Falle der Übernahme eines Geschäftes mit Aktiven und Passiven die Zustimmung der Gläubiger nicht voraus, sondern der Erwerber wird den Gläubigern aus den mit dem Geschäft verbundenen Schulden ohne weiteres verpflichtet, sobald diesen die Übernahme mitgeteilt oder in öffentlichen Blättern ausgekündigt worden ist (Art. 181 Abs. 2 OR). Art. 181 OR kommt auch zum Zuge, wenn nicht sämtliche Aktiven des Geschäftes übertragen werden

18.

(SJZ 1978, 316). Die Mitteilung an die Gläubiger, welche durch den Erwerber des Unternehmens erfolgt und zu deren Abgabe dieser verklagt werden kann (Becker, N 31 zu Art. 181 OR), ist weder annahmebedürftig noch formgebunden. Sie geschieht in der Wirklichkeit durch Publikation in Amtsblättern, Zeitungen oder Zirkularschreiben. Für die Mitteilung an die Gläubiger genügt die Erklärung, dass das Geschäft an den Übernehmer übertragen worden ist. Die Verabredung zwischen den Parteien, dass der Käufer des Unternehmens nur Teile der Passiven übernimmt, ist zwar zulässig, doch ist sie in der Mitteilung klar und eindeutig hervorzuheben. Andernfalls kann sie den Gläubigern nicht entgegengehalten werden, und es gelten die gesamten Schulden des Unternehmens als vom Erwerber übernommen (BGE 60 II 104; 79 II 289). Wenn beispielsweise in der Mitteilung erklärt wird, das Geschäft werde mit Aktiven und Passiven «gemäss Bilanz vom...» übernommen, so gelten gleichwohl die gesamten Passiven als übernommen, selbst wenn in der Übernahmebilanz gewisse Passiven ausgeklammert sind (BGE 60 II 104 und 79 II 289, im Unterschied zu SJZ 1962, 104). In einem Fall erklärte das Gericht gar, dass trotz des Hinweises, es seien gemäss Bilanz «teilweise Aktiven im Betrag von Fr. 1 368 277.– und Passiven im Betrage von Fr. 1 068 227.–» übernommen worden, die gesamten Passiven auf den Erwerber übergegangen seien (AGVE 1967, 61 ff.). Extern gegenüber den Gläubigern gilt also die Mitteilung, wie sie ein gutgläubiger Dritter gemäss Vertrauensprinzip verstehen müsste, auch wenn ihr Inhalt von der Abmachung zwischen den Übernahmeparteien abweichen sollte (SJZ 1978, 315).

19. Trotz seines etwas irreführenden Randtitels «Übernahme eines Vermögens oder eines Geschäftes» ist Art. 181 OR auf den Übergang von Forderungen nicht anwendbar. Nicht die Veröffentlichung der Geschäftsübernahme, sondern die schriftliche Form der Abtretung, also der Übernahmevertrag, ist daher für den Übergang der Geschäftsforderungen entscheidend (SJZ 1965, 326). Ebenfalls entfällt die Anwendung von Art. 181 OR, wenn ein Unternehmen durch Kauf der Aktien erworben wird, denn der Aktienkauf gilt nicht als Geschäftsübernahme (BGE 86 II 91). Nach Auffassung im Schrifttum können ausserdem Schulden aus Dauerschuldverhältnissen wie Miet-, Lizenz- und ähnlichen Verträgen nicht gestützt auf Art. 181 OR übertragen werden (Keller/Schöbi, Gemeinsame Rechtsinstitute, 92; Bucher, 591/592).

11. Haftung

20. Nach Art. 181 Abs. 2 OR gilt für die Haftung für übernommene Schulden, dass sowohl der Veräusserer wie auch der Erwerber des Unternehmens während zwei Jahren solidarisch verpflichtet sind. Die Frist beginnt für

fällige Forderungen mit der Mitteilung oder Auskündung und für später fällig werdende Forderungen mit Eintritt der Fälligkeit zu laufen. Nach Ablauf der zwei Jahre haftet bloss noch der Erwerber. Mit Zustimmung des Gläubigers kann natürlich erreicht werden, dass die Verpflichtung des Veräusserers schon früher beendet wird. Einreden (z. B. Verjährung, Verrechnung), welche dem bisherigen Unternehmensinhaber gegenüber den Gläubigern zustanden, können auch vom Erwerber erhoben werden, sofern es sich dabei nicht um mit der Person des bisherigen Unternehmensinhabers verknüpfte Einreden handelt (Art. 181 Abs. 3 i.V.m. Art. 179 OR). Ebenfalls kann der Erwerber diejenigen Einreden erheben, welche den Bestand oder die Gültigkeit des zwischen ihm und dem Veräusserer abgeschlossenen Übernahmevertrages betreffen (Keller/Schöbi, Gemeinsame Rechtsinstitute, 92/93). Nebenrechte, wie von Dritten bestellte Pfänder und Bürgschaften, haften dem Gläubiger nur weiter, wenn der Verpfänder oder der Bürge der Schuldübernahme zugestimmt hat (Art. 178 Abs. 2 OR). Die übrigen Nebenrechte, soweit nicht persönlicher Natur, werden vom Schuldnerwechsel nicht berührt (Art. 178 Abs. 1 OR).

12. Mietverträge

a) *Unternehmen als Mieter*

Ist das zu erwerbende Unternehmen in Geschäftslokalitäten eingemietet, stellt sich für den Übernehmer die Frage, wie er sicherstellt, dass die Geschäftsräumlichkeiten weiterhin benützt werden können. Am zweckmässigsten ist es für den Übernehmer, die Zustimmung des Vermieters dafür einzuholen, dass er in das Mietverhältnis eintreten darf. Das Mietverhältnis besteht dann zwischen dem Vermieter und dem Käufer des Unternehmens fort, während der Verkäufer als Vertragspartei entfällt. 21.

Verweigert der Vermieter die Zustimmung zur Übernahme, kommt unter Umständen, soweit dies der bestehende Mietvertrag erlaubt, *Untervermietung* vom Veräusserer an den Erwerber des Unternehmens als Ausweg in Frage. Bei der Untermiete bleibt das ursprüngliche Mietverhältnis zwischen dem Vermieter und Mieter bestehen, während ein neues Vertragsverhältnis zwischen dem Mieter (Unternehmensveräusserer) und dem Untermieter (Unternehmenserwerber) geschaffen wird. In vielen Mietverträgen wird zwar die Zustimmung des Vermieters auch für die Untermiete vorgesehen. Diese darf aber nach Gerichtspraxis nur aus triftigen Gründen verweigert werden (Guhl, 377). Enthält der Mietvertrag gar ein Verbot der Untermiete, so braucht allerdings der Vermieter seine Ablehnung nicht zu begründen (BGE 67 II 139). Die Untermiete ist zulässig, wenn der Mietvertrag keine 22.

entgegenstehende Abrede enthält, vorausgesetzt, dass dadurch nicht eine für den Vermieter nachteilige Änderung bewirkt wird (Art. 264 Abs. 1 OR). Der Mieter (Unternehmensveräusserer) haftet dem Vermieter dafür, dass der Untermieter (Erwerber des Unternehmens) den Mietgegenstand nicht anders gebraucht, als es dem Mieter gestattet ist (Art. 264 Abs. 2 OR).

23. Eine weitere Alternative ist die «*Abtretung der Miete*» im Sinne von Art. 264 Abs. 1 OR, durch welche der Mieter die Mieterrechte an einen Dritten abtritt, welcher diese direkt gegenüber dem Vermieter durchsetzen kann. Wieweit eine solche Abtretung zulässig ist, beurteilt sich nach den gleichen, für die Untermiete bestehenden Grundsätzen (Guhl, 377). Ist die Untermiete gemäss Vertrag verboten, so gilt das Verbot auch für die Abtretung (BGE 81 II 346). Wichtig ist aber zu bemerken, dass die Abtretung der Miete keinesfalls die Abtretung des gesamten Vertragsverhältnisses bedeutet; demzufolge haftet der ursprüngliche Mieter weiter für Zahlung der Zinsen.

b) Unternehmen als Vermieter

24. Ist der Unternehmensveräusserer selber Vermieter, so gilt für die Übertragung an den Erwerber der Grundsatz «*Kauf bricht Miete*» (Art. 259 OR). Der Mieter muss demnach den Kauf gegen sich gelten lassen, es sei denn, die Miete sei im Grundbuch vorgemerkt. Im Grundbuch vorgemerkte Mietverträge können auch gegen den Käufer geltend gemacht werden. Davon abgesehen, sind die Rechtsfolgen unterschiedlich je nachdem, ob der Erwerber im Unternehmenskaufvertrag verspricht, die Verpflichtungen aus dem Mietvertrag zu übernehmen. Ist dies der Fall, hat der Mieter – im Gegensatz zu den allgemeinen Regeln der Schuldübernahme – das Recht, vom Erwerber Fortsetzung des Mietverhältnisses zu fordern. Er kann aber auch am Unternehmensverkäufer als Vertragspartner festhalten, praktisch gesehen von diesem aber nur noch Schadenersatz verlangen. Dem Unternehmensverkäufer, welcher mit dieser Miete nichts mehr zu tun haben will, bleibt daher nichts anderes übrig, als die Zustimmung des Mieters zum Parteiwechsel einzuholen oder den Vertrag durch Kündigung zu beenden. In der Praxis wird sich der Mieter kaum gegen die Übernahme durch den Unternehmenskäufer zur Wehr setzen; seine vorbehaltlose Zahlung der Mietzinsen an den Erwerber wird ihm als konkludente Zustimmung ausgelegt.

25. Übernimmt der Käufer die Mietverpflichtung nicht, so hat er den Mieter bei unbeweglichen Sachen, also z.B. bei Vermietung von Geschäftsräumlichkeiten, gleichwohl bis zu dem Termin in der Miete zu belassen, auf den nach den gesetzlichen Vorschriften gekündigt werden kann, d.h. bis zum Ablauf der ordentlichen Kündigungsfrist. Dies gilt selbst dann, wenn eine feste, längere Vertragsdauer im Mietvertrag vorgesehen ist. Ist die vertrag-

lich vorgesehene Kündigungsfrist kürzer als die ordentliche Frist, so ist die kürzere vertragliche Frist anwendbar. Die Kündigung ist erst möglich, wenn der Käufer im Grundbuch eingetragen ist (BGE 108 II 192). Wenn der Käufer die Kündigung unterlässt, gilt er als in das Mietverhältnis eingetreten (Art. 259 Abs. 2 OR).

Für bewegliche Sachen hat der Käufer dagegen keine Verpflichtungen aus dem Mietvertrag, wenn er diesen nicht übernehmen will. Entsteht ihm aus der Nichtübernahme der Miete durch den Käufer Schaden, muss sich der Mieter an seinen Vermieter, den Unternehmensveräusserer, halten. 26.

13. Arbeitsverträge

Für den Übergang von Arbeitsverhältnissen enthält Art. 333 OR eine eigene Ordnung, neben welcher jene von Art. 181 OR nicht mehr anwendbar ist (von Tuhr/Escher, 399). 27.

Wenn Veräusserer und Erwerber eines Unternehmens die Übernahme der Arbeitsverhältnisse verabreden, so gehen diese mit allen Rechten und Pflichten auf den Erwerber über, sofern der Arbeitnehmer den Übergang nicht ablehnt (Art. 333 Abs. 1 OR). Daraus folgt, dass den Unternehmenserwerber nicht von selbst die Pflicht trifft, in das Arbeitsvertragsverhältnis einzutreten, sondern dass er sich dazu zuerst verpflichten muss. Das kann allerdings auch konkludent geschehen, weshalb es sich für den Erwerber empfiehlt, die Übernahme jener Arbeitsverhältnisse ausdrücklich auszuschliessen, die er nicht wünscht. Der Unternehmensverkäufer bleibt dann an den Arbeitsvertrag gebunden, welcher nur durch Kündigung beendigt werden kann. 28.

Dem Arbeitnehmer steht es frei, den Übergang abzulehnen. Eine Frist für die Abgabe der Ablehnungserklärung ist im Gesetz nicht vorgesehen, ergibt sich aber im Einzelfall nach Treu und Glauben. Wünscht der Erwerber das Arbeitsverhältnis fortzusetzen, weil das für die erfolgreiche Weiterführung des Unternehmens ausschlaggebend ist, sollte er vorgängig die Zustimmung der betreffenden Arbeitnehmer einholen. Damit Gewissheit herrscht, können die Arbeitnehmer auch aufgefordert werden, ihre allfällige Ablehnungserklärung innerhalb einer gewissen Frist abzugeben. Reagieren sie nicht und akzeptieren Lohnzahlungen ohne Vorbehalt, ist anzunehmen, dass sie mit dem Übergang einverstanden sind. 29.

Hat der Erwerber des Unternehmens mit dem Verkäufer die Übernahme des Arbeitsverhältnisses verabredet, wird der Übergang aber durch den Arbeitnehmer abgelehnt, so gilt das Arbeitsverhältnis auf den Ablauf der gesetzlichen Kündigungsfrist als aufgelöst; der Erwerber des Unternehmens und der Arbeitnehmer sind bis dahin zur Erfüllung des Vertrages verpflichtet 30.

(Art. 333 Abs. 2 OR). Für die Beendigung sind dann die Bestimmungen über die Beendigung des Arbeitsverhältnisses bei Probezeit (Art. 334 OR) und über die Beendigung bei unbestimmter Vertragszeit (Art. 336 a–c OR) anwendbar, selbst wenn das Arbeitsverhältnis auf bestimmte Vertragszeit oder mit einer abweichenden vertraglichen Kündigungsfrist verabredet worden ist (Brühwiler, N 5 zu Art. 333 OR).

31. Der Veräusserer und der Erwerber des Unternehmens – dieser sogar, wenn er von Anfang an das Arbeitsverhältnis nicht übernehmen wollte – haften solidarisch für die Forderungen des Arbeitnehmers, die vor dem Übergang fällig geworden sind. Sie haften überdies für die Forderungen, welche bis zu dem Zeitpunkt fällig werden, auf den das Arbeitsverhältnis ordentlicherweise beendet werden könnte oder – falls der Arbeitnehmer den Übergang ablehnt – beendigt wird (Art. 333 Abs. 3 OR).

14. Leasingverträge

32. Leasingverträge sind sog. *Innominatskontrakte*, Verträge also, welche im Gesetz nicht als solche geregelt sind. Für denjenigen, welcher ein Unternehmen übernimmt, stellt sich die Frage, wie er sicherstellen kann, dass die betriebsnotwendigen geleasten Aktiven weiterhin zur Verfügung stehen. Auch hier wird – wie beim Mietvertrag – das praktische Vorgehen darin bestehen, die Zustimmung des Leasinggebers dafür einzuholen, dass der Erwerber des Unternehmens in den Leasingvertrag eintritt. Ist diese Zustimmung nicht erhältlich, gemäss Leasingvertrag aber erforderlich, so ist im Einzelfall zu entscheiden, ob allenfalls die mietvertraglichen Bestimmungen (Art. 264 OR über die Untermiete und Abtretung der Miete) angewendet werden können. Ist dies der Fall, so darf der Leasinggeber die Zustimmung zur Übertragung der Rechte aus dem Leasingvertrag auf den Erwerber nur aus triftigen Gründen verweigern. Für die Leasingzahlungen bleibt der Veräusserer, andere Abmachung mit dem Leasinggeber vorbehalten, dem Leasinggeber verpflichtet, da Art. 181 OR nach Auffassung in der Lehre nicht anwendbar ist (Bucher, 591/592).

15. Lizenzverträge

a) Unternehmen als Lizenznehmer

33. Wie die Leasingverträge sind auch Lizenzverträge *Innominatsverträge*. Befinden sich unter den übertragenen Vermögensgegenständen betriebsnot-

wendige Lizenzrechte, dann sollte sich der Erwerber vergewissern, dass er diese Rechte gegenüber dem Lizenzgeber geltend machen darf. Dazu ist zunächst der Lizenzvertrag zu konsultieren. Darin wird häufig vorgesehen, dass sich der Lizenzgeber die Zustimmung zur Übertragung von Rechten aus dem Lizenzvertrag vorbehält. Manchmal ist die Übertragung der Lizenz gemäss Lizenzvertrag gar ganz verboten. Auch dann bleibt nur, die Zustimmung des Lizenzgebers einzuholen.

Sofern im Lizenzvertrag keine ausdrückliche Regel vorgesehen ist, dürften die Lizenzrechte im Zweifel zwar übertragbar sein (Blum/Pedrazzini, Anm. 46 ff. zu Art. 34 PatG; Fischer/Lüdecke, A 36), doch muss dies im Einzelfall überprüft werden. Ausschlaggebend sind die Interessenlage der Parteien – so dürfte die Abtretung an einen Wettbewerber des Lizenzgebers eher ausgeschlossen sein – und ferner die Art der Lizenz bzw. des lizenzierten Immaterialgüterrechts. Lizenzverträge hängen in ihren Rechten und Pflichten oft von der Person der Vertragspartner ab. Die freie Übertragbarkeit darf daher nicht leichtfertig angenommen werden. 34.

Bezüglich der Lizenzzahlungen stellt sich die Frage, ob Art. 181 OR anwendbar ist. Wird die Anwendung verneint, wie das in der Lehre verlangt wird (Keller/Schöbi, Gemeinsame Rechtsinstitute, 92; Bucher, 591/592), so ist die Zustimmung des Lizenzgebers einzuholen. Wird diese gewährt, entfällt die Haftung des Veräusserers. Andernfalls bleibt der Veräusserer dem Lizenzgeber für die Zahlungen verpflichtet. 35.

b) Unternehmen als Lizenzgeber

Befinden sich unter den übernommenen Aktiven Immaterialgüterrechte, für die der Verkäufer als Lizenzgeber Verträge eingegangen ist, stellt sich die Frage, was mit Rechten und Pflichten aus diesen Verträgen geschieht. Eine Übertragung nach Art. 181 OR kommt meistens nicht in Frage (Pedrazzini, Patent- und Lizenzvertragsrecht, 142), so dass in der Regel die Zustimmung des Lizenznehmers für den Parteiwechsel eingeholt werden muss. Grundsätzlich haben Lizenzverträge zudem lediglich obligatorische Wirkungen, so dass auch der Käufer des Unternehmens aus den Lizenzverträgen nur verpflichtet wird, wenn er die Verpflichtungen vom Veräusserer übernimmt. 36.

Eine Ausnahme gilt für Patent- und Musterlizenzen, sofern die Lizenzrechte im Register eingetragen sind (Art. 34 PatG, Art. 4 MMG). Hier müssen die Lizenzrechte durch den Käufer des Unternehmens geduldet werden. Ob sich der Lizenznehmer den Käufer als neuen Vertragspartner gefallen lassen müsse, ist ungeklärt (Troller I, 466). 37.

Ist der Lizenzvertrag jedoch nicht im Register eingetragen und übernimmt der Käufer die Pflichten aus dem Lizenzvertrag nicht, so bleibt der Verkäufer des Unternehmens dem Lizenznehmer ungeachtet der Weiterveräusserung 38.

des Patentes oder Musters verpflichtet. Da er nach Veräusserung des Immaterialgüterrechts kaum mehr in der Lage ist, seine Pflichten wahrzunehmen, muss er mit dem Lizenznehmer eine einvernehmliche Lösung finden. Gelingt das nicht, bleibt ihm nichts anderes übrig, als den Lizenzvertrag so schnell wie möglich zu beenden und sich vom Käufer des Unternehmens für die Restzeit diejenigen Rechte einräumen zu lassen, die es ihm ermöglichen, seinen Verpflichtungen aus dem Lizenzvertrag nachzukommen.

16. Versicherungen

39. Für Versicherungsverträge gelten zum Teil Spezialvorschriften (Art. 54 VVG, Art. 67 SVG, Art. 97 UVV). Typischerweise wird das zu übernehmende Unternehmen eine Reihe von Versicherungen abgeschlossen haben: Haftpflichtversicherungen (inkl. Motorhaftpflicht), Mobiliar- und Gebäudeversicherung, Lebensversicherungen (z. B. für leitende Angestellte), Krankenversicherungen für das Personal und weitere Versicherungen. Weiter bestehen von Gesetzes wegen zwingend eine Reihe von Sozialversicherungen (AHV, IV, Unfallversicherung, Personalfürsorge).

a) Sachversicherungen

40. Für Sachversicherungen (z. B. Mobiliar- und Gebäudeversicherung) und – teilweise – für Vermögensversicherungen (z. B. Haftpflichtversicherungen, Betriebsversicherungen) gilt, dass Rechte und Pflichten aus dem Versicherungsvertrag auf den Erwerber des Unternehmens übergehen (Art. 54 Abs. 1 VVG, welcher Art. 181 OR vorgeht). Voraussetzung hierfür ist der Übergang des Eigentums an der versicherten Sache. Eine Mitteilung an den Versicherer ist nicht vonnöten. Für die zur Zeit der Handänderung fällige Prämie haftet der Erwerber des Unternehmens solidarisch mit dem Veräusserer (Art. 54 Abs. 2 VVG). Es steht dem Erwerber aber frei, dem Versicherer binnen 14 Tagen nach dem Zeitpunkt der Handänderung schriftlich mitzuteilen, dass er den Übergang der Versicherung ablehne (Art. 54 Abs. 4 Ziff. 2 VVG). Ebenso geht der Vertrag nicht auf den Erwerber über, wenn durch dessen Eintritt eine wesentliche Gefahrserhöhung herbeigeführt wird und der Versicherer binnen 14 Tagen, nachdem er von der Handänderung Kenntnis erhalten hat, schriftlich den Rücktritt vom Vertrag erklärt (Art. 54 Abs. 4 Ziff. VVG). Wenn der Vertrag aus einem der dargestellten Gründe nicht auf den Erwerber übergeht, hat der Veräusserer das Recht, den Vertrag aufzuheben (Maurer, 262, 318).

Der Versicherer ist überdies allgemein berechtigt, binnen 14 Tagen, 41.
nachdem er von der Handänderung Kenntnis erhalten hat, vom Vertrag
zurückzutreten. Seine Haftung erlischt mit Ablauf von 4 Wochen, nachdem
er dem Erwerber den Rücktritt schriftlich angezeigt hat. Der Versicherer
muss, falls er zurücktritt, dem Erwerber die auf die nicht abgelaufene
Versicherungzeit entfallende Prämie zurückerstatten (Art. 54 Abs. 3 VVG).
In Wirklichkeit handelt es sich hier um eine Kündigung und nicht um einen
Rücktritt, da der Vertrag nicht rückwirkend, sondern «ex nunc» für die
Zukunft beendet wird. Macht der Versicherer von seinem Rücktrittsrecht
Gebrauch, so bleibt dem Erwerber nichts anderes übrig, als selber eine neue
Versicherung abzuschliessen.

b) Motorfahrzeughaftpflicht

Eine Sonderregelung besteht für Motorfahrzeughaftpflichtversicherun- 42.
gen, für welche Art. 67 SVG gilt (Einzelheiten bei Maurer, 263/64).

c) Andere Versicherungen

Für die anderen Versicherungsarten (Personenversicherungen wie Kran- 43.
ken- und Lebensversicherungen) ist Art. 54 VVG nicht anwendbar. Demgemäss kommt eine Schuldübernahme nach den allgemeinen Prinzipien des
Obligationenrechts zustande, wobei jeweils im Einzelfall auch die einschlägigen Versicherungsbedingungen zu konsultieren sind.

d) Sozialversicherungen

Keine weiteren Probleme ergeben sich hinsichtlich der *AHV* und *IV*. Für 44.
die zum Erwerber übertretenden Arbeitnehmer ändert sich allenfalls die
Kassenzugehörigkeit, doch bleiben ihre versicherungsrechtlichen Ansprüche
gewahrt.
Bezüglich der *obligatorischen Unfallversicherung (UVG)* ist in Art. 97 45.
UVV vorgesehen, dass nach einem Betriebsübergang innert 14 Tagen an den
bisherigen Versicherer Anzeige zu erstatten ist. Für die zu treffenden
Massnahmen sollten die Parteien auch die Versicherungsbedingungen konsultieren, welche für Betriebsübergänge spezielle Bestimmungen enthalten,
wie z. B. Mitteilungspflichten über Änderung des Betriebs, Erweiterung des
Kreises der versicherten Personen und dergleichen.
Die *berufliche Vorsorge (Personalfürsorge)* ist in den einzelnen Unterneh- 46.
men in verschiedener Weise geordnet. Das Obligatorium gemäss BVG kann

grundsätzlich in drei Arten wahrgenommen sein. Zunächst kann sich das Unternehmen einer Gemeinschaftsstiftung anschliessen. Als weitere Möglichkeit kann es seine eigene Vorsorgeeinrichtung – in der Regel als Stiftung – errichten. Bei solchen Stiftungen ist zu unterscheiden zwischen autonomen und halbautonomen Pensionskassen. Als autonom werden jene bezeichnet, welche alle Risiken selbst tragen, als halbautonom jene, welche gewisse Risiken (meist Invalidität und Tod) rückversichern. Die dritte Art, das Obligatorium einzuhalten, ist der Anschluss an die Auffangeinrichtung gemäss Art. 60 BVG. Je nach Art der getroffenen Vorsorge sind die Rechtsverhältnisse der beteiligten Parteien verschieden, insbesondere auch bei überobligatorischer Personalfürsorge. Diese Unterschiedlichkeit hat ihre Auswirkungen, wenn es darum geht, den Übergang der Versicherung zu ordnen.

47. Personalfürsorgestiftungen des Verkäufers oder Käufers eines Unternehmens werden durch die Unternehmensübernahme betroffen. Die zu treffenden Massnahmen hängen vom Einzelfall ab. In Betracht kommen Änderungen der Stiftungsurkunde (z. B. Anpassungen an den neuen Arbeitgeber oder an die neuen Arbeitnehmer, siehe Riemer, Vorsorge, 82), Fusionen der Stiftungen (Riemer, N 76 zu Art. 88/89 ZGB) und Teilung oder Auflösung der Stiftungen (Riemer, Vorsorge, 83). Sind die Beteiligten einer Gemeinschaftsstiftung angeschlossen, so müssen die Anschlussverträge den neuen Gegebenheiten angepasst werden.

48. Die Auswirkungen der Unternehmensübernahme auf das Stiftungsvermögen und die Destinatäre sind im einzelnen zu überprüfen. Grundsätzlich gilt, dass die bisherigen Destinatäre in ihren Rechtsansprüchen nicht geschmälert werden dürfen (BGE 110 II 436; Riemer, Auswirkungen, 5 ff.). Weiter ist der Grundsatz zu berücksichtigen, dass das ganze Vorsorgevermögen dem Personal folgen muss, d. h., dass die Arbeitnehmer auch Anspruch auf die freien Stiftungsmittel haben.

17. Hängige Prozesse

49. Die Auswirkungen der Übernahme eines Unternehmens mit Aktiven und Passiven auf hängige Prozesse bestimmen sich nach der anwendbaren Zivilprozessordnung.

50. Nach der *Bundeszivilprozessordnung* (Art. 17, 21 Abs. 2 BZPO) ist der Wechsel einer Partei nur mit Zustimmung der Gegenpartei gestattet. Auch wenn der Streitgegenstand auf den Erwerber übergeht, bleibt trotzdem der Veräusserer Prozesspartei, es sei denn, der Erwerber trete in den Prozess ein und die Gegenpartei stimme dem zu. Ist der Veräusserer im betreffenden Verfahren Kläger, müsste allerdings die Klage infolge Wegfalls der Aktiv-

legitimation abgewiesen werden, weil das Gericht auf den Sachverhalt und die Rechtslage im Zeitpunkt der Urteilsfällung abstellt (Vogel, 100, N 104). Der Veräusserer kann die Abweisung verhindern, indem er die Klage dahingehend ändert, dass er Erbringung der Leistung nicht an sich selbst, sondern an den Erwerber verlangt. Ist der Veräusserer im Prozess Beklagter, und stimmt die Gegenpartei einem Parteiwechsel nicht zu, so fällt die Passivlegitimation des Veräusserers trotz des Verkaufs des Unternehmens in der Regel nicht dahin. Dies insbesondere, wenn Art. 181 OR (Übernahme eines Geschäftes) anwendbar ist, weil da der Beklagte solidarisch neben dem Übernehmer für zwei Jahre weiterhaftet (ZR 87 Nr. 51). Von diesem Grundsatz kann es aus Gründen des materiellen Zivilrechtes Ausnahmen geben (für Einzelheiten Walder, Zivilprozessrecht, § 15). So müssen insbesondere Gestaltungsklagen nach erfolgter Veräusserung des Streitgegenstandes doch wegen mangelnder Passivlegitimation abgewiesen werden.

Nach *Zürcher Zivilprozessordnung* (§ 49 Abs. 1 ZPO) ist der Erwerber berechtigt, anstelle des Veräusserers in den Prozess einzutreten, sofern der Veräusserer das eingeklagte Recht einbüsst oder von der eingeklagten Verpflichtung frei wird. Im Unterschied zur Bundeszivilprozessordnung ist die Zustimmung der bisherigen Parteien nur notwendig, wenn der Veräusserer trotz der Veräusserung vom eingeklagten Recht oder von der eingeklagten Verpflichtung nicht frei wird. Tritt der Erwerber aber nicht in den Prozess ein, hat dies die gleichen Wirkungen wie im Bundeszivilprozess. 51.

Aus dem materiellen Bundesrecht kann sich sogar ergeben, dass nach Veräusserung des Streitobjekts durch den Beklagten der Erwerber nicht nur berechtigt, sondern verpflichtet ist, in einen hängigen Prozess einzutreten und somit der Veräusserer zwingend aus dem Verfahren ausscheidet (Zusammenstellung bei Sträuli/Messmer, N 6 a zu § 49 ZPO). 52.

Besondere prozessrechtliche Wirkungen sind zudem in der Regel für die Gesamtnachfolge vorgesehen (Art. 17 Abs. 3 BZPO, § 49 Abs. 2 Zürcher ZPO). Diese bestimmen sich nach dem materiellen Bundesrecht. Laut Praxis zur Zürcher Zivilprozessordnung gilt die Übernahme nach Art. 181 OR allerdings nicht als Gesamtnachfolge (ZR 74 Nr. 75 E. IV). Im Unterschied dazu wird für die Bundeszivilprozessordnung angenommen, es liege eine Gesamtnachfolge vor (BGE 106 II 348). Das bedeutet, dass nach Zürcher Zivilprozessordnung der Erwerber eines Unternehmens mit Aktiven und Passiven nur mit Zustimmung der bisherigen Parteien in den Prozess eintreten kann, es sei denn, die Veräusserung habe zur Folge, dass der Veräusserer des eingeklagten Rechts verlustig geht oder von der eingeklagten Verpflichtung frei wird. Wann dies der Fall ist, ist aufgrund des materiellen Rechts zu überprüfen. Demgegenüber ist nach Bundeszivilprozessordnung bei der Veräusserung nach Art. 181 OR in keinem Fall die Zustimmung der bisherigen Parteien notwendig. 53.

54. In ihren vertraglichen Abmachungen werden die Parteien auch den prozessrechtlichen Kosten- und Entschädigungsfolgen Rechnung tragen müssen, welche sich aus einem Parteiwechsel ergeben (für die Zürcher ZPO siehe § 67, wonach der eintretende Erwerber für die bereits entstandenen Kosten solidarisch neben der früheren Partei, für künftige Kosten dagegen allein haftet).

III. Einlage eines Unternehmens mit Aktiven und Passiven («Contribution of Assets»)

55. Häufig werden Unternehmen oder Teile davon als Gesamtkomplex mit Aktiven und Passiven in eine bereits bestehende Gesellschaft, sei es eine Personengesellschaft oder eine Kapitalgesellschaft, eingebracht. Solche Einlagen unterstehen eigenen Rechtsvorschriften. Soweit die übernehmende Gesellschaft bereits ein Unternehmen betreibt, liegt ein Zusammenschluss vor. Die Gesellschafter des übernommenen Unternehmens werden zu Gesellschaftern der übernehmenden Gesellschaft. In gewissen Fällen nehmen sie zwar weiterhin unternehmerische Funktionen wahr, vielfach sind sie aber lediglich Investoren und halten die Gesellschaftsanteile – z. T. wie bisher – als reine Kapitalanlagen.

1. Einlage in eine Personengesellschaft

56. Die *Einbringer* sind in der Regel natürliche Personen (Art. 552 Abs. 1 und 594 OR), doch können bei der Kommanditgesellschaft auch juristische Personen und Handelsgesellschaften (Kollektiv- und Kommanditgesellschaft) als Kommanditäre Einbringer sein (Art. 594 Abs. 3 OR). Massgebend ist der Umstand, dass die einbringenden Personen zu Gesellschaftern der übernehmenden Personengesellschaft werden. Der Einzelunternehmer wird als solcher neuer Teilhaber der Gesellschaft, also Kollektiv- oder Kommanditgesellschafter. Wenn er als Einzelfirma im Handelsregister eingetragen ist, ist zudem die Firma zu löschen (Art. 938 OR). Etwas umständlicher ist es, ein Unternehmen einer Personengesellschaft in eine Personengesellschaft einzubringen, denn die Personengesellschaften können nicht als solche Teilhaber einer Gesellschaft werden. Vielmehr müssen ihre Gesellschafter zuerst aufgrund einer gegenseitigen Übereinkunft die Auflösung beschliessen (Art. 545 Abs. 1 Ziff. 4 OR) und die Firma löschen (Art. 938 OR), es sei denn, sie wollen die Gesellschaft aus bestimmten Gründen auch später noch fortsetzen, z. B. um einen allfällig verbleibenden

Unternehmensteil weiterzubetreiben. Nachdem sie die Auflösung beschlossen haben, bringen die Personengesellschafter das Unternehmen in die übernehmende Personengesellschaft ein und werden gestützt auf einen separaten Vertrag deren Teilhaber. Die Einlage eines AG-Unternehmens erfolgt demgegenüber so, dass die Aktionäre ihre Anteile als Sacheinlage in die Personengesellschaft einbringen oder dass zuerst Aktiven und Passiven der AG auf die Aktionäre übertragen und dann von diesen in die Personengesellschaft eingebracht werden.

Die Einlage setzt einen *Einlagevertrag* zwischen Einbringer und Teilhaber der Personengesellschaft voraus, wonach die Einbringer Teilhaber der Gesellschaft werden und ihren Beitrag in der Weise leisten, dass sie ihr Unternehmen in die Gesellschaft einbringen (siehe Art. 531 und 542 OR). In der Bewertung des in die Gesellschaft eingebrachten Unternehmens sind die Gesellschafter frei. Gewöhnlich ist diese Bewertung ausschlaggebend für den Vermögens- und Gewinnanteil der neuen Gesellschafter. Eine Ausnahme vom Grundsatz der Bewertungsfreiheit besteht bezüglich der im Handelsregister einzutragenden Kommanditsumme, weil sich Dritte auf diesen Wert verlassen (siehe Art. 608 Abs. 3 OR). Hier muss das Unterehmen mit seinem «wirklichen Wert» im Zeitpunkt der Einlage eingesetzt werden. Ist im Vergleich dazu die Bewertung zu hoch, so bleibt der Kommanditär den Gläubigern gegenüber im Unterschiedsbetrag ersatzpflichtig. Sacheinlagen und Bewertung sind im Handelsregister einzutragen (Hartmann, N 19 zu Art. 608 OR). 57.

Normalerweise erfolgt die Einlage eines Unternehmens zu Eigentum (möglich wäre auch Einlage bloss zu Gebrauch). Die Übertragung der Vermögenswerte vollzieht sich in der Form der *Singularsukzession,* so dass für die einzelnen Aktiven und Passiven die jeweiligen rechtlichen Übertragungserfordernisse zu beachten sind. Für die Übernahme von Schulden ist Art. 181 OR anwendbar (Siegwart, N 24 zu Art. 531 OR). 58.

Für die Tragung der *Gefahr und der Gewährspflicht* ist im Gesetz festgesetzt, dass die Grundsätze des Kaufvertrages «entsprechend» anzuwenden seien (Art. 531 Abs. 3 OR). Schon aus dem Gesetz wird dadurch klar, dass die Erfüllung der Beitragspflicht nicht in jeder Hinsicht den Regeln des Kaufvertrages unterstellt ist. Zutreffend wird darauf hingewiesen, dass die Einlage letztlich ein Beitrag zur Erreichung des Gesellschaftszweckes ist und daher die Folgen aus der mangelhaften Erfüllung oder Nichterfüllung nach eigenen, sachgerechteren Kriterien zu beurteilen sind. Es dürfen deshalb nicht einfach starr die Regeln angewendet werden, welche für synallagmatische (zweiseitige) Verträge gelten (von Steiger, Gesellschaftsrecht, 371 ff.). 59.

2. Einlage in eine AG

60. Die Einlage eines Unternehmens in eine AG erfolgt auf dem Wege der *Sacheinlage* oder der *Sachübernahme*. Die Sacheinlage unterscheidet sich in praktischer Hinsicht von der Sachübernahme vor allem dadurch, dass die Einbringer mit Anteilen der übernehmenden Gesellschaft abgefunden werden, während bei der Sachübernahme die Gegenleistung in der Regel in Geld erfolgt. Im Falle der Sacheinlage wird also das Unternehmen bei der Gründung bzw. Kapitalerhöhung eingebracht, im Falle der Sachübernahme dagegen kauft die bereits gegründete Gesellschaft, bevor sie im Handelsregister eingetragen ist, das Unternehmen. Nach Praxis des Bundesgerichts genügt es für die Annahme einer Sachübernahme sogar, wenn vor der Eintragung ins Handelsregister zwar noch nicht eine verbindliche Vereinbarung abgeschlossen worden ist, aber feste Absichten und fast sichere Aussicht auf die Verwirklichung des Vertrages bestehen (BGE 83 II 289).

a) Sacheinlage

61. Einbringer sind Einzelfirmen, Personen- oder Kapitalgesellschaften. Wenn ein Unternehmen gesamthaft eingebracht wird, wird die übertragende Gesellschaft aufgelöst. Das geschieht entweder in der Weise, dass den Gesellschaftern die Aktiven und Passiven als Liquidationserlös ausgeschüttet werden und die Gesellschafter diese dann in die übernehmende AG einbringen. Eine weitere Möglichkeit besteht darin, dass die übertragende Gesellschaft das Unternehmen einbringt und die dafür erhaltenen Anteile an ihre Gesellschafter als Liquidationserlös ausrichtet. Manchmal bleibt die übertragende Gesellschaft auch als Holdinggesellschaft weiterbestehen. Wird nur ein Teil des Unternehmens eingebracht, betreibt die veräussernde Gesellschaft den anderen Teil weiter und setzt so ihre Existenz fort.

62. Die Einlage eines Unternehmens mit Aktiven und Passiven auf dem Wege der *Sacheinlage* erfolgt gestützt auf eine Bilanz. Diese muss bei der Gründung bzw. Kapitalerhöhung vorliegen. Sacheinlage kann jeder übertragbare Gegenstand sein, der einen bilanzfähigen Geldwert aufweist. Die Einbringung von Goodwill ist bei Einlage eines Geschäftes mit Aktiven und Passiven gestattet (Schucany, N 2 zu Art. 628 OR; StE 1985 B.72.12 Nr. 1). Zu den Faktoren, die den Goodwill ausmachen, gehören Kundschaft, Geschäftsbeziehungen, Tüchtigkeit der Geschäftsleitung und weiteres mehr (im einzelnen zum Goodwill siehe Blumer, 139 ff.).

63. Die Sacheinlage erfolgt aufgrund eines *Sacheinlagevertrages*, welcher zwischen den Einbringern und der Gesellschaft abzuschliessen ist. Dieser Vertrag ist an keine Form gebunden, doch wird zumindest einfache Schriftlichkeit die Regel sein. Auch hier erfolgt die Übertragung durch *Singularsuk-*

zession. Demnach sind die einzeln Aktiven und Passiven nach den für sie anwendbaren Vorschriften zu übertragen. Für die Übertragung von Forderungen ist deshalb Schriftlichkeit notwendig, für die Übertragung von Grundstücken öffentliche Beurkundung und Eintragung im Grundbuch (BGE 109 II 99). Art. 181 OR ist für die Schuldübernahme anwendbar (BGE 90 II 499). Wird ein Unternehmen mit Grundstücken und Mobilien gleichzeitig eingebracht, stellt sich die Frage, ob öffentliche Beurkundung nur für die Grundstücke erforderlich ist und ob es genügt, einen separaten, formfreien oder schriftlichen Vertrag für die übrigen Aktiven abzuschliessen. Diese Frage ist kontrovers (Forstmoser, Schweizerisches Aktienrecht, 304, N 52). Meines Erachtens muss die Aufteilung in zwei Verträge erlaubt sein. Der Sacheinlagevertrag ist in jedem Fall suspensiv bedingt, weil er erst zustandekommt, wenn die Generalversammlung bzw. die Gründer zugestimmt haben.

Zu berücksichtigen sind ferner eine Reihe spezieller gesellschaftsrechtlicher Vorschriften über die Sacheinlagen. Infolge Art. 633 Abs. 4 OR muss die Gesellschaft mit ihrer Eintragung in das Handelsregister sofort als Eigentümerin unmittelbar über die Sacheinlage verfügen können oder einen bedingungslosen Anspruch auf Eintragung in das Grundbuch erhalten. Dieses *Erfordernis der Deckung* bedeutet für Grundstücke, dass der Einlagevertrag bereits in öffentlich beurkundeter Form vorliegen muss. Bewegliche Sachen müssen übertragen und Forderungen abgetreten sein. Praktisch genügt es für Grundstücke aber, wenn bei der Eintragung ins Handelsregister die schriftliche Erklärung des bisherigen Eigentümers im Sinne von Art. 963 ZGB vorliegt, welche besagt, dass er mit der Eintragung des Erwerbers im Grundbuch einverstanden ist (Siegwart, N 20 zu Art. 634–36 OR). Für bewegliche Sachen reicht es aus, wenn sie spätestens am Tage der Eintragung auf die Verwaltung der Gesellschaft übertragen werden. Bei Drittbesitz ist der Dritte anzuweisen, die Sachen vom Zeitpunkt der Eintragung an für die Gesellschaft zu halten. Für die Zession von Forderungen genügt der von den Parteien unterzeichnete Übernahmevertrag (SJZ 1965, 327). Es empfiehlt sich aber, den Schuldner über die Abtretung zu notifizieren. Der Sacheinlagevertrag hat vor oder in der beschliessenden Generalversammlung oder beim Errichtungsakt vorzuliegen und der Gesellschaft einen uneingeschränkten und unbedingten Anspruch auf Übertragung der Sachen einzuräumen. Das Erfordernis der Deckung ist sorgfältig zu beachten, denn derjenige, welcher dem Notar wahrheitswidrig angibt, die Einlagen stünden zur freien Verfügung der Gesellschaft, macht sich der Erschleichung einer falschen Beurkundung schuldig (BGE 101 IV 60).

Die *Statuten* haben über den Gegenstand der Sacheinlage, ihre Bewertung und Anrechnung wie auch die Person des Sacheinlegers und die Zahl der ihm dafür zukommenden Aktien Aufschluss zu geben (Art. 628 OR, Art. 81 HRV). Wenn Unternehmen oder Teile davon als Sacheinlage eingebracht werden, genügt nach Praxis (ZR 81 Nr. 55) ein summarischer Hinweis in den Statuten (z. B. ein Verweis auf die Übernahmebilanz und die Belege; Textbeispiele bei Bühler, ST 12/1982, 4/5). Goodwill ist speziell offenzulegen. Die Bestimmungen der Statuten über die Sacheinlage erfordern die *Zustimmung von mindestens zwei Dritteln des gesamten Grundkapitals* (Art. 636 OR). Wird die Pflicht, in den Statuten auf die Sacheinlage wie gesetzlich erfordert hinzuweisen, nicht beachtet, wird der Einlagevertrag nichtig. Der Registerführer hat in diesem Fall die Anmeldung zum Registereintrag zurückzuweisen, und die Gründer können zivilrechtlich verantwortlich werden, sofern ein Schaden gegeben ist (Art. 753 Ziff. 1 OR). Nach erfolgter Eintragung kommt auch die Auflösungsklage nach Art. 643 Abs. 3 OR in Frage (Forstmoser, Schweizerisches Aktienrecht, 323, N 142 ff.). Bei der Sukzessivgründung mit Sacheinlage haben die Gründer zusätzlich einen eingehenden schriftlichen *Gründerbericht* zu erstatten (Art. 630 OR). In diesem Bericht ist Auskunft zu erteilen über die Art und den Zustand der einzubringenden Vermögenswerte und die Angemessenheit der dafür berechneten Wertansätze sowie die Anzahl der dem Sacheinleger zukommenden Aktien. Der Gründerbericht muss von Beginn der Zeichnungsfrist an bei der Zeichnungsstelle zur Einsicht aufliegen (Art. 630 Abs. 3 OR). Ein Verstoss gegen das Erfordernis, einen Gründerbericht zu erstatten, führt dazu, dass der Registerführer die Eintragung der Gesellschaft verweigert, die Aktienzeichnung einseitig unverbindlich wird, die Auflösungsklage nach Art. 643 Abs. 3 OR erhoben werden kann und unter Umständen die Gründerhaftung nach Art. 753 Ziff. 1 OR gegeben ist (Forstmoser, Schweizerisches Aktienrecht, 328, N 162 ff.). Erfolgen öffentliche Zeichnungsangebote, so ist zusätzlich im *Prospekt* noch Aufschluss zu geben über den wesentlichen Inhalt des Gründerberichts (Art. 631 Ziff. 3 OR). Bei Verstoss gegen die Prospektpflicht ergeben sich die gleichen Rechtsfolgen wie für den Verstoss gegen die Pflicht, einen Gründerbericht abzugeben. Schliesslich wird bei Sacheinlagen der Vermögenswert, der Preis und dessen Anrechnung auf das Grundkapital in das *Handelsregister eingetragen und im Schweizerischen Handelsamtsblatt veröffentlicht* (Art. 81 HRV).

66. Gesetzlich wird eine *Bewertung* des eingebrachten Unternehmens verlangt, wie sich aus den Vorschriften über den Hinweis in den Statuten, Gründerbericht, Prospekt, Eintrag im Handelsregister und der Publikation im Schweizerischen Handelsamtsblatt ergibt. Das Gesetz enthält aber keine Einzelvorschriften darüber, wie diese Bewertung vorzunehmen ist. Sicher sind die Parteien hierbei nicht frei. Aus dem Verbot der Unterpariemission ist vielmehr zu folgern, dass das eingebrachte Unternehmen höchstens zum Verkehrswert eingesetzt werden darf. Dies ergibt sich auch aus dem Zweck der besonderen Bestimmungen über die Sacheinlagegründungen, der darin besteht, eine Benachteiligung der übrigen Aktionäre zu verhindern und den Schutz der Gläubiger zu gewährleisten. Wird das eingebrachte Unternehmen

überbewertet, dann ist das Kapital im Betrage der zu hohen Bewertung nicht liberiert. Die Gesellschaft besitzt dann gegenüber den Einbringern eine Forderung auf Einzahlung in entsprechender Höhe. Zulässig ist es aber, den Wert des Unternehmens mit einem tieferen als dem Verkehrswert einzusetzen. Eine Befugnis, die Bewertung zu überprüfen, hat der Handelsregisterführer nicht.

b) Sachübernahme

Sachübernahmegründungen unterliegen ähnlichen Vorschriften wie die Sacheinlagegründungen: Es muss ein Hinweis auf die Sachübernahme in den Statuten erfolgen (Art. 628 Abs. 2 OR). Die Sachübernahme muss im Falle einer Sukzessivgründung Gegenstand eines schriftlichen Gründerberichtes sein (Art. 630 OR). Bei öffentlicher Zeichnung muss der Prospekt Aufschluss geben über die Sachübernahme (Art. 631 Ziff. 2 OR). Abweichungen ergeben sich insofern, als bei der Sachübernahme nicht gewährleistet sein muss, dass zum Zeitpunkt der Gründung Deckung vorliegt, da die Gründung selber in bar erfolgt.

67.

c) Kapitalerhöhung

Die Übernahme eines Unternehmens durch eine AG auf dem Wege der Sacheinlage wird in der Regel so erfolgen, dass die bereits bestehende AG eine Kapitalerhöhung durchführt. Das Gesetz verweist für die Kapitalerhöhung auf die Vorschriften über die Gründung (Art. 650 Abs. 1 OR). Das bedeutet, dass auch im Falle der Kapitalerhöhung auf dem Wege der Sacheinlage wie bei der Gründung ein entsprechender Hinweis in den Statuten zu erfolgen hat. Weiter muss ein Gründerbericht verfasst werden; dieser ist von der Verwaltung der AG zu erstatten (Art. 650 Abs. 2 OR). Werden die neuen Aktien öffentlich angeboten, hat ein Prospekt Aufschluss zu geben über die Sacheinlage und den wesentlichen Inhalt des Gründerberichts. Auch hier ist ein Einlagevertrag zwischen Einlegern und der AG abzuschliessen, und es erfolgt die Publikation im Handelsregister und im Schweizerischen Handelsamtsblatt.

68.

Wie für die Gründung ist zu beachten, dass die Sacheinlage unmittelbar und unbeschränkt zur Verfügung steht. Es genügt, wenn die Gesellschaft unmittelbar nach der Eintragung der Kapitalerhöhung im Handelsregister über die Sachen verfügen kann oder wenigstens einen bedingungslosen Anspruch darauf hat (Forstmoser, Schweizerisches Aktienrecht, 470, N 148).

69.

Zunächst ist ein Kapitalerhöhungsbeschluss zu fassen, welcher kein Quorum voraussetzt und bei dem die bisherigen Aktionäre stimmberechtigt

70.

sind. Ferner ist ein spezieller Beschluss über die Sacheinlage gemäss Art. 636 OR nötig, dem zwei Drittel des – erhöhten – Grundkapitals zustimmen müssen und für den die alten und die neuen Aktionäre stimmberechtigt sind (siehe Forstmoser, Schweizerisches Aktienrecht, 473, N 166 ff.). Schliesslich ist noch ein Feststellungsbeschluss notwendig, für den kein Quorum erforderlich ist und für den die alten und die neuen Aktionäre stimmberechtigt sind. In der Praxis werden all diese Beschlüsse an einer einzigen Generalversammlung unter öffentlicher Beurkundung gefasst.

§ 4 Erwerb von Gesellschaftsanteilen

Der Erwerber kann die Kontrolle über ein Unternehmen erlangen, indem er nicht die Aktiven und Passiven des Unternehmens, sondern die Anteile der Gesellschaft erwirbt, welche das Unternehmen betreibt. In Frage kommen *Kauf* der Gesellschaftsanteile oder *Einlage* derselben in die übernehmende Gesellschaft. Nachfolgend werden beide erörtert.

I. Kauf von Gesellschaftsanteilen («Purchase of Shares»)

1. Kauf von Anteilen an Personengesellschaften

Auch für Personengesellschaften besteht der Grundsatz der Kontinuität, d. h., die Mitglieder können wechseln, ohne dass die Gesellschaft aufgelöst wird (Siegwart, N 10 zu Art. 542 OR). Entsprechend ist es für einen Dritten möglich, die Kontrolle über das von einer Personengesellschaft betriebene Unternehmen zu erlangen, indem er einen genügend grossen Anteil an der Personengesellschaft erwirbt. Der verkaufende Gesellschafter und der Übernehmer müssen sich über einen *Abtretungsvertrag* einigen. Gegenstand der Abtretung ist die Mitgliedschaft als Gesamtheit der gesellschaftsbezogenen Rechte und Pflichten des abtretenden Gesellschafters. Für die Form gelten die Regeln über die Abtretung von Forderungen (von Steiger, Gesellschaftsrecht, 408); die Abtretung hat daher schriftlich zu sein (Art. 165 OR). Vorbehältlich einer eigenen Ordnung im Gesellschaftsvertrag, unter dem die Personengesellschaft errichtet worden ist, ist für den Erwerb der Mitgliedschaftsanteile zudem die *Zustimmung aller bisherigen Gesellschafter* notwendig (Art. 542 Abs. 1 OR), andernfalls das Ausscheiden eines Gesellschafters die Auflösung der Gesellschaft bewirkt (Art. 545 Abs. 1 OR).

Für die Wirkungen des Abtretungsvertrages ist zu unterscheiden zwischen der Gesellschaft einerseits und deren Gläubigern andererseits. Gegenüber der Gesellschaft gilt das Prinzip der Universalsukzession: der Erwerber tritt «in alle Vermögens- und Verwaltungsrechte ein, die dem bisherigen Gesellschafter in dieser Eigenschaft zustanden, ohne dass es besonderer Übertragungshandlungen bedürfte» (von Steiger, Gesellschaftsrecht, 409). Gegenüber Dritten wirkt der Mitgliederwechsel erst mit Eintragung im Handelsregister oder sonstiger Bekanntgabe (Art. 554 Ziff. 1 OR). Da Kollektiv- und Kommanditgesellschaft unter ihrer Firma Rechte erwerben und Verbindlichkeiten eingehen können und demzufolge handlungs-, prozess- und betreibungsfähig sind, ist für die Übernahme eine Übertragung der einzelnen Aktiven und Passiven auf den Erwerber nicht notwendig. Für die Haftung ist aber hervorzuheben, dass der Erwerber solidarisch mit den übrigen Gesellschaftern und mit seinem ganzen Vermögen auch für die vor seinem Beitritt entstandenen Verbindlichkeiten der Gesellschaft haftet (Art. 569 Abs. 1 OR). Selbst eine entgegenstehende Verabredung unter den Gesellschaftern hätte Dritten gegenüber keine Wirkung (Art. 569 Abs. 2 OR). Der ausscheidende Gesellschafter haftet für Forderungen der Gesellschaftsgläubiger grundsätzlich noch für eine Dauer von fünf Jahren weiter. Diese Frist beginnt von dem Moment an zu laufen, da das Ausscheiden publiziert worden ist (Art. 591 OR).

2. Kauf von Aktien

4. Auch für die AG gilt, dass die Kontrolle über die Gesellschaft die Kontrolle des dieser AG gehörenden Unternehmens erlaubt. Das Unternehmen kann daher dadurch erworben werden, dass ein Dritter die Aktien der betreffenden AG kauft.

5. Kaufgegenstand sind die Aktien, welche dem Aktionär die verschiedenen Vermögens- und Mitwirkungsrechte vermitteln. Die Aktien können zwar als Beweisurkunden ausgegeben werden, typischerweise sind sie jedoch Wertpapiere. Als Wertpapiere werden sie in der Form von Inhaberaktien, Namenaktien (wovon die vinkulierten Namenaktien eine Unterart bilden) und Rektaaktien ausgegeben. Die Inhaberaktien sind Inhaberpapiere, die Namenaktien (einschliesslich vinkulierte Namenaktien) Orderpapiere und die Rektaaktien sog. Namenpapiere.

a) Inhaberaktien

6. Für die Übertragung von Inhaberaktien ist zunächst der Abschluss eines obligatorischen Rechtsgeschäftes, vorliegend also eines Kaufvertrages, notwendig. Die sachenrechtliche Verfügung besteht in der Übergabe des Besitzes am Aktientitel an den Erwerber (Art. 967 Abs. 1 OR). Gestattet sind auch sog. Traditionssurrogate wie insbesondere die Besitzanweisung (Art. 924 Abs. 1 und 2 ZGB). Wenn die Titel beispielsweise bei einer Bank liegen, muss die Bank angewiesen werden, sie forthin für den Erwerber zu halten. Dies wird Besitzanweisung genannt. Für den gültigen Übergang der Papiere ist ausserdem noch die Verfügungsbefugnis des Veräusserers bzw. der gute Glaube des Erwerbers darüber notwendig. Um das aus den Aktien fliessende Stimmrecht wahrnehmen zu können, muss der Erwerber die Inhaberaktien vorlegen können (Art. 689 Abs. 4 OR). Waren die Inhaber-

aktien verpfändet, so gilt gleichwohl der Erwerber als stimmberechtigt, sofern er Eigentümer geworden ist (Art. 689 Abs. 5 OR). Um sicherzustellen, dass nicht die Person das Stimmrecht wahrnimmt, welche den Titel zu Pfand verwahrt, müssen besondere Massnahmen getroffen werden, da die Gesellschaft den Inhaber des Inhaberpapiers als zum Stimmrecht legitimiert betrachtet und dies auch tun darf, solange sie gutgläubig ist. Beispielsweise kann die Gesellschaft von der Verpfändung in Kenntnis gesetzt werden.

b) Namenaktien

Für die Übertragung von Namenaktien sind die gleichen Voraussetzungen zu beachten wie bei den Inhaberaktien. Zusätzlich ist der Titel zu indossieren (Art. 684 OR). Damit der Übergang der Mitgliedschaft auch gegenüber der Gesellschaft wirksam wird, ist der Erwerber ausserdem noch im Aktienbuch der Gesellschaft einzutragen, weil im Verhältnis zur Gesellschaft als Aktionär betrachtet wird, wer im Aktienbuch registriert ist (Art. 685 Abs. 4 OR). Die Eigentumsübertragung als solche setzt die Eintragung im Aktienbuch aber nicht voraus.

7.

c) Vinkulierte Namenaktien

Die Übertragung vinkulierter Namenaktien vollzieht sich nach den gleichen Voraussetzungen wie die Übertragung von gewöhnlichen Namenaktien. Die Gesellschaft kann aber die Eintragung in das Aktienbuch aus den Gründen verweigern, die in den Statuten vorgesehen sind, ja die Statuten können bestimmen, dass die Eintragung ohne Angabe von Gründen überhaupt verweigert werden darf (Art. 686 Abs. 1 und 2 OR). Erfüllt der Erwerber die statutarischen Voraussetzungen nicht, beispielsweise weil er nicht Schweizer Nationalität oder weil er ein Konkurrent ist, oder verweigert die Gesellschaft die Eintragung ohne Angabe von Gründen – wobei sie aber immerhin an die Schranke von Treu und Glauben gemäss Art. 2 ZGB gebunden ist –, kann der Käufer das Stimmrecht nicht durchsetzen. Gemäss der vom Bundesgericht entwickelten *Spaltungstheorie* (BGE 83 II 302, 90 II 239, 109 II 137, 114 II 57) verbleiben die Mitverwaltungsrechte (vor allem das Stimmrecht) beim im Aktienbuch eingetragenen Aktionär, während die Vermögensrechte, soweit sie Forderungen im obligationenrechtlichen Sinne darstellen (insbesondere der Anspruch auf Auszahlung der beschlossenen Dividende), auf den Erwerber übergehen. Beim einvernehmlichen Kauf sollten die Parteien daher zum voraus sicherstellen, dass die Zustimmung des Verwaltungsrates oder gegebenenfalls der Generalversammlung zur Eintragung des Erwerbers im Aktienbuch vorliegt.

8.

d) Rektaaktien

9. Rektaaktien bedürfen zu ihrer gültigen Übertragung neben der Übergabe des Papiers noch der schriftlichen Abtretungserklärung (Zession), welche auf dem Titel oder auf einem separaten Papier angebracht werden kann. Weil Zessionsrecht anwendbar ist, ist der gutgläubige Erwerber nicht geschützt, d. h., er muss sicherstellen, dass der Veräusserer tatsächlich verfügungsbefugt ist. Gegenüber der Gesellschaft muss sich der Erwerber mit dem Titel sowie durch den Nachweis der gültigen Zessionskette legitimieren.

e) Nichtverurkundete Aktien

10. Sind Aktien nicht in einem Wertpapier oder nur in einer Beweisurkunde verbrieft, so erfolgt die Übertragung nach den Grundsätzen der Zession. Das bedeutet, dass die Abtretung schriftlich erfolgen muss und der gutgläubige Erwerber nicht geschützt ist, wenn er die Rechte von einem nicht befugten Veräusserer übernommen hat. Gegenüber der Gesellschaft muss sich der Erwerber durch eine lückenlose Kette von Zessionen, beginnend mit dem Zeichner der Aktien, legitimieren, um seine Rechte als Aktionär ausüben zu können.

f) Zustimmung der übrigen Aktionäre

11. Der Erwerb der Aktien setzt die Zustimmung der übrigen Gesellschafter nicht voraus. Vorbehalten bleiben aber in den Statuten vorgesehene Vorkaufsrechte, deren Durchsetzbarkeit allerdings umstritten ist (Forstmoser/Meier-Hayoz, § 39 N 30 ff.).

g) Haftungsverhältnisse

12. Durch den Aktienkauf entstehen für den Erwerber keine rechtlichen Beziehungen zu Gläubigern und Schuldnern der AG. Hierin besteht ein wesentlicher Unterschied zur Übernahme von Aktiven und Passiven eines Unternehmens gemäss Art. 181 OR und zum Erwerb der Mitgliedschaft einer Personengesellschaft. Die AG ist als juristische Person selber Trägerin der Rechte und Pflichten. Der Erwerber übernimmt somit keine Haftung gegenüber den Gläubigern des Unternehmens, denn auch für ihn gilt das Prinzip der beschränkten Haftung. Nur in Fällen des Missbrauchs wird auf den Aktionär durchgegriffen, und dieser für die Verpflichtungen der AG haftbar gemacht.

Normalerweise hat der Wechsel der Kontrolle keine Auswirkungen auf die 13.
Verträge, welche eine AG bereits abgeschlossen hat. Das kann anders sein,
wenn sich die Gegenpartei gewisse Rechte für den Fall ausbedungen hat, dass
die Eigentumsverhältnisse in der AG wechseln (sog. «Change of Ownership»). So ist etwa bei gewissen Lizenzverträgen die Klausel anzutreffen,
wonach sich der Lizenzgeber das Recht der Kündigung vorbehält, sofern die
Kontrolle über den Lizenznehmer auf einen Konkurrenten übergeht. Ähnliche Klauseln sind nunmehr auch in Obligationenanleihen festzustellen. Die
Obligationäre haben neuerdings das Recht, bei einem Wechsel der Eigentumsverhältnisse die Obligationen der Emittentin zum Nennwert anzudienen
(sog. «Right to Put»).

Auch intern gegenüber der Gesellschaft oder den übrigen Aktionären 14.
entstehen dem Käufer durch den Erwerb der Aktien keine Verpflichtungen,
insbesondere da eine Treuepflicht der Aktionäre durch die Gerichte abgelehnt worden ist (BGE 91 II 298). Anders kann es sein, wenn die übernommenen Aktien noch nicht voll einbezahlt worden sind. So wird der Erwerber
nicht voll einbezahlter Namenaktien gegenüber der Gesellschaft zur Einzahlung verpflichtet, sobald er im Aktienbuch eingetragen ist (Art. 687 Abs. 1
OR). Für nur teilweise einbezahlte Inhaberaktien hat das Bundesgericht
dagegen die Übertragbarkeit der Liberierungsschuld ausgeschlossen, unabhängig davon, ob sich die Parteien und die Gesellschaft auf eine Übertragung
einigen (BGE 86 II 89).

h) Zur Kontrolle erforderliche Mehrheit

Der Käufer muss entscheiden, wieviele Aktien er erwerben soll, um sich 15.
der Kontrolle des Unternehmens sicher zu sein. Grundsätzlich erlangt er die
Leitungsmacht über das Unternehmen, sobald er die Mehrheit der Aktienstimmen beherrscht, denn vorbehältlich anderslautender statutarischer
Bestimmungen werden die Generalversammlungsbeschlüsse mit der absoluten Mehrheit der vertretenen Aktienstimmen gefasst (Art. 703 OR). Dem
Erwerber der Mehrheit der Aktien ist es daher möglich, die Verwaltung mit
Personen seiner Wahl zu besetzen und so die Kontrolle der laufenden
Geschäfte sicherzustellen.

Vorbehalten bleiben allerdings gewisse fundamentale Entscheide, welche 16.
besondere Anwesenheiten oder Mehrheiten in der Generalversammlung
voraussetzen. So bedingen die Umwandlung des Zweckes, die Beseitigung
statutarischer Erschwerungen der Beschlussfassung in der Generalversammlung oder die Schaffung von Stimmrechtsaktien einen Beschluss von mindestens zwei Dritteln des gesamten Grundkapitals (Art. 648 Abs. 1 OR).
Ferner und vorbehältlich anderslautender Statutenbestimmungen können
eine Erweiterung des Geschäftsbereichs im Rahmen des Gesellschaftszwek-

kes durch Aufnahme verwandter Gegenstände, eine Verengung des Geschäftsbereichs, eine Fusion, die Fortsetzung der Gesellschaft über die in den Statuten bestimmte Zeit hinaus, die Abänderung der Firma, die Verlegung des Sitzes der Gesellschaft oder die Auflösung vor dem in den Statuten festgesetzten Termin nur in einer Generalversammlung beschlossen werden, in welcher mindestens zwei Drittel sämtlicher Aktien vertreten sind. In einer allfälligen weiteren Generalversammlung ist noch die Anwesenheit eines Drittels sämtlicher Aktien erforderlich (Art. 649 Abs. 1 und 2 OR). Das gleiche gilt für Beschlüsse über die Ausgabe von Vorzugsaktien, über die Abänderung oder Aufhebung der den Vorzugsaktien eingeräumten Vorrechte (Art. 655 OR) sowie über die Ausstellung von Genussscheinen und – analog – die Schaffung von Partizipationsscheinen (Art. 658 OR). Im Falle von Kapitalerhöhungen auf dem Wege der Sacheinlage gilt, dass mindestens zwei Drittel des gesamten Grundkapitals zustimmen müssen (Art. 650 i.V.m. Art. 636 OR).

17. Weitere Schranken ergeben sich für den kontrollierenden Mehrheitsaktionär infolge der Schutzrechte der Minderheitsaktionäre. Dazu gehört beispielsweise das Recht, von der Verwaltung die Einberufung der Generalversammlung oder vom Richter die Auflösung der Gesellschaft aus wichtigen Gründen zu verlangen. Das Recht zur Einberufung der Generalversammlung kann von Aktionären, welche zehn Prozent des Grundkapitals innehaben, das Recht, auf Auflösung zu klagen, von Aktionären, welche zwanzig Prozent des Grundkapitals besitzen, beansprucht werden (Art. 699 Abs. 3 und Art. 736 Ziff. 4 OR). Weitere Schutzrechte der Aktionäre sind das Auskunftsrecht (Art. 697 OR) und die Klagerechte (Recht zur Anfechtung von Generalversammlungsbeschlüssen gemäss Art. 706 OR, Verantwortlichkeitsklage gemäss Art. 754 OR). Gegenüber den Minderheiten sind ferner das Rechtsmissbrauchsverbot, das Gebot der Gleichbehandlung der Aktionäre und der Grundsatz der Verhältnismässigkeit zu beachten (für Einzelheiten siehe Forstmoser/Meier-Hayoz, § 21 N 6 ff.).

18. Will der Erwerber uneingeschränkte Beherrschung des zu übernehmenden Unternehmens sicherstellen, wird er sämtliche Aktien erwerben müssen. Eine nächstuntere Grenze stellt der Erwerb von mehr als zwei Dritteln des Grundkapitals dar. Der Erwerber kann dann auch die grundsätzlichen Entscheide (Umwandlung des Zweckes, Beseitigung statutarischer Einschränkungen, Stimmrechtsaktien, Fusion, Ausgabe von Genussscheinen), welche eine qualifizierte Anwesenheit oder Mehrheit voraussetzen, ohne Probleme durchsetzen, da er mehr als zwei Drittel der Aktien übernommen hat. Welchen Prozentteil des Stimmkapitals der an der Leitung des Unternehmens interessierte Käufer erwerben soll, hängt vom Einzelfall ab. Für den Entscheid spielen verschiedene Kriterien eine Rolle wie z.B. die Erhältlichkeit der Aktien, die finanziellen Mittel des Erwerbers, dessen Geschäftspolitik und anderes mehr.

i) Öffentliches Übernahmeangebot («Tender Offer»)

Eine Unterart des Kaufs von Aktien sind öffentliche Übernahmeangebote (Tender Offers), welche namentlich bei Publikumsgesellschaften vorkommen. In Tender Offers richtet sich das Angebot der übernehmenden Gesellschaft direkt an die Aktionäre der Zielgesellschaft, d. h. der Gesellschaft, deren Unternehmen übernommen werden soll. Anzutreffen sind Angebote, welche mit Zustimmung des Verwaltungsrates der Zielgesellschaft *(Friendly Take-Overs)* oder gegen dessen Willen *(Unfriendly Take-Overs)* erfolgen. Im Unterschied zur Gesetzgebung anderer Länder sind solche Angebote im Schweizer Recht nicht speziell geregelt, sondern es gelten die allgemeinen vertrags- und gesellschaftsrechtlichen Normen. Das Angebot erfolgt, vor allem im Falle des Unfriendly Take-Over, in der Regel durch Publikation in der Zeitung. Beim Friendly Take-Over kommt es auch vor – z. B. bei Gesellschaften mit Namenaktien –, dass das Angebot den Aktionären mit Hilfe des Verwaltungsrates der Zielgesellschaft zugestellt wird. 19.

Damit ein Vertrag zustandekommen kann, muss die *Offerte* so bestimmt sein, dass sie einseitig angenommen werden kann. Da es sich um einen Kaufvertrag handelt, müssen mit anderen Worten zumindest Kaufgegenstand und Kaufpreis genannt sein, bzw. der Kaufpreis bestimmbar sein (Art. 184 OR). Als Kaufgegenstand sind die einzelnen Anteile aufzulisten, auf die sich das Angebot bezieht. Ist im Angebot eine Annahmefrist gesetzt (und dies ist regelmässig der Fall), bleibt der Offerent bis zu deren Ablauf an den Antrag gebunden (Art. 3 Abs. 1 OR). 20.

Aus praktischen Erwägungen ist im Angebot darauf hinzuweisen, wie der Kauf abgewickelt werden soll. Dazu gehört, anzugeben, wo die Aktien und die Annahmeerklärung einzureichen sind, welche Bank die Bezahlung des Kaufpreises vornimmt und weiteres mehr. Der Offerent kann den Antrag an Bedingungen knüpfen. Als solche kommt im Falle vinkulierter Namenaktien etwa die Zustimmung des Verwaltungsrates in Frage. Weiter kann verlangt werden, dass der Kauf nur zustandekommen soll, sofern gesamthaft eine gewisse – im Angebot näher genannte – Mindestanzahl von Aktien zum Kauf angedient wird. 21.

Der Offerent ist nicht verpflichtet, Angaben über sich selbst abzugeben oder einen Prospekt mit Informationen über die Transaktion zu veröffentlichen. Tut er es trotzdem, müssen die Angaben richtig erfolgen und dürfen nicht irreführend sein, andernfalls der Offerent schadenersatzpflichtig werden kann. Grundsätzlich ist der Verwaltungsrat der Zielgesellschaft nicht verpflichtet, eine Stellungnahme abzugeben. Falls er es doch tut, so hat er sich vom Gesellschaftsinteresse leiten zu lassen. Seine Stellungnahme muss ferner der Wahrheit entsprechen und darf nicht irreführend sein, ansonsten auch er schadenersatzpflichtig werden kann (Art. 754 ff., 41 ff. OR). 22.

23. Der Offerent ist frei, eine allfällige Annahmefrist zu verlängern, z. B. weil ein Konkurrenzangebot gemacht worden ist. Er darf jedoch nicht vor Ablauf der Frist einseitig vom Antrag zurücktreten, ausser er habe sich das in seiner Offerte ausdrücklich vorbehalten. Angebote für bloss einen Teil der gesamten Aktien der Zielgesellschaft sind möglich, doch ist diesfalls anzuführen, wie die Zuteilung erfolgt, wenn das Angebot überzeichnet wird. Während der Dauer des Angebotes darf der Offerent weitere der gesuchten Titel im Markt, auch zu anderen Bedingungen, kaufen. Er hat aber zu beachten, dass es Betrug im Sinne von Art. 148 StGB sein kann, durch gezielte Käufe oder andere Machenschaften den Aktienpreis zu manipulieren (BGE 113 I b 170).

24. Die Offerte gilt als angenommen, wenn die *Annahmeerklärung* vor Ablauf der Annahmefrist beim Offerenten eingetroffen ist. Geht die Annahmeerklärung nach Ablauf der Frist ein, kann der Offerent diese als neue Offerte betrachten und seinerseits annehmen, womit der Vertrag doch noch zustandekommt. Damit die Annahme wirksam ist, muss der Annehmende die in der Offerte genannten Bedingungen beachten. Wenn dazu gehört, dass der Titel zusammen mit der Annahmeerklärung eingereicht werden muss, kommt der Vertrag nicht schon durch die blosse Annahmeerklärung zustande, sondern erst durch Einreichen der Titel. Der Vertrag gilt als in dem Zeitpunkt zustandegekommen, da die Annahme beim Offerenten eingetroffen ist. Der Annehmende ist dadurch bereits gebunden, auch wenn die allgemeine Annahmefrist für die andern Aktionäre, denen das öffentliche Angebot unterbreitet worden ist, noch weiterläuft. Dies gilt sogar dann, wenn später eine Konkurrenzofferte zu einem höheren Preis erfolgt. Der Annehmende kann gleichwohl nicht zurücktreten, ja selbst dann nicht, wenn der Offerent den Preis in Beantwortung des Konkurrenzangebotes noch einmal erhöht. Praktisch betrachtet hat dies zur Folge, dass die Annahmeerklärungen so spät wie möglich abgegeben werden.

II. Einlage von Gesellschaftsanteilen («Contribution of Shares»)

1. Einlage in eine Personengesellschaft

25. Da Personengesellschaften nicht als solche Gesellschafter einer Personengesellschaft werden können (Art. 552 Abs. 1 OR und 594 OR), werden nicht die Gesellschaftsanteile, sondern das Unternehmen selber mit Aktiven und Passiven eingebracht. Falls das einzubringende Unternehmen unter eigener Firma weitergeführt werden soll, müssen dafür zwischen den Gesellschaftern der beteiligten Personengesellschaften Verträge abgeschlossen werden.

26. Demgegenüber ist die Einlage von Aktien in eine Personengesellschaft, sei es eine bestehende oder eine noch zu gründende, unproblematisch, sofern

die einbringenden Aktionäre natürliche Personen sind. Wenn die Einbringer Aktiengesellschaften sind, wandelt sich die übernehmende Gesellschaft in eine einfache Gesellschaft um (Meier-Hayoz/Forstmoser, § 8 N 25).

Die Einlage setzt einen Einlagevertrag zwischen den Einbringern und den Teilhabern der übernehmenden Personengesellschaft voraus. Die Übertragung der Einlage auf die Personengesellschaft erfolgt nach dem Prinzip der Singularsukzession. 27.

2. Einlage in eine AG

Anteile von Personengesellschaften können an sich nicht in eine AG eingebracht werden, wiederum weil die Gesellschafter von Personengesellschaften grundsätzlich natürliche Personen sein müssen (Art. 552 Abs. 1 und 594 OR). Ausnahme bilden die Anteile einer einfachen Gesellschaft, da eine AG Teilhaberin einer einfachen Gesellschaft sein kann. Demgegenüber ist die Einlage von Aktien in eine AG allgemein zulässig. Erforderlich ist wiederum in allen Fällen ein Sacheinlagevertrag. Die Übertragung der Anteile erfolgt nach dem Prinzip der Singularsukzession. Für die Einzelheiten kann auf die Ausführungen zur Sacheinlage verwiesen werden (vorne § 3 N 61 ff.). 28.

Im Falle der Einlage von Aktien entsteht eine *Quasifusion*. Im Unterschied zur echten oder unechten Fusion bleibt bei der Quasifusion die übernommene Gesellschaft rechtlich selbständig, wird aber wirtschaftlich von der übernehmenden Gesellschaft abhängig und allenfalls Teil eines Konzerns. Die übernehmende Gesellschaft erwirbt nicht die Aktiven und Passiven, sondern Anteilsrechte der übernommenen Gesellschaft. Wie bei einer Fusion werden die Gesellschafter der übernommenen Gesellschaft zu Gesellschaftern der übernehmenden Partei; dies, gestützt auf einen Sacheinlagevertrag zwischen der übernehmenden Gesellschaft und denjenigen Aktionären, die sich entschlossen haben, ihre Aktien in die Gesellschaft einzubringen. Im Unterschied dazu erfolgt bei der Fusion eine Verschmelzung der beiden Gesellschaften, welche gegenüber allen, auch den nichtzustimmenden Gesellschaftern gilt. 29.

§ 5 Fusion und Gemeinschaftsunternehmen («Joint Ventures»)

I. Fusion

1. Anwendungsbereich

1. Die Fusion ist eine der möglichen Formen des Zusammenschlusses von Unternehmen. Im Gesetz sind zwei Arten geregelt, die Annexion (Art. 748 OR) – hier auch Absorption genannt – sowie die Kombination (Art. 749 OR). Im Falle der *Annexion* übernimmt eine der beteiligten Gesellschaften die andere(n) und bleibt bestehen, während die andere(n) Gesellschaft(en) untergeht(en). Im Falle der *Kombination,* welche – vor allem aus steuerlichen Gründen – selten vorkommt, vereinigen sich zwei oder mehrere Gesellschaften in einer neuzugründenden Gesellschaft, wobei die bisherigen Gesellschaften untergehen. Im Gesetz ist nur die Fusion von Körperschaften vorgesehen (Art. 748/749, 750, 770 Abs. 3 und 914 OR). In gesetzlich vorgesehenen Formen können sich daher AG mit AG oder Kommandit-AG, Kommandit-AG mit Kommandit-AG sowie Genossenschaften mit Genossenschaften verschmelzen. Die Form der Kombination ist nur für AG möglich. Vorliegend wird aus praktischen Erwägungen nur auf die Fusion von AG auf dem Wege der Annexion eingegangen.

2. Sollen andere Gesellschaften miteinander verschmolzen werden, beispielsweise Personengesellschaften mit Personengesellschaften oder Personen- mit Kapitalgesellschaften, so muss dies auf eine andere Weise als durch die gesetzliche Form der Fusion geschehen. In Frage kommen die Form der unechten Fusion und der Quasifusion, welche weiter hinten erörtert werden.

2. Universalsukzession

3. Rechte und Pflichten der untergehenden Gesellschaft gehen durch Universalsukzession ohne weiteres auf die weiterbestehende Gesellschaft über. Die besonderen Vorschriften für die Übertragung der einzelnen Aktiven und Passiven, welche für den Kauf oder für die Einlage zu beachten sind, sind nicht anwendbar. Die Übertragung setzt insbesondere auch nicht die Zustimmung von Gläubigern und Schuldnern voraus.

4. Auch wenn «alle Forderungen, alle Schulden, das Eigentum an allen Vermögenswerten, jeglicher Vertrag, ... kraft Gesetzes und ohne Beobachtung der Formvorschriften auf die übernehmende Gesellschaft» (von

Greyerz, 286) übergehen, so sind aus praktischen Erwägungen gleichwohl gewisse Massnahmen für den Vollzug der Übertragung zu treffen:

So erzeugt für *Grundstücke* die Fusion zwar sowohl den Erwerbsgrund wie bereits auch das Eigentum für die weiterbestehende Gesellschaft, das somit schon vor der Grundbucheintragung entsteht. Die Grundbucheintragung muss aber gleichwohl erfolgen, damit die weiterbestehende Gesellschaft über das Grundstück grundbuchlich verfügen kann (Art. 656 Abs. 2 ZGB). 5.

Eine spezielle schriftliche Zession ist bei *Forderungen* für den Übergang nicht mehr erforderlich; trotzdem ist die Anzeige an den Schuldner unter Umständen ratsam, damit der Eingang der Zahlung administrativ besser kontrolliert werden kann. 6.

Auch *bewegliche Sachen* gelten von selbst als übertragen, doch muss die Übergabe des Besitzes an Sachen rein praktisch natürlich doch erfolgen. Sofern Aktiven bei einem Dritten verwahrt werden (z. B. bei einer Bank), empfiehlt sich ausserdem die Mitteilung an diesen Dritten. 7.

Die *Immaterialgüterrechte* gehen mit der Fusion ebenfalls von selbst auf die übernehmende Gesellschaft über. Gleichwohl sollte der Übergang von Patenten, Mustern und Modellen sowie Marken im Register eingetragen werden. Als Nachweis dazu genügt ein beglaubigter Handelsregisterauszug, welcher die Fusion anzeigt. Der Eintrag ist namentlich wichtig, um den gutgläubigen Erwerb durch Dritte zu verhindern und um die Passivlegitimation der übernehmenden Gesellschaft zu gewährleisten (Art. 33 Abs. 3 und 4 PatG, Art. 11 Abs. 3 MSchG, Art. 4 Abs. 3 MMG). Marken bzw. Muster und Modelle sind ausserdem bloss geschützt, wenn sie gemäss den gesetzlichen Vorschriften hinterlegt sind (Art. 4 MSchG, Art. 5 Abs. 1 MMG). 8.

Langfristige Verträge gehen bei der Fusion grundsätzlich auf die übernehmende Gesellschaft über. 9.

Für den *Mietvertrag* herrscht die Meinung vor, dass die spezielle Bestimmung von Art. 259 OR (Kauf bricht Miete) im Falle der Gesamtnachfolge, als welche die Fusion zu qualifizieren ist, nicht gelten soll (Guhl, 369). Der Mieter muss somit die übernehmende Gesellschaft als neuen Vermieter akzeptieren. Anderseits muss die übernehmende Gesellschaft den Vertrag so erfüllen, wie er zwischen der untergehenden Gesellschaft und dem Mieter abgemacht worden ist. Auch kann sie bei unbeweglichen Sachen (Grundstückvermietung) nicht einfach nach den gesetzlich vorgeschriebenen Fristen kündigen, sondern nur nach den Bestimmungen des weiterbestehenden Mietvertrages. Ist die übernehmende Gesellschaft Mieterin, so muss sich der Vermieter den Mieterwechsel aufgrund der Fusion gefallen lassen. 10.

Für *Arbeitsverträge* gilt fraglos, dass die übernehmende Gesellschaft Arbeitgeberin wird. Eine solidarische Haftung der fusionierten Gesellschaften für die Forderungen der Arbeitnehmer, wie in Art. 333 Abs. 3 OR vorgesehen, besteht nicht, weil die Arbeitnehmer schon aufgrund der Gläubigerschutzbestimmungen zufolge Fusion (Art. 748 OR) genügend 11.

geschützt sind. Art. 333 OR ist auf die Fusion grundsätzlich nicht anwendbar (Schweingruber, N 5 zu Art. 333 OR). Es stellt sich aber die Frage, ob dem Arbeitnehmer im Sinne von Art. 333 OR nicht doch wenigstens das Recht zugestanden sein soll, den Übergang abzulehnen (bejahend Vischer, 406).

12. Auch *Lizenzverträge* muss die übernehmende Gesellschaft erfüllen (Bürgi/Nordmann, N 90 zu Art. 748 OR; Blum/Pedrazzini, Anm. 51 zu Art. 34 PatG). Allerdings dürfte trotzdem in vielen Fällen die Zustimmung des Partners zur Rechtsnachfolge notwendig sein, weil bei Lizenzverträgen die Leistungspflicht normalerweise von der Person des Schuldners abhängt (Pedrazzini, Patent- und Lizenzvertragsrecht, 142).

13. Die Spezialvorschrift von Art. 54 VVG für *Versicherungsverträge* (Sachversicherungen) gilt im Falle der Fusion gleich wie für den Erwerb eines Unternehmens mit Aktiven und Passiven (Jaeger, N 32 zu Art. 54 VVG). Siehe dazu vorne § 3 N 40 ff.. Im übrigen gehen aber die Versicherungsverhältnisse aufgrund der Universalsukzession auf die übernehmende Gesellschaft über. Bestehen Pensionskassen, so ist zu prüfen, ob diese fusioniert werden sollen. Siehe dazu und für Nachweise vorne § 3 N 46 ff.

14. Gewisse Verträge enthalten besondere Bestimmungen über die Rechte und Pflichten im Falle einer Fusion. So wird beispielsweise in den Bedingungen von *Anleihen* häufig die Pflicht vorgesehen, dass die Gesellschaft unter gewissen Umständen, wie z. B. bei einer Fusion, die Anleihe zurückzahlen muss. Es ist daher ratsam, vorgängig einer Fusion alle Verträge von einer gewissen wirtschaftlichen Tragweite – vor allem die langfristigen Verträge wie Mietverträge, Lizenzverträge und dergleichen – daraufhin zu überprüfen, ob sie eine Regelung zur Fusion enthalten.

15. Parteiwechsel im *hängigen Prozess* ist in den einschlägigen Ordnungen vorgesehen und für die Fusion – auch ohne Zustimmung der Gegenpartei – gestattet, oder es gilt, wie im Falle der Bundeszivilprozessordnung, die Regelung, dass die Fusion gar nicht als Parteiwechsel angesehen wird und die Zustimmung der übrigen Prozessparteien daher nicht notwendig ist (Art. 17 BZPO, § 49 Abs. 2 Zürcher ZPO).

16. Nach herrschender Auffassung wird die Universalsukzession zum Zeitpunkt des Eintrages des Fusionsbeschlusses der untergehenden Gesellschaft im Handelsregister wirksam (Bürgi/Nordmann, N 80 zu Art. 748 OR; R. Meier, 16). Eine andere Meinung vertritt das Bundesgericht (BGE 108 Ib 454). Danach findet der Vermögensübergang im Zeitpunkt der Genehmigung des Fusionsvertrages statt.

17. Aus dem Wesen der Universalsukzession folgt, dass es ausgeschlossen ist, einzelne Rechte und Pflichten von der Übernahme durch die weiterbestehende Gesellschaft auszuschliessen (Bürgi/Nordmann, N 16 zu Art. 748–50 OR). Allerdings gehen gewisse Rechte und Pflichten unter, welche unübertragbar mit der absorbierten Gesellschaft verbunden sind (z. B. in der Regel öffentlichrechtliche Konzessionen, Persönlichkeitsrechte).

3. Mitgliedschaftsrechtliche Kontinuität

Ein weiteres Wesensmerkmal der Fusion ist die mitgliedschaftsrechtliche Kontinuität. Danach erhalten die Gesellschafter der untergehenden Gesellschaft Mitgliedschaftsrechte in der übernehmenden Gesellschaft, gehen dafür aber ihrer Rechte in der untergehenden Gesellschaft verlustig. Im Falle der Annexion werden die Mitgliedschaftsrechte durch Kapitalerhöhung meistens erst geschaffen, indem die annektierende Gesellschaft unter Ausschluss des Bezugsrechts der bestehenden Aktionäre ihr Kapital erhöht und die so geschaffenen Aktien den Aktionären der absorbierten Gesellschaft im Austausch gegen deren Aktien überträgt. Für Fusionen zwischen Mutter- und Tochtergesellschaft oder zwischen Schwestergesellschaften sowie wenn Vorratsaktien bestehen, erübrigt sich eine Kapitalerhöhung. Im Unterschied zu anderen Gesetzgebungen – insbesondere im anglo-amerikanischen Rechtskreis – ist es nach Schweizer Recht nicht möglich, einzelne Gesellschafter der untergehenden Gesellschaft in bar abzufinden, selbst wenn es sich dabei vor oder nach der Fusion um eine unbedeutende Minorität handelt. Dies gilt ungeachtet der Tatsache, ob der Minderheitsgesellschafter selbst der Fusion zugestimmt hat oder nicht. Andererseits muss sich der einzelne Gesellschafter der untergehenden Gesellschaft die Fusion gefallen lassen, sofern die statutarischen und gesetzlichen Vorschriften erfüllt und die notwendigen Beschlüsse gefasst sind. 18.

Für den *Austausch*, d. h. für die Frage, wieviele Aktien der übernehmenden Gesellschaft ein Aktionär der untergehenden Gesellschaft erhält, muss aufgrund einer Fusionsbewertung der beiden Gesellschaften ein Verhältnis festgesetzt werden (Einzelheiten bei Gutachten, 52 ff.). Um das Austauschverhältnis vernünftig regeln zu können, werden vorgängig der Fusion häufig gewisse *Vorbereitungsmassnahmen* getroffen (z. B. Aktiensplit, Kapitalerhöhungen, Kapitalherabsetzungen, Dividendenauszahlungen). Spitzenausgleiche in bar bei nicht ganzzahligen Austauschverhältnissen sind statthaft, es sei denn, dies hätte zur Folge, dass Aktionäre der aufgelösten Gesellschaft nicht mehr Aktionäre der übernehmenden Gesellschaft werden können. Aus dem Verbot der Emission unter pari folgt, dass die Gesamtheit der Nennwerte der neu auszugebenden Anteile das Reinvermögen der übertragenden Gesellschaft nicht übersteigen darf (Schucany, N 8 zu Art. 748 OR). Die Aktionäre der aufgelösten Gesellschaft haben das Recht, die zur Abfindung bestimmten Titel der übernehmenden Gesellschaft persönlich ausgehändigt zu bekommen (Art. 748 Ziff. 8 OR). Dem steht das Recht der übernehmenden Gesellschaft gegenüber, dies nur gegen Herausgabe der Aktien der aufgelösten Gesellschaft zu tun. 19.

Ein spezieller Fall ist die *Annexion der Tochtergesellschaft durch die Muttergesellschaft*. Handelt es sich um eine hundertprozentige Tochtergesellschaft, braucht die Muttergesellschaft keine Kapitalerhöhung durchzufüh- 20.

ren. Es erübrigt sich, einen Übernahmepreis festzusetzen. Die Rechte der Muttergesellschaft als Aktionärin der Tochtergesellschaft erlöschen im Zeitpunkt des Überganges des Vermögens auf die Muttergesellschaft. Eine Fusion mit der Wirkung der Universalsukzession liegt gleichwohl vor (von Steiger, Das Recht der Aktiengesellschaft, 343). Eine Generalversammlung der Muttergesellschaft entfällt in der Regel, es sei denn, man sei der – umstrittenen – Auffassung, es sei auch bei der weiterbestehenden Gesellschaft ein Fusionsbeschluss durch die Aktionäre vonnöten. Wenn eine Fusion für die Muttergesellschaft zu einer Statutenänderung, Zweckänderung oder Änderung des Geschäftsbereichs führt, so ist aber eine Generalversammlung einzuberufen, welche die erforderlichen Beschlüsse fasst. Für die Tochtergesellschaft ist ein Auflösungsbeschluss durch die Generalversammlung zwingend notwendig. Ob bei einer Fusion mit einer hundertprozentigen Tochtergesellschaft die Muttergesellschaft ihr Kapital gleichwohl erhöhen kann, ist umstritten, dürfte aber wegen des Verbots des Erwerbs eigener Aktien nach Art. 659 OR eher zu verneinen sein (Küry, 97). Besitzt die Muttergesellschaft nicht alle Aktien der Tochtergesellschaft, muss sie eine Kapitalerhöhung vornehmen, um die aussenstehenden Aktionäre abzufinden.

21. Auch für die *Fusion von Schwestergesellschaften,* welche beide zu hundert Prozent der gleichen Muttergesellschaft gehören, ist es nicht nötig, durch Kapitalerhöhung neue Aktien auszugeben, da die Muttergesellschaft bereits die Aktien der weiterbestehenden Gesellschaft hält. Anderseits ist es hier – im Unterschied zur Fusion zwischen Mutter- und Tochtergesellschaft – der absorbierenden Schwestergesellschaft gestattet, ihr Kapital gleichwohl zu erhöhen (Küry, 98), z. B. um die Möglichkeit wahrzunehmen, das Aktienkapital zum privilegierten Satz der Emissionsabgabe von 1 Prozent (Art. 9 Abs. 1 lit. a StG) statt der sonst zahlbaren 3 Prozent anzuheben.

22. Für die *Annexion der Muttergesellschaft durch die Tochtergesellschaft* ist die Zustimmung der Aktionäre der Muttergesellschaft notwendig. Wird die Fusion gutgeheissen, erhalten die Aktionäre der Muttergesellschaft Aktien der Tochtergesellschaft. Die Tochtergesellschaft erwirbt als Folge des Erwerbs des Vermögens ihrer Muttergesellschaft ihre eigenen Aktien. Das darf sie aufgrund von Art. 659 Abs. 2 Ziff. 3 OR zwar tun, doch hat sie die übernommenen Aktien mit tunlicher Beschleunigung wieder zu veräussern (Art. 659 Abs. 3 OR); sie darf die Aktien aber zur Abfindung der Aktionäre der Muttergesellschaft verwenden (Küry, 94).

4. Auflösung ohne Liquidation

23. Ein weiteres Merkmal der Fusion ist darin zu sehen, dass die untergehende Gesellschaft ohne Liquidation aufgelöst wird. Die Löschung im Handelsregi-

ster erfolgt nach Ablauf eines Sperrjahres (Art. 748 Ziff. 6 i.V.m. Art. 745 Abs. 2 und 3 OR).

5. Durchführung der Fusion

a) Fusionsvertrag

Der Fusion gehen Verhandlungen zwischen den Verwaltungsräten der fusionsbereiten Gesellschaften voraus. Diese führen zum Abschluss eines *Fusionsvertrages,* welcher formlos gültig ist, in der Praxis aber regelmässig schriftlich verabredet wird. Im Vertrag sind folgende wesentlichen Punkte festzuhalten: (i) Bezeichnung der Parteien, (ii) Verpflichtung zur Fusion, Art der Fusion und Bezeichnung, wer absorbiert wird, und (iii) Austauschverhältnis der Aktien unter Hinweis auf die Fusionsbilanzen. In den Vertrag werden zwar meistens weitere Punkte aufgenommen (Vorbereitungsmassnahmen wie Split, Nennwerterhöhungen, Kapitalherabsetzung; Angaben über Austauschaktien; Kostenregelung), doch bilden diese nicht Essentialia in dem Sinne, dass der Vertrag ohne sie nicht zustandekommt (R. Meier, 12). 24.

Der Fusionsvertrag ist ein *Innominatskontrakt,* der bloss obligatorische, nicht aber dingliche Wirkung hat. Er ist suspensiv bedingt, auch wenn dies im Vertrag nicht ausdrücklich so festgelegt ist, d. h., er hängt in seiner Wirksamkeit von den erforderlichen Beschlüssen der Generalversammlung ab. Der Vertrag unterliegt im übrigen den allgemeinen Bestimmungen des Obligationenrechts, kann also allenfalls wegen Willensmängeln angefochten werden oder infolge Nichtigkeit ungültig sein. 25.

b) Generalversammlungsbeschlüsse

Die Fusion ist durch einen Generalversammlungsbeschluss der untergehenden Gesellschaft zu genehmigen; erforderlich ist dafür eine qualifizierte Anwesenheit (Art. 649 Abs. 1 OR). Verfolgt die übernehmende Gesellschaft einen anderen Zweck als die untergehende, so muss der Beschluss sogar mindestens die Stimmen von zwei Dritteln des gesamten Grundkapitals auf sich vereinigen, weil in diesem Falle die Fusion gleichzeitig auch eine Zweckänderung im Sinne von Art. 648 Abs. 1 OR bewirkt (R. Meier, 13). Der Beschluss ist öffentlich zu beurkunden (Art. 647 Abs. 1 OR). 26.

Ein Beschluss der Generalversammlung der übernehmenden Gesellschaft ist nur notwendig, sofern diese für die Fusion eine Kapitalerhöhung durchführen muss (von Steiger, Das Recht der Aktiengesellschaft, 343; a.M. Bürgi/Nordmann, N 62 zu 748 OR). Ausserdem ist ein Beschluss erforderlich, wenn die Fusion zu einer Zweckänderung (Art. 648 OR), zu einer 27.

Erweiterung des Geschäftsbereiches (Art. 649 OR) oder allgemein zu einer Statutenänderung führt (Siegwart, N 10 zu Art. 649 OR).

28.　Für die Kapitalerhöhung der übernehmenden Gesellschaft gelten, wenn auch mit gewissen Abweichungen, die allgemeinen Vorschriften zur Kapitalerhöhung. Anwendbar sind die Bestimmungen über die Sacheinlage, weil ja das Vermögen der absorbierten Gesellschaft übernommen wird, d. h., es hat in den Statuten ein Hinweis auf die Einlage zu erfolgen, die Verwaltung muss den Gründerbericht erstellen, und es ist die Eintragung im Handelsregister und die Publikation im Schweizerischen Handelsamtsblatt vorzunehmen. In den Statuten sind das Datum der Bilanz, die Summe der Aktiven, der Betrag der Passiven, der Übernahmepreis und die Zahl der Aktien, welche die Aktionäre der untergehenden Gesellschaft erhalten, anzugeben (von Steiger, Das Recht der Aktiengesellschaft, 343). Für die Kapitalerhöhung ist erstens der – öffentlich zu beurkundende – Kapitalerhöhungsbeschluss zu fassen. Hierfür sind nur die Aktionäre der übernehmenden Gesellschaft abstimmungsberechtigt; ein Quorum ist im Gesetz nicht vorgesehen. Da die neuen Aktien den Gesellschaftern der absorbierten Gesellschaft zugute kommen sollen, ist das Bezugsrecht der Aktionäre der übernehmenden Gesellschaft auszuschliessen. Zweitens muss ein besonderer Beschluss über die Sacheinlage ergehen. Darüber dürfen nur die Aktionäre der übernehmenden Gesellschaft abstimmen (Bürgi/Nordmann, N 68 zu Art. 748 OR). Ob hierfür die qualifizierte Mehrheit gemäss Art. 636 OR oder das Anwesenheitserfordernis laut Art. 649 Abs. 1 OR einzuhalten ist, ist umstritten (Bürgi/Nordmann, N 69 zu Art. 748 OR). Sicher ist jedoch, dass ein Feststellungsbeschluss zu der Kapitalerhöhung nicht gefasst zu werden braucht, auch brauchen die Aktionäre der absorbierten Gesellschaft die neuen Aktien nicht extra zu zeichnen.

c) Publizität

29.　Das Gesetz enthält keine ausdrücklichen Vorschriften darüber, welche Informationen den Aktionären der übertragenden Gesellschaft abzugeben sind. In der Lehre wird gefordert, dass gewisse Unterlagen frühzeitig zur Verfügung zu stellen sind (Bürgi/Nordmann, N 58 zu Art. 748 OR). Dazu gehören z. B. die Traktandenliste, die Statuten und der eventuelle Gründerbericht der übernehmenden Gesellschaft, der Fusionsvertrag und die Fusionsbilanzen (R. Meier, 13).

d) Eintragung im Handelsregister

30.　Für die Eintragung im Handelsregister hat die übernehmende Gesellschaft nebst den üblichen Belegen (Anmeldung, öffentliche Urkunde über die

Kapitalerhöhung, revidierte Statuten) noch den Fusionsvertrag, den Gründerbericht und, falls anwendbar, die Genehmigung durch die zuständige staatliche Stelle (z. B. Genehmigung unter der Lex Friedrich) einzureichen. Die Verwaltung der übertragenden Gesellschaft hat die öffentliche Urkunde über den Fusionsbeschluss, den Fusionsvertrag, den Handelsregisterauszug der aufnehmenden Gesellschaft über die Fusion und die Anmeldung beizubringen (Bürgi/Nordmann, N 78 zu Art. 748 OR).

6. Schutz der Gläubiger

Zum Schutz der Gläubiger sind im Gesetz detaillierte Bestimmungen aufgestellt worden (Art. 748 OR), ja es lässt sich sagen, dass das gesetzliche Fusionsrecht gemäss Art. 748/49 OR praktisch nur Regeln zum Gläubigerschutz enthält. Vorgesehen sind die Veröffentlichung eines Schuldenrufes durch die übertragende Gesellschaft, getrennte Verwaltung der beiden Gesellschaftsvermögen während eines Sperrjahres, solidarische Haftung des Verwaltungsrates der übernehmenden Gesellschaft für die getrennte Verwaltung, Löschung der Gesellschaft erst nach Befriedigung oder Sicherstellung der Gläubiger und andere Regeln mehr. 31.

II. *Unechte Fusion*

Die unechte Fusion ist im Gesetz nicht speziell geregelt. Sie ist eine Alternative zur gesetzlich vorgesehenen Form der Fusion, welche auch echte Fusion genannt wird. Grundlage der unechten Fusion bildet ebenfalls ein Fusionsvertrag zwischen den fusionierenden Parteien. Darin vereinbaren die Parteien, dass die eine Partei ihr Unternehmen auf dem Wege der Sacheinlage in die andere einbringt. Weiter wird vorgesehen, dass die übertragende Partei die Anteile, welche sie gegen ihre Einlage erhält, an ihre Gesellschafter überträgt. Dazu soll sie ihre eigene Auflösung beschliessen und in Liquidation treten. Rechtlich liegt zunächst eine Einlage eines Unternehmens mit Aktiven und Passiven durch eine Gesellschaft in eine andere vor. Diesbezüglich kann auf die Ausführungen über die Einlage eines Unternehmens verwiesen werden (§ 3 N 55 ff.). Anschliessend an die Einlage wird die übertragende Partei aufgelöst, wofür die Regeln über die Auflösung und Liquidation von Gesellschaften zu beachten sind. 32.

Die unechte Fusion ist in der Praxis eher selten anzutreffen. Sie kommt in Betracht bei Vorgängen, in denen die gesetzlich vorgegebenen Fusionsvorschriften (Art. 748/49 OR) nicht angewendet werden können. Dies trifft z. B. 33.

zu für internationale Fusionen. Ansonsten ist die unechte Fusion jedoch ein zu kompliziertes Verfahren, denn die Einlage in die übernehmende Gesellschaft erfolgt – im Unterschied zur echten Fusion – auf dem Wege der Singularsukzession. Ausserdem muss die absorbierte Gesellschaft aufgelöst und formell liquidiert werden. Dies hat nicht zuletzt den Nachteil, dass der Liquidationserlös, also die Anteile der übernehmenden Gesellschaft, im Prinzip, d.h. vorbehältlich einer anderslautenden richterlichen Genehmigung, erst nach Ablauf eines Sperrjahres an die Gesellschafter der untergehenden Gesellschaft ausgerichtet werden kann (Art. 745 Abs. 3 OR).

III. Quasifusion («Shares for Shares»)

1. Bedeutung und Arten

34. Die Quasifusion ist eine in der Praxis häufig anzutreffende Form des Erwerbs eines Unternehmens (Studer, 27 ff. und 147 ff. mit Beispielen). Die Beliebtheit dieser Übernahmeform ist auf verschiedene Gründe zurückzuführen. Abgesehen von den steuerlichen Beweggründen lässt sich die häufige Verwendung dieser Form dadurch erklären, dass bei ihr der Zusammenschluss ohne Verschmelzung der beteiligten Gesellschaften vor sich geht. Das bedeutet, dass nach dem Zusammenschluss bzw. nach der Übernahme die beteiligten Gesellschaften mit allen Rechten und Pflichten fortbestehen. Das ist ein wichtiger Unterschied zur echten oder unechten Fusion, bei welchen die übernommene Gesellschaft untergeht – im Falle der unechten Fusion muss die Gesellschaft sogar liquidiert werden – und im Handelsregister gelöscht wird. Abgesehen von allfälligen Kapitalerhöhungen oder sonstigen statutarischen Änderungen, treten bei der Quasifusion keine körperschaftlichen Wirkungen ein; grundsätzlich betrifft sie lediglich das Verhältnis zwischen der übernehmenden Gesellschaft und den Gesellschaftern der übernommenen Gesellschaft. Insbesondere kommen die bei echten Fusionen anwendbaren detaillierten Vorschriften von Art. 748/49 OR und jene über das Liquidationsverfahren (Art. 736 ff. OR) nicht zur Anwendung. Überdies weist die Quasifusion den Vorteil auf, dass gewisse Werte, welche mit einer Gesellschaft verbunden sind, wie beispielsweise Goodwill oder gewisse Konzessionen, erhalten bleiben, weil die übernommene Gesellschaft rechtlich weiterbesteht (Gutachten, 145). In manchen Situationen bleibt ohnehin nur der Weg der Quasifusion für die Übernahme, weil die gesetzlich geordnete Fusion (Art. 748/49 OR) gar nicht gestattet ist. Das trifft beispielsweise für grenzüberschreitende Zusammenschlüsse zu. Wirtschaftlich liegt bei Quasifusionen ein den übrigen Fusionsformen vergleichbares Ergebnis vor, weil die übernommene Gesell-

schaft ihre wirtschaftliche Selbständigkeit verliert und in eine neue Leitungseinheit eingeordnet wird.

Die Quasifusion kann sich auf mehrere Arten abspielen. Regelmässig 35. erwirbt aber die übernehmende Gesellschaft von den Gesellschaftern der akquirierten Gesellschaft deren Anteile. Das geschieht gegen Hingabe eigener Aktien, sei es vollumfänglich oder sei es, dass ein Teil in Aktien und der übrige Teil in bar geleistet wird. Eine weitere Möglichkeit besteht darin, eine Tochtergesellschaft zwischenzuschalten, die Aktien der Muttergesellschaft besitzt, welche sie gegen Anteile der übernommenen Gesellschaft tauscht. Wenn die Tochtergesellschaft die Aktien der übernommenen Gesellschaft nach dem Tausch weiter hält, wird die übernommene Gesellschaft zu ihrer Tochtergesellschaft. Normalerweise tritt sie die Aktien aber der Muttergesellschaft ab. Nach einer weiteren, in der Praxis ebenfalls häufig anzutreffenden Art der Übernahme arbeitet der Erwerber mit einer Bank zusammen, welche von den Aktionären der übernommenen Gesellschaft deren Aktien gegen Aktien der übernehmenden Gesellschaft erhält und dann auf den Erwerber überträgt.

Nicht weiter verfolgt werden hier der Erwerb gegen Barzahlung allein 36. oder gegen sog. Aktiensurrogate wie z. B. Partizipationsscheine oder Wandelobligationen. In allen diesen Fällen werden die Aktionäre der Gegenpartei nicht zu Aktionären der erwerbenden Gesellschaft. In der Terminologie dieses Buches handelt es sich bei solchen Transaktionen gar nicht um Quasifusionen.

2. Zusammenschlussvertrag

a) Rechtsnatur

Der Quasifusion liegt normalerweise ein Zusammenschlussvertrag 37. zugrunde. Können sich die beteiligten Gesellschaften auf einen solchen nicht einigen, und entscheidet sich die übernehmende Gesellschaft, entgegen den Wünschen der Verwaltung der anderen Gesellschaft, den Aktionären gleichwohl ein Angebot zu unterbreiten, so spricht man von einem Versuch zu einem «Unfriendly Take-Over». Darauf wird weiter hinten eingegangen (§ 11). Kommt es dagegen zu einem Vertrag zwischen den Gesellschaften, so einigen sich die beteiligten Gesellschaften darin auf den Zusammenschluss ihrer Unternehmen. Dadurch wird eine *einfache Gesellschaft* begründet mit dem Zweck, dass die übernehmende Gesellschaft die Aktien der übernommenen AG erwerbe (Studer, 37). Art. 530 ff. OR sind anwendbar. Der Zusammenschlussvertrag ist eigentlich formlos gültig, doch wird er aus praktischen Erwägungen meistens schriftlich abgeschlossen. Sobald der

Zusammenschluss durchgeführt ist, wird die einfache Gesellschaft aufgelöst, weil sie ihren Zweck erreicht hat.

b) Inhalt

38. Im Zusammenschlussvertrag legen die Parteien ihr Einverständnis fest, ihre Unternehmen zusammenzuschliessen. Sofern die übernehmende Partei ihre eigenen, für den Tausch erforderlichen Aktien noch nicht besitzt, verpflichtet sie sich, eine Generalversammlung einzuberufen, um die notwendigen Aktien noch auszugeben. Als weiteren Punkt vereinbaren die Parteien das Umtauschverhältnis, d. h., es wird fixiert, wieviele Aktien der erworbenen Gesellschaft Anspruch auf Aktien der übernehmenden AG vermitteln. Schliesslich einigen sich die Parteien in einem weiteren Teil des Vertrages über die Einzelheiten des Beteiligungserwerbs (Gutachten, 41).

3. Bereitstellen der Aktien durch die übernehmende Gesellschaft

39. Zunächst kann sich die Gesellschaft überlegen, bereits bestehende Aktien im Markt zu kaufen. Aufgrund von Art. 659 OR, wonach eine AG eigene Aktien nicht zu Eigentum erwerben darf, sind der Gesellschaft solche Käufe eigentlich verboten. Nach bundesgerichtlicher Praxis kann der Erwerb eigener Aktien zwar zur Verantwortlichkeit des Verwaltungsrates führen. Der Erwerb selber ist jedoch gleichwohl gültig, weil es sich beim Verbot des Erwerbs eigener Aktien bloss um eine Ordnungsvorschrift handelt (BGE 43 II 293, 60 II 313, 88 II 103, 110 II 299). Das Verbot der Rückzahlung der Einlage (Art. 680 Abs. 2 OR) führt dazu, dass die Aktien lediglich aus den freien Mitteln der Gesellschaft erworben werden dürfen, ansonsten das Erwerbsgeschäft doch nichtig ist (Studer, 57 mit Nachweisen). Laut Praxis des Bundesgerichts ist ein Verstoss gegen das Verbot der Einlagerückgewähr dann nicht gegeben, wenn die Gesellschaft die Aktien zum gleichen Preis oder mindestens zum Nominalwert weiterverkaufen kann (BGE 60 II 319, 110 II 301). Diese Voraussetzung ist bei der Quasifusion erfüllt, da die Gesellschaft die Aktien erwirbt, um sie gegen Aktien der übernommenen Gesellschaft zu tauschen.

40. Eine weitere Möglichkeit zum Erwerb bereits bestehender Aktien besteht für die Gesellschaft darin, die eigenen Aktien durch eine ihrer Tochtergesellschaften oder durch ihre Bank erwerben zu lassen. Ob dies nicht einen unzulässigen indirekten Erwerb eigener Aktien darstellt, ist umstritten (Studer, 61). Nach Studer soll auch hier wieder der Vorbehalt des Verbotes der Einlagerückgewähr (Art. 680 Abs. 2 OR) gelten, so dass

der Erwerb also zumindest gültig wäre, sofern er aus freien Mitteln finanziert worden ist.

Die Schaffung neuer Aktien durch eine Kapitalerhöhung, bei welcher die Gesellschaft die neu auszugebenden Aktien selber zeichnet, ist nicht zulässig (Studer, 72). Hingegen kann die übernehmende Gesellschaft erwägen, ihr Kapital so zu erhöhen, dass sie die eigenen Aktien durch ihre Bank oder durch eine ihrer Tochtergesellschaften zeichnen und liberieren lässt. Sie kann dies zum voraus tun und derart sog. Vorratsaktien schaffen. Unter Umständen zieht sie es aber vor, das Kapital erst dann zu erhöhen, wenn eine Quasifusion konkret in Aussicht steht. In jedem Fall stellt sich die Frage, ob nicht ein Verstoss gegen das Verbot des Erwerbs eigener Aktien (Art. 659 OR) oder ein Verstoss gegen das Verbot der Unterpariemission (Art. 624 Abs. 1 OR) vorliegt. Schlüssige Gerichtsentscheide lassen sich hierzu nicht finden, doch sollte die Zulässigkeit bejaht werden, vorausgesetzt, die übernehmende Gesellschaft verfügt über genügend freie Mittel, um die Transaktion durchzuführen. In der Praxis wird die Kapitalerhöhung trotzdem häufig in Zusammenarbeit mit einer Bank vorgenommen. Die Bank verpflichtet sich vertraglich, die neuen Aktien zu zeichnen und zu liberieren, sie anschliessend den Aktionären der zu übernehmenden Gesellschaft im Tausch gegen deren Aktien zu übertragen und die so erworbenen Aktien an die übernehmende Gesellschaft abzutreten. Demgegenüber verpflichtet sich die Gesellschaft, die neuen Aktien unter Ausschluss des Bezugsrechts ihrer bisherigen Aktionäre der Bank zuzuweisen, die Aktien der zu übernehmenden Gesellschaft von der Bank zu übernehmen und ihr dafür, nebst einer Kommission, einen bestimmten Betrag zu bezahlen (siehe Studer, 74). 41.

4. Erwerb der Anteile der übernommenen Gesellschaft

Die übernehmende Gesellschaft kann die Anteile der übernommenen Gesellschaft durch Sacheinlagevertrag oder durch Kauf- oder Tauschvertrag erwerben. Eine Sacheinlage liegt vor, wenn die Aktionäre der zu übernehmenden Gesellschaft die für sie bestimmten Aktien der Übernehmerin zeichnen und dafür ihre eigenen Aktien einbringen. Es kommt auch vor, dass die einbringenden Aktionäre für ihre Einlage teilweise in bar bezahlt werden. Für eine Gesellschaft mit einem weiten Aktionärskreis ist der Erwerb durch Kauf oder Tausch einer Sacheinlage vorzuziehen. Danach unterbreitet eine Tochtergesellschaft oder eine Bank im Auftrag der übernehmenden Gesellschaft den Aktionären ein Angebot auf Kauf oder Tausch. Mit Bezug auf diejenigen Aktionäre, welche das Angebot annehmen, kommt so ein Kaufvertrag (Art. 184 ff. OR) bzw. ein Tauschvertrag (Art. 238 OR) zustande. Besteht das Entgelt gleichzeitig in Aktien und in einer Barzahlung, 42.

so liegt ein Tausch mit Aufzahlung vor, welcher den Rechtsbestimmungen des Tausches unterworfen ist (Studer, 46).

5. Gesellschaftsrechtliche Bestimmungen

43. Wenn die Quasifusion durch Sacheinlage vorgenommen wird, sind die gesellschaftsrechtlichen Bestimmungen über die qualifizierte Kapitalerhöhung zu beachten (Art. 650 Abs. 2 OR). Ferner ist jeweils abzuklären, ob für die übernehmende Gesellschaft nebst der Kapitalerhöhung noch weitere Statutenänderungen notwendig sind. Das trifft dann zu, wenn der Zusammenschluss zu einer Umwandlung des Zwecks oder zu einer Änderung des Geschäftsbereichs führt (Art. 648 bzw. 649 OR). Im Einzelfall (z. B. wenn eine Bank zwischengeschaltet ist, welche die Aktien in bar liberiert und nachher dem Publikum zum Tausch anbietet) ist überdies auch zu prüfen, ob die Bestimmungen über die Sachübernahme anzuwenden sind (dazu Studer, 87 ff.). In der Praxis werden die aktienrechtlichen Sachübernahmevorschriften allerdings häufig nicht beachtet.

IV. Gemeinschaftsunternehmen («Joint Ventures»)

1. Arten

44. Unternehmen können auch in der Form eines Gemeinschaftsunternehmens («GU») zusammengeschlossen werden. Das geschieht dadurch, dass zwei oder mehrere Personen ihre Unternehmen oder Teile davon in ein GU einbringen. Es gibt viele Formen von GU, und die Motive für die Gründung sind mannigfaltig (Schluep, ZSR 1973 II, 481 ff.; Tschäni, SAG 1977, 88). Bekanntestes Beispiel eines fusionsähnlichen Zusammenschlusses durch Gründung eines GU ist die Errichtung der ABB ASEA Brown Boveri Limited. In diese Gesellschaft brachten die beiden bisherigen Stammhäuser, die BBC Brown Boveri AG und die ASEA AB, ihre Beteiligungen ein. Die bisherigen Stammhäuser sind nunmehr Holdinggesellschaften (beide halten je Anteile am GU), ebenso wie das GU, welches fortan die Beteiligungen der beiden Stammhäuser hält.

2. Grundvereinbarung

a) Inhalt

Das GU stellt weder einen Rechtsbegriff dar, noch ist es ein speziell geregelter Vertrag oder eine gesetzlich besonders vorgesehene Gesellschaftsform. Dem GU liegt jedesmal eine Grundvereinbarung (Partnership Agreement, Accord de Base, Grundvereinbarung) zugrunde, mit welcher sich die beteiligten Gesellschaften über Umfang und Ziel der wirtschaftlichen Tätigkeit des GU verständigen. Dazu gehört, dass die Parteien ihre Kapital- und Leistungsbeteiligung am GU festsetzen. Sie müssen sich darüber einigen, in welcher Rechtsform das GU gegründet werden soll. In organisatorischer Hinsicht spielen dafür die Zahl der Gesellschafter, der wirtschaftliche Zweck, die Art der Kooperation, die Stimmverhältnisse und dergleichen eine Rolle, finanziell die Kapitalbeschaffung, die Haftungsbeschränkung und die Übertragbarkeit der Anteile. Entscheidend können auch steuerliche Überlegungen sein. Überwiegend wählen die Partner die Form der AG (Reymond, Le contrat de «Joint Venture», 389). Vor allem für fusionsähnliche Zusammenschlüsse, welche Gegenstand dieser Betrachtungen sind, drängt es sich auf, das GU in der Form einer AG zu organisieren, um die für die Organisation notwendige Stabilität zu erzielen. 45.

Wird ein GU als AG errichtet, finden sich in der Grundvereinbarung viele Bestimmungen ähnlich einem Aktionärbindungsvertrag. So werden die Kompetenzen der Generalversammlung geordnet, die Anwesenheits- und Mehrheitserfordernisse festgelegt, ebenso wie die Einzelheiten der Beschlussfassung. Die Parteien machen ab, wie sich der Verwaltungsrat zusammensetzen soll, welches seine Kompetenzen sind, wie er einzuberufen ist und nach welchem Verfahren er zu beschliessen hat (Anwesenheits- und Mehrheitserfordernisse). Sowohl für Generalversammlung wie für Verwaltungsrat sind häufig sog. «Deadlock Devices» anzutreffen, d. h. Regelungen, wie Pattsituationen überwunden werden sollen. In Frage kommen dafür der Stichentscheid des Vorsitzenden, die Ernennung eines Schiedsmannes oder, im Falle des Verwaltungsrates, die gemeinsame Wahl eines zusätzlichen Verwaltungsratsmitgliedes. Möglich wäre auch, sich Kaufs- oder Verkaufsrechte («Puts and Calls») gegenseitig nach einem gewissen Mechanismus einzuräumen. Zu denken ist beispielsweise an sog. «Blind Bids», bei denen die Parteien gleichzeitig für die Anteile der anderen Partei ein Angebot unterbreiten, ohne zu wissen, wie hoch das Angebot der anderen Partei ist. Diejenige Partei, welche den höheren Betrag zu bezahlen gewillt ist, erhält den Zuschlag. Ein weiterer Mechanismus wäre etwa, dass die eine Partei der anderen eine Offerte macht. Akzeptiert die andere Partei nicht, muss sie selber zum angebotenen Preis kaufen. Die Parteien einigen sich in der Grundvereinbarung üblicherweise auch, wie eine allfällige Kapitalerhöhung 46.

durchzuführen wäre, ebenso ob und zu welchem Preis die Anteile an eine Drittpartei verkauft werden dürfen. Dazu werden Vorkaufsrechte und damit zusammenhängende Verabredungen vorgesehen. Vereinbart werden oft auch die Geschäfts- und Dividendenpolitik des GU und ein Verbot der Parteien, sich gegenseitig zu konkurrenzieren. Schliesslich enthält die Grundvereinbarung Bestimmungen über das anwendbare Recht und den Gerichtsstand; Schiedsklauseln sind häufig. Eine sehr praktische Übersicht über die zu ordnenden Punkte findet sich bei Zihlmann (SJZ 1972, 317).

b) Rechtsnatur

47. Nach Reymond ist die Grundvereinbarung ein *Innominatskontrakt*, welcher Elemente der einfachen Gesellschaft wie auch eines synallagmatischen Vertrages aufweist (Reymond, Le contrat de «Joint Venture», 386). Derselbe Autor hat allerdings früher die Grundvereinbarung auch als einfache Gesellschaft im Sinne von Art. 530 ff. OR charakterisiert (JDT 1975 I 486). In den hier betrachteten Fällen von fusionsähnlichen Zusammenschlüssen durch Gründung eines GU dürfte diese Qualifikation die richtige sein. Die Unsicherheit darüber, welche Regelung zum Zuge kommt, wenn ein Sachverhalt durch die Parteien vertraglich nicht geordnet worden ist, lässt es ratsam erscheinen, die Grundvereinbarung in detaillierter Form abzufassen. Das ist selbst dann empfehlenswert, wenn man davon ausgeht, es liege eine einfache Gesellschaft vor, denn Art. 530 ff. enthalten bloss ergänzungsbedürftige Grundsatzvorschriften. Grundsätzlich sind die Grundvereinbarungen zwar formlos gültig, vorbehältlich besonderer Klauseln, welche die Schriftform erfordern (z. B. Schiedsabrede, Gerichtsstandsvereinbarung, Vollmacht für die Vertretung von Namenaktien). Schon aus Gründen des Beweises drängt es sich aber auf, die Schriftform vorzusehen. Als Vertrag entfaltet die Grundvereinbarung lediglich Wirkungen zwischen den Parteien. Sie bewirkt also keine direkten Rechte und Pflichten für das GU, es sei denn, dieses sei selber Vertragspartei. Aus dem Gesagten folgt, dass die Statuten des GU für sich nicht Vertragsinhalt sind, sie können aber allenfalls von einer gewissen Bedeutung sein für die Auslegung und Ergänzung der Grundvereinbarung.

c) Dauer

48. Für die Dauer ist zu unterscheiden, ob der Grundvertrag auf bestimmte oder unbestimmte Zeit abgeschlossen ist. Ist eine bestimmte Dauer vorgesehen, so endet das Verhältnis mit Ablauf der vereinbarten Dauer. Bei auf unbestimmte Zeit abgeschlossenen Verträgen ist zu unterscheiden, ob die

Grundvereinbarung als schuldrechtliches oder als gesellschaftsrechtliches Verhältnis zu qualifizieren ist.

Schuldrechtliche Verhältnisse können nicht auf «ewige» Zeiten abgeschlossen werden (Tuor/Schnyder, 85). Nach Praxis des Bundesgerichtes ist ein Dauerschuldverhältnis nicht einfach ungültig, sondern der Richter hat die Vertragsdauer festzusetzen, wobei er sich vom mutmasslichen Parteiwillen leiten lassen muss. Zu diesem Zwecke hat er zu untersuchen, auf welche Dauer die Parteien sich verpflichtet hätten, wenn sie sich bewusst gewesen wären, dass die vertragliche Regelung eine unzulässige Bindung bewirkt (BGE 107 II 219). Andererseits hat das Bundesgericht auch erkannt, dass obligatorische Verträge mit unbestimmter Dauer kündbar sein müssen (BGE 97 II 399). Wird in einer Grundvereinbarung nicht festgelegt, ab wann und unter welchen Umständen sie beendet werden kann, herrscht somit eine erhebliche Unsicherheit über die Beendigung vor. 49.

Unsicherheit über die Beendigung herrscht auch für Grundvereinbarungen, welche – wie bei fusionsähnlichen Zusammenschlüssen üblicherweise der Fall – gesellschaftsrechtlich ausgestaltet sind. Nach Art. 546 Abs. 1 OR kann jeder Gesellschafter den Vertrag auf 6 Monate kündigen, wenn die Gesellschaft auf unbestimmte Dauer oder auf Lebenszeit eines Gesellschafters geschlossen worden ist. Gemäss Praxis des Bundesgerichtes ist diese Bestimmung dispositiver Natur. Demgemäss ist eine Vereinbarung, welche genau auf die Lebenszeit eines Gesellschafters abgeschlossen worden ist, nicht auf 6 Monate kündbar (BGE 106 II 226). Wenn in einer Grundvereinbarung vorgesehen wird, sie solle für die Dauer der das GU gründenden AG gelten, erscheint die Verbindlichkeit jedoch trotz des zitierten Bundesgerichtsurteils fraglich. Es kann nämlich nicht vorausgesagt werden, ob die Liquidation der beteiligten AG überhaupt einmal oder in absehbarer Zeit erwartet werden kann (Forstmoser, Aktionärbindungsverträge, 373). Eine Bestimmung, wonach die Grundvereinbarung für die Dauer der Aktionärseigenschaft der Beteiligten Wirkung haben soll, ist nach herrschender Meinung zulässig; die Vereinbarung kann dann nicht gekündigt werden (Forstmoser, zit. 372). Die Kündigung einer Grundvereinbarung auf 6 Monate ist für fusionsähnliche GU wegen deren irreversiblen Natur höchst unbefriedigend. Die Parteien sollten deshalb eine sachgemässe Regelung über die Dauer und die Auflösung treffen. 50.

d) Stimmbindungen

In einer Grundvereinbarung vorgesehene Stimmbindungen sind grundsätzlich zulässig (BGE 109 II 45; ZR 83 Nr. 53 E.5b). Allerdings sind die allgemeinen Schranken der Vertragsfreiheit zu beachten, insbesondere darf weder gegen zwingende gesetzliche Vorschriften noch gegen die öffentliche 51.

Ordnung und auch nicht gegen die guten Sitten oder das Recht der Persönlichkeit verstossen werden (Art. 19 OR). Solche Stimmbindungen können auch klageweise durchgesetzt werden (ZR 83 Nr. 53 E.5b). Jedoch muss dies vor Durchführung der Generalversammlung getan werden, denn nur so kann allenfalls der Anspruch auf Realerfüllung durchgesetzt werden. Wird nämlich in der Generalversammlung die Stimme in vertragswidriger Weise abgegeben, ist sie gültig wie abgegeben, und es bleibt gegen die den Vertrag missachtende Partei nur noch die Klage auf Schadenersatz (ZR 69 Nr. 101).

e) Übertragungsbeschränkungen

52. Speziell wichtig ist im Zusammenhang mit GU aber die Frage, ob Übertragungsbeschränkungen betreffend Anteile des GU durchgesetzt werden können. Solche Beschränkungen können innerhalb der Schranken von Art. 19/20 OR beliebig vorgesehen werden. Häufig sind denn auch in Grundvereinbarungen Vorkaufs-, Kaufs- und Anbietungsrechte anzutreffen. Allerdings gelten diese nur zwischen den Parteien, so dass die Aktien gültig und mit Wirkung gegenüber der Gesellschaft an einen Dritten verkauft werden können. In der Praxis werden daher oft *Sicherungsmassnahmen* getroffen. Dazu gehören (i) die Hinterlegung der Aktien bei einem Dritten, welcher sie nur mit Zustimmung aller Parteien herausgeben darf, (ii) die Vereinbarung von Konventionalstrafen, (iii) die Einlage in eine einfache Gesellschaft zu Gesamteigentum, (iv) die fiduziarische Übertragung an einen Dritten, welcher die Aktien treuhänderisch hält, (v) die Verbindung mit statutarischen Regeln über Vorkaufs-, Kaufs- und Andienungsrecht sowie (vi) die Vinkulierung. Für alle diese Massnahmen ist im einzelnen zu überprüfen, wie weit sie sinnvoll und durchsetzbar sind (Nachweise bei Forstmoser, Aktionärbindungsverträge, 375).

53. Besonders wirksam ist die Verknüpfung der in der Grundvereinbarung vorgesehenen Beschränkungen mit *statutarischen Übertragungsbeschränkungen*. Damit solche vorgesehen werden können, müssen die Aktien des GU als vinkulierte Namenaktien ausgegeben werden (Art. 686, 627 Ziff. 8 OR), denn die Übertragbarkeit von Inhaberaktien kann statutarisch nicht eingeschränkt werden (Schucany, N 4 zu Art. 684 OR). Statutarische Übertragungsbeschränkungen können für Namenaktien unter dem Vorbehalt des offensichtlichen Rechtsmissbrauchs, zumindest in den Urstatuten, beliebig ausgestaltet werden (Bürgi, N 29 zu Art. 686 OR). So kann die Zustimmung zur Übertragung aus einzelnen statutarisch bestimmten Gründen oder sogar ohne Angabe von Gründen verweigert werden (Art. 686 Abs. 1 und 2 OR). Selbst das totale Verbot der Übertragung lässt sich statutarisch einführen, allerdings muss es bereits in den Urstatuten vorgesehen werden.

Vorkaufs-, Kaufs- und Andienungsrechte sind, um sicher durchsetzbar zu sein, als spezielle Art der Vinkulierung auszugestalten, ansonsten ihre Gültigkeit sehr umstritten ist, denn es stellt sich die – ungeklärte – Frage, ob ihre Einführung nicht gegen aktienrechtliche Grundsätze verstosse wie namentlich den Grundsatz der beschränkten Leistungspflicht des Aktionärs, das Recht auf Mitgliedschaft und das Recht auf freie Übertragbarkeit der Mitgliedschaft (von Graffenried, 53; Herren, 44). Das statutarische *Vorkaufsrecht* ist auch nur abgesichert, wenn eine Spaltung von Aktionärsrechten in Vermögens- und Mitverwaltungsrechte statutarisch ausgeschlossen ist. Ist dies nicht der Fall, können einzelne Vermögensrechte doch auf den Erwerber übergehen. Beim statutarischen *Kaufrecht* ist fraglich, ob nicht ein Verstoss gegen das Recht auf Mitgliedschaft vorliegt. Dieselbe Frage stellt sich für *Rückkaufsrechte*. Solche Rechte würden nämlich dazu führen, dass der Aktionär, gegen den sich das Kauf- oder Rückkaufsrecht richtet, praktisch betrachtet aus der AG ausgeschlossen werden könnte. Das widerspricht der aktienrechtlichen Grundordnung, welche den Ausschluss nur im Verfahren der Kaduzierung erlaubt (Art. 681 ff. OR). 54.

f) Vollzug der Grundvereinbarung

GU werden durch Sacheinlage bzw. Sachübernahme gegründet. Eingebracht werden die zu vereinigenden Unternehmen oder Unternehmensteile; dies können Aktiven und Passiven, Aktiven allein oder Gesellschaftsanteile sein. 55.

g) Satellitenverträge

Neben der Grundvereinbarung werden häufig eine Reihe von weiteren Vereinbarungen zwischen den beteiligten Parteien abgeschlossen wie z.B. Darlehens-, Lizenz-, Kauf- und andere Verträge. Das Verhältnis dieser sogenannten Satellitenverträge zur Grundvereinbarung ist jeweils im Einzelfall zu analysieren. Ein Zusammenhang mit der Grundvereinbarung besteht normalerweise, so dass sich für Auslegung, Ergänzung und Einreden bezüglich der Grundvereinbarung aus einem Satellitenvertrag Auswirkungen ergeben können (Reymond, Le contrat de «Joint Ventures», 393). 56.

§ 6 Management Buy-Out

1. Erscheinungsformen

1. Mit Management Buy-Out («MBO»), zu deutsch «Aufkauf durch die Geschäftsleitung», ist der Verkauf eines Unternehmens an dessen Geschäftsleitung gemeint. MBO sind eine besondere Kategorie von *Leveraged Buy-Outs* («LBO»), bei welchen nicht die Manager, sondern Drittpersonen das Unternehmen kaufen. Gemeinsam sind MBO und LBO der geringe Mitteleinsatz durch die Käufer sowie die Finanzierung des Kaufpreises durch gesicherte Kredite in beträchtlichem Umfange. Die einzelnen Strukturen und Finanzierungsformen der MBO sind mannigfach und – vor allem die in den USA anzutreffenden Arten – sehr komplex. Wie zu sehen sein wird, sind MBO keine im Gesetz speziell geregelte Übernahmeform, sondern ihre Besonderheit besteht darin, dass der Kaufpreis überwiegend fremd- und mit speziellen Sicherheiten finanziert wird. Insofern ist ein MBO lediglich ein Sonderfall des Unternehmenskaufs.

2. MBO kommen vor allem in folgenden Situationen in Frage:
   - Eine Familiengesellschaft steht vor einem Generationenwechsel. Die neue Generation ist entweder nicht fähig oder nicht interessiert, das Unternehmen weiterzuführen, wohl aber das Management.
   - Eine Publikumsgesellschaft ist Gegenstand eines – nicht erbetenen – Übernahmeangebotes. Zur Abwehr entschliesst sich das Management, dem Angreifer zuvorzukommen und das Unternehmen selber zu kaufen.
   - Ein ausländischer Konzern hat eine Beteiligung in der Schweiz, welche er abstossen möchte. Das Management erhält die Möglichkeit, das Unternehmen zu übernehmen.

2. Finanzierung durch Lombardkredit

3. MBO sind in der Schweiz schon oft vorgekommen. Meistens kaufte die Geschäftsleitung dabei aber die Gesellschaftsanteile – und nicht etwa die Aktiven und Passiven des Unternehmens – und finanzierte den Kaufpreis mit einem Bankdarlehen, welches durch die Anteile der übernommenen Gesellschaft gesichert wurde. Der Kaufpreis wurde in diesen Fällen mit einem *Lombardkredit* finanziert. Für die bei Lombardkrediten notwendige Verpfändung genügt für Inhaberpapiere die Übertragung der Urkunde an die Bank (Art. 901 Abs. 1 ZGB), währenddem Order- und Namenpapiere

zusätzlich mit einem Pfandindossament oder einer Abtretungserklärung versehen sein müssen (Art. 901 Abs. 2 ZGB). Mit der Bank wird zur Begründung des Lombardkredits sowohl ein Darlehens- als auch ein Pfandvertrag in schriftlicher Form abgeschlossen.

Die Aufnahme eines Lombardkredits schafft in der Regel keine besonderen rechtlichen Schwierigkeiten, doch ist die Finanzierung eines MBO durch einen solchen Kredit in gewissen Fällen nicht ausreichend. Insbesondere beträgt die Deckungsmarge für die Belehnung bei Lombardkrediten normalerweise im Falle von kotierten Aktien nicht mehr als 50 Prozent, bei nichtkotierten Aktien und Aktien von Familiengesellschaften liegt die Marge sogar noch tiefer. Vor allem in den USA sind deshalb Finanzierungsarten entwickelt worden, welche höhere Belehnungen gestatten, indem als Pfand nicht die Gesellschaftsanteile, sondern die Aktiven der Gesellschaft selbst verwendet werden. Soweit ersichtlich, sind in der Schweiz MBO dieser Art praktisch noch nicht vorgekommen. Gewisse als MBO bezeichnete Transaktionen waren zwar wohl durch einen geringen Mitteleinsatz der Käufer gekennzeichnet, doch fand die Finanzierung jeweils durch das Publikum statt, ohne dass es notwendig gewesen wäre, die Aktiven der Gesellschaft als Pfand oder sonstige Sicherheit einzusetzen. 4.

3. Sicherungen der Finanzierung durch Aktiven der übernommenen Gesellschaft

a) Arten

MBO mit Finanzierungen, welche durch Aktiven der übernommenen Gesellschaft gesichert werden, sind bisher in der Schweiz noch nicht systematisch unter rechtlichen Gesichtspunkten analysiert worden. Das kann auch hier nicht getan werden, doch soll ausgehend von amerikanischen Finanzierungsweisen dargelegt werden, welche Punkte bei einem dem Schweizer Recht unterliegenden MBO zu beachten sind. Dabei ist zu bedenken, dass angesichts der Vielfalt von MBO-Formen immer die Prüfung des Einzelfalles vorbehalten bleibt. Überdies beziehen sich die Ausführungen bloss auf AG-Unternehmen. 5.

Auch ein MBO ist wie jeder andere Unternehmenskauf grundsätzlich in zwei Formen möglich, nämlich als Kauf der Aktiven und Passiven oder als Kauf der Gesellschaftsanteile. 6.

In der Form eines *Kaufes von Aktiven und Passiven* würde sich die Transaktion in den USA etwa wie folgt abwickeln (Benjamin, 28 ff.): (i) Das Management gründet eine Holdinggesellschaft, welche als Käuferin von der Verkäuferin das Unternehmen mit Aktiven und Passiven übernimmt. 7.

(ii) Die Holdinggesellschaft bringt die Aktiven und Passiven als Sacheinlage in eine zu gründende Tochtergesellschaft ein, welche als Betriebsgesellschaft waltet. (iii) Die Holdinggesellschaft bezahlt den Kaufpreis, häufig bloss teilweise, während der Rest durch den Verkäufer kreditiert wird. (iv) Die Betriebsgesellschaft nimmt von einer Bank ein Darlehen auf, gesichert durch ihre Debitorenforderungen und ihr Inventar. Zusätzlich garantiert sie dem Verkäufer die Bezahlung des Kaufpreises durch den Käufer, nämlich die Holdinggesellschaft. Diese Garantieverpflichtung sichert sie durch ihr Anlagevermögen. (v) Der Verkäufer verlangt Bezahlung des Restkaufpreises. Um ihr die Bezahlung zu ermöglichen, gewährt die Betriebsgesellschaft der Holdinggesellschaft ein Darlehen, finanziert durch das Darlehen, das sie selber von der Bank aufgenommen hat, oder sie schüttet zu diesem Zweck, sofern möglich, eine Dividende an die Muttergesellschaft aus.

8. Werden die *Gesellschaftsanteile* erworben, so sehen die einzelnen Schritte wie folgt aus: (i) Die Manager gründen eine Holdinggesellschaft, welche als Käuferin auftritt. (ii) Die Holdinggesellschaft erwirbt von der Verkäuferin die Anteile der zu erwerbenden Gesellschaft, welche damit eine Tochtergesellschaft der Holdinggesellschaft wird. Teilweise kreditiert der Verkäufer den Kaufpreis. (iii) Die nunmehrige Tochtergesellschaft nimmt von einer Bank ein Darlehen auf, gesichert durch ihre Debitorenforderungen und ihr Inventar. Zusätzlich garantiert sie den Kaufpreis, soweit noch nicht bezahlt, und sichert diese Garantieverpflichtung mit ihrem Anlagevermögen. (iv) Zur Bezahlung des fälligen Restkaufpreises gewährt die erworbene Gesellschaft der Muttergesellschaft ein Darlehen, finanziert aus dem Darlehen, das sie selber von einer Bank aufgenommen hat, oder sie schüttet Dividenden aus.

9. Wie nachstehend zu zeigen sein wird, sind auf diese Weise gegliederte Übernahmen unter Schweizer Recht mit gewissen rechtlichen Unsicherheiten behaftet.

b) Darlehen der Bank an die Betriebsgesellschaft

aa) Verstoss gegen die guten Sitten?

10. Die Darlehensverträge, welche die Betriebsgesellschaft mit Banken oder anderen Geldgebern eingeht und mit ihrem Inventar und den Debitorenforderungen sichert, müssen daraufhin untersucht werden, ob sie noch im Rahmen der guten Sitten (Art. 20 OR) liegen. Als unsittlich könnte der Vertrag allenfalls gelten, weil die Mittel aus dem Darlehen dazu verwendet werden, dem Übernehmer den Kaufpreis zu finanzieren. Man kann sich nämlich fragen, ob es im Rahmen der guten Sitten ist, wenn eine Gesellschaft einen Kredit aufnimmt, der lediglich dazu dient, dem Käufer eben dieser Gesellschaft die Finanzierung des Kaufpreises zu ermöglichen. Als unsittlich

wäre der Vertrag nichtig, und bereits erbrachte Leistungen wären von den Parteien nach den Regeln über die ungerechtfertigte Bereicherung zurückzuerstatten (Art. 62 ff. OR). Eine allgemeine Antwort auf die Frage, ob ein Verstoss gegen die guten Sitten vorliege, lässt sich allerdings nicht geben. Vielmehr ist auf die Umstände des Einzelfalles abzustellen. Immerhin ist in diesem Zusammenhang auf Art. 27 Abs. 2 ZGB hinzuweisen, wonach sich niemand seiner Freiheit entäussern oder sich in ihrem Gebrauch in einem das Recht oder die Sittlichkeit verletzenden Grade beschränken kann. Diese Norm ist, wenn auch mit Zurückhaltung, auch auf juristische Personen anwendbar (siehe BGE 106 II 378). Geht daher die Betriebsgesellschaft einen Vertrag ein, welcher von vornherein die Grundlagen ihrer wirtschaftlichen Existenz als gefährdet erscheinen lässt, so lässt sich nicht ausschliessen, dass dieser Vertrag unsittlich und damit ungültig wäre.

bb) *Verstoss gegen den Gesellschaftszweck?*

Die Aufnahme des Darlehens und die Weiterleitung zur Finanzierung des Kaufpreises durch die Betriebsgesellschaft an die Holdinggesellschaft könnte auch einen Verstoss gegen den statutarischen Zweck der Betriebsgesellschaft darstellen. In diesem Falle wäre die Gesellschaft durch den Vertrag nicht gebunden. Im Namen einer Gesellschaft können nur jene Rechtshandlungen vorgenommen werden, die der Zweck der Gesellschaft mit sich bringen kann (Art. 718 Abs. 1 OR). Dazu gehören alle Handlungen, «die, objektiv betrachtet im Interesse des von der Gesellschaft verfolgten Zweckes liegen können, d. h. durch diesen nicht geradezu ausgeschlossen sind» (BGE 95 II 450, 111 II 288). Das Eingehen von Darlehen wird normalerweise durch den statutarischen Zweck gedeckt sein. Man muss sich aber fragen, ob dies für die Aufnahme von gesicherten Darlehen noch zutrifft, welche vollumfänglich mit dem einzigen Ziel an die Muttergesellschaft weitergeleitet werden, dieser die Mittel zur Zahlung des Kaufpreises zur Verfügung zu stellen, ohne dass die Betriebsgesellschaft für ihr eigenes Darlehen an die Holdinggesellschaft vergleichbare Sicherheiten erhalten würde. Aus dem Endzweck der AG als einer auf Gewinnerzielung angelegten Einheit ist jedenfalls zu schliessen, dass die Betriebsgesellschaft zumindest einen höheren Darlehenszins von der Muttergesellschaft erhalten sollte, als sie selber ihrem Darlehensgeber bezahlen muss, und zwar in der marktüblichen Höhe eines ungesicherten Darlehens. Selbst dann lässt sich aber mangels Präzedenzfälle noch nicht mit Sicherheit sagen, dass die Aufnahme des Darlehens vom Gesellschaftszweck gedeckt ist. Von einem gewissen Einfluss auf die Beurteilung dürfte sein, ob auch die Weitergabe des Darlehens an die Holdinggesellschaft innerhalb des Gesellschaftszweckes liegt. Darauf wird nachfolgend eingegangen. Abzustellen ist jedoch stets auf den Einzelfall.

cc) Folgerungen

12. Zusammenfassend gesagt läuft die darlehensgebende Bank das Risiko, dass ihr Vertrag mit der Betriebsgesellschaft wegen Unsittlichkeit oder wegen Verstosses gegen den Gesellschaftzweck der Betriebsgesellschaft als ungültig erklärt wird. Dieses Risiko ist deswegen besonders akut, weil die gesamte MBO-Finanzierung von der Bank zusammengestellt wird und sie daher wohl über die Verwendung des Darlehens weiss. Sie kann sich also nicht darauf berufen, sie sei gutgläubig gewesen und habe von der Weiterleitung des Darlehens zur Bezahlung des Kaufpreises nichts gewusst. Ist der Vertrag tatsächlich ungültig, so kann die Bank das Darlehen nur noch nach den Regeln der ungerechtfertigten Bereicherung zurückverlangen. Diese Umwandlung von einer Forderung aus Vertrag in eine Forderung aus ungerechtfertigter Bereicherung hat den Nachteil, dass – Gutgläubigkeit der Betriebsgesellschaft vorausgesetzt – die Bank lediglich den Betrag zurückfordern kann, um den die Betriebsgesellschaft zum Zeitpunkt der Rückforderung noch bereichert ist. Davon abgesehen trägt die Bank auch die Gefahr, dass sie infolge Art. 66 OR überhaupt keinen Anspruch mehr auf Rückzahlung des Darlehens hat, weil nicht zurückgefordert werden kann, was in der Absicht gegeben worden ist, einen unsittlichen Erfolg herbeizuführen (BGE 102 II 409). Umgekehrt ist die Finanzierung auch für die Betriebs- bzw. Holdinggesellschaft mit einer gewissen Unsicherheit behaftet, weil sich – vorbehältlich Rechtsmissbrauch nach Art. 2 ZGB – auch die Bank auf den Standpunkt stellen könnte, der Darlehensvertrag sei ungültig und deshalb das Darlehen sofort zurückzuerstatten.

c) Darlehen der Betriebsgesellschaft an die Holdinggesellschaft

aa) Verstoss gegen das Verbot der Einlagerückgewähr?

13. Auch das Darlehen der Betriebsgesellschaft an die Muttergesellschaft ist auf seine Gültigkeit hin zu überprüfen, denn Darlehen an Aktionäre sind aktienrechtlich kritische Vorgänge (Böckli, ST 2/1980, 4 ff.; ders., Aktienrechtliches Sondervermögen und Darlehen an Aktionäre, 527 ff.). Sofern das Darlehen an die Muttergesellschaft unter Berücksichtigung der Bonität, Konditionen und Sicherheiten von einem Dritten nicht gewährt worden wäre, was wohl in den meisten Fällen von MBO zutreffen dürfte, weil ja sonst die Holdinggesellschaft das Darlehen selber direkt aufnehmen könnte, liegt eine Entnahme von Aktiven der Betriebsgesellschaft vor. Die aktienrechtlichen Voraussetzungen für eine Entnahme, nämlich die Vorschriften über Kapitalherabsetzungen bzw. über Dividendenausschüttungen, sind jedoch nicht erfüllt. Damit ist bei derartigen Darlehen ein Verstoss gegen das

Verbot der Rückzahlung des Kapitals gegeben (Art. 680 Abs. 2 OR). Die Holdinggesellschaft ist aus diesem Grunde verpflichtet, gegebenenfalls das Darlehen sofort und nicht erst zum vertraglich vereinbarten Termin zurückzuerstatten (Bürgi, N 30 zu Art. 680 OR).

bb) Nachträgliche Bildung eines Non-Versé?

14. Selbst wenn die Darlehenskonditionen marktgängig sind, liegt darüberhinaus eine – nicht statthafte – nachträgliche Bildung von nichteinbezahltem Aktienkapital (sog. Non-Versé) vor, soweit das Darlehen das frei verfügbare Eigenkapital überschreitet. Das frei verfügbare Eigenkapital schliesst den Gewinnvortrag, freie und stille Reserven sowie gesetzliche Reserven nach Art. 671 OR, die die Hälfte des Grundkapitals übersteigen und nicht aus Einlagen stammen, ein. Böckli (Böckli, ST 2/1980, 6) fordert nebst einer Pflicht zur Offenlegung in der Bilanz eine Verpflichtung zur sofortigen Rückleistung des das freie Eigenkapital übersteigenden Betrages (a.M. von Greyerz, 63).

cc) Verantwortlichkeit des Verwaltungsrates

15. Je nach Bilanz- und Vermögenslage der Betriebsgesellschaft kann das Darlehen überdies ein *Klumpenrisiko* darstellen, und der Verwaltungsrat der Betriebsgesellschaft könnte gemäss Art. 754 OR für einen Schaden verantwortlich gemacht werden. Nach Bundesgericht «gehört auch bei der Verwaltung einer Aktiengesellschaft eine vertretbare Risikoverteilung zu einer sorgfältigen Vermögensanlage, die ein sogenanntes ‹Klumpensrisiko› verbietet» (BGE 113 II 52). Eine geschäftspolitisch nicht mehr zu verantwortende Risikokonzentration bei einem oder wenigen Gesellschaftsschuldnern kann selbst dann vorliegen, wenn deren Bonität zum Zeitpunkt der Gewährung des Darlehens nicht als gefährdet erscheint. Ausschlaggebend ist demnach, ob sich die Höhe des gewährten Kredits im Verhältnis zu sämtlichen Aktiven der Gesellschaft noch verantworten lässt oder ob der Kredit nicht doch als zu gefährliche Konzentration des Vermögens erscheint. Ist ein solches Klumpenrisiko entstanden, so hat die Verwaltung diesem bei solventen Schuldnern nicht durch Wertberichtigungen, sondern durch Kündigungen des gesamten Kredites oder durch eine Reduktion auf das verantwortbare Mass zu begegnen.

dd) Verstoss gegen den Gesellschaftszweck?

16. Schliesslich ist zu untersuchen, ob die Darlehenshingabe innerhalb des Zwecks der Betriebsgesellschaft liegt. Dies ist zunächst aufgrund der Statuten

zu überprüfen. Zusätzlich ist abzuklären, vorausgesetzt die Gewährung von Darlehen sei durch die Statuten nicht ohnehin schon ausgeschlossen, ob der Zweck einer Gesellschaft überhaupt zulasse, indirekt den Kauf der eigenen Aktien zu finanzieren. Für die Beantwortung dieser Frage ist meines Erachtens davon auszugehen, dass es im Interesse einer Gesellschaft liegen kann, einem anderen Unternehmen eingegliedert zu sein, wenn sie für sich selbst nicht lebensfähig wäre (siehe Graf, 149). Daraus ist zu folgern, dass in jenen Fällen die Hingabe des Darlehens eigentlich bejaht werden müsste, da das Unternehmen allein nicht mehr existenzfähig ist, z. B. weil es sanierungsbedürftig ist oder mit Nachfolgeproblemen kämpft. Ist mit anderen Worten die Übernahme durch eine Gruppe von Managern bezweckt, welche das Unternehmen weiterführen wollen, so sollte das Darlehen zulässig sein. Andererseits wären Darlehen als problematisch zu beurteilen, welche lediglich die Übernahme durch Personen gestatten sollen, welche nicht das Unternehmen weiterführen, sondern dieses möglichst schnell mit viel Profit weiterverkaufen wollen. Ob die Gerichte eine solche Praxis entwickeln, welche zwischen «guten» bzw. «schlechten» MBO oder LBO unterscheiden würde, kann jetzt noch nicht ersehen werden. In einem frühen, nicht publizierten – und auf Anfrage als nicht auffindbar bezeichneten – Urteil soll das Bundesgericht nämlich festgehalten haben, dass die Bezahlung des Kaufpreises aus Mitteln der übernommenen Gesellschaft unzulässig sei, weil ausserhalb des Gesellschaftszwecks liegend und erst noch gegen das Verbot des Erwerbs eigener Aktien verstossend (Walder, 39).

ee) Paulianische Anfechtungsklage

17. Sollte die Betriebsgesellschaft innerhalb von sechs Monaten nach Einräumung des Darlehens in Konkurs fallen, erhebt sich die Frage, ob nicht das Darlehen aufgrund von Art. 286 Abs. 2 Ziff. 1 SchKG angefochten werden kann, weil es in einem Missverhältnis zur Leistung der Holdinggesellschaft steht. Ist die Anfechtung erfolgreich, ist das Darlehen im Betrage des Missverhältnisses (BGE 95 III 51) zurückzugeben (Art. 291 SchKG). Um die Gefahr einer erfolgreichen Anfechtung zu verringern, muss jedenfalls die Holdinggesellschaft darauf achten, dass sie der Betriebsgesellschaft die gängigen Zinssätze bezahlt. Selbst dann ist das Problem allerdings nicht restlos behoben, weil immer noch ein Missverhältnis besteht, wenn unter Marktbedingungen ein solches Darlehen von Anfang an gar nicht in ungedeckter Form gewährt worden wäre.

d) Sicherungsverträge der Betriebsgesellschaft

aa) Sicherung zugunsten der Bank

Weiter ist zu fragen, ob die Verpfändung der Debitorenforderung und des Warenlagers zugunsten der Bank gültig ist. Aus dem Grundsatz der Akzessorietät folgt, dass – wenn die Darlehensforderung der Bank gegenüber der Betriebsgesellschaft für sich selbst schon ungültig sein sollte – auch das Pfandrecht unwirksam ist. Infolge der Akzessorietät ist die Sicherung andererseits gültig, sofern das zu sichernde Darlehen zulässig ist.

bb) Sicherung zugunsten des Verkäufers

Was die Garantie für die Bezahlung des Restkaufpreises und die Sicherung dieser Garantieverpflichtung durch das Anlagevermögen der Betriebsgesellschaft angeht, so gebietet hier zunächst der Endzweck einer AG, dass die Betriebsgesellschaft dafür durch die Holdinggesellschaft nach den marktüblichen Ansätzen entschädigt wird.

Darüber hinaus ist aufgrund der Statuten im Einzelfall zu prüfen, ob die Abgabe der Garantie vom Gesellschaftszweck gedeckt ist. Ist dies nicht schon anhand des konkreten statutarischen Zwecks auszuschliessen, so stellt sich weiter die Frage, ob Sicherheiten für eine Drittschuld, welche für die Übernahme desjenigen Unternehmens eingegangen worden ist, das die Garantie gewährt, noch durch den Gesellschaftszweck erfasst sind. Die Erwägungen hierzu müssen die gleichen sein wie diejenigen, die schon angestellt worden sind zur Frage, ob die Hingabe des Darlehens an die Holdinggesellschaft durch den Zweck der Betriebsgesellschaft gerechtfertigt ist. Überdies ist im Einzelfall zu prüfen, ob sich nicht der Verwaltungsrat durch die Abgabe der Garantie gegebenenfalls schadenersatzpflichtig macht.

Fällt die Betriebsgesellschaft innerhalb von sechs Monaten nach Gewährung der Garantie in Konkurs, so besteht für den Verkäufer das Risiko, dass die Garantie, welche zur Sicherung des Kaufpreises abgegeben worden ist, angefochten wird (Art. 286 Abs. 2 Ziff. 1 SchKG). Das Bundesgericht hat gefunden, dass die Sicherstellung einer fremden Schuld anfechtbar sein könne (BGE 95 III 52). Der Verkäufer muss daher jedenfalls darauf bestehen, dass die Betriebsgesellschaft zu marktüblichen Ansätzen für ihre Leistung entschädigt wird.

e) Schlussfolgerungen und Alternativen

Aus den dargestellten Überlegungen folgt, dass die amerikanischen Finanzierungsweisen von MBO unter Schweizer Recht nicht ohne Risiko durchführbar sind. Praktisch betrachtet funktionieren aber solche Finanzierungen, solange sich die Beteiligten an die Verträge halten und der erwirtschaftete Cash Flow der Betriebsgesellschaft für die Bedienung der Darlehen ausreicht.

23. Für die Verwendung der Aktiven zur Finanzierung des Kaufpreises lassen sich im Einzelfall Auswege suchen. Eine Möglichkeit besteht darin, dass nicht die Betriebsgesellschaft die notwendigen Darlehen aufnimmt, sondern die durch das Management gegründete Holdinggesellschaft. In diesem Falle verwendet die Holdinggesellschaft das Darlehen selber für die Bezahlung des Kaufpreises. Werden die Darlehen auf diese Weise gegliedert, entschärft sich die Problematik etwas, welche sich bei der Gewährung von Darlehen von einer Tochtergesellschaft an eine Muttergesellschaft gestellt hat, insbesondere liegt keine Entnahme von Aktiven aus der Betriebsgesellschaft vor. Es ist aber immer noch zu prüfen, ob nicht ein unzulässiges Klumpenrisiko eingegangen worden ist. Sodann werden bei dieser Konstruktion die finanzierenden Banken eine Garantie der Tochtergesellschaft als Sicherheit verlangen, bevor sie der durch das Management gegründeten Holdinggesellschaft die erforderlichen Kredite gewähren. Es fragt sich, ob eine solche Garantie – auch wenn sie gegen marktgängige Bezahlung erfolgt – im Zweck der Tochtergesellschaft liegt und ob sich nicht gegebenenfalls der Verwaltungsrat verantwortlich macht, wenn später ein Schaden eintritt.

24. Eine weitere mögliche Konstruktion besteht darin, dass die durch das Management gegründete Holdinggesellschaft die zum Erwerb der Betriebsgesellschaft notwendigen Kredite aufnimmt. Nach dem Erwerb besitzt die Holdinggesellschaft die Betriebsgesellschaft als ihre hundertprozentige Tochtergesellschaft. Sie kann nun mit der Tochtergesellschaft fusionieren und sich so deren Aktiven aneignen und daraus die aufgenommenen Kredite bedienen. Ob dieses Vorgehen zweckmässig ist, ist aufgrund der Umstände des Einzelfalles zu beurteilen. Probleme werden sich vor allem dann ergeben, wenn der Kaufpreis über dem Buchwert der zu übernehmenden Gesellschaft liegt, weil das für die Holdinggesellschaft zu einem Buchverlust und möglicherweise zu einer Überschuldung führt.

25. Schliesslich kann geprüft werden, ob nicht das Unternehmen mit Aktiven und Passiven – z.B. durch eine neugegründete Gesellschaft – erworben werden soll. Diesfalls können die Aktiven des übernommenen Unternehmens natürlich zur Finanzierung bzw. zur Besicherung des Kaufpreises verwendet werden. Es kann auch erwogen werden, allfällige Tochtergesellschaften der zu übernehmenden Betriebsgesellschaft einen gewissen Prozentsatz der Aktien der Betriebsgesellschaft vom Verkäufer erwerben zu lassen. Der Weg muss für den Einzelfall stets neu gefunden werden.

4. Zivilrechtliche Konflikte

a) Manager als Arbeitnehmer

Wenn sich die Manager untereinander oder mit weiteren Personen zusammentun, um gemeinsam auf dem Wege eines MBO «ihr» Unternehmen zu übernehmen, bilden sie in der Regel eine einfache Gesellschaft im Sinne von Art. 530 ff. OR. Als Gesellschafter unterstehen sie gewissen Pflichten (Art. 538 OR). Andererseits sind die Manager aber Angestellte der Gesellschaft, welche sie kaufen möchten, und dieser deshalb aus Arbeitsvertrag verpflichtet. Sollten sich unter den Managern gar Verwaltungsräte befinden, so sind diese zusätzlich der Gesellschaft als Organ bzw. aus Auftrag verbunden und haben auch die daraus fliessenden Pflichten zu beachten.

Infolge dieser Stellung der kaufswilligen Manager können sich im Einzelfall Konfliktsituationen ergeben, auf welche sorgfältig zu achten ist. So haben die Manager, welche Arbeitnehmer sind, die Verpflichtung, den Arbeitgeber nicht zu konkurrenzieren, und – vor allem und sogar über die Beendigung des Arbeitsvertrages hinaus – die Verpflichtung, vertrauliche Tatsachen geheim zu halten (Art. 321 a OR). Den MBO zu arrangieren setzt aber eingehende Besprechungen mit den finanzierungswilligen Banken voraus, in deren Laufe die Banken vertrauliche Informationen benötigen, um beurteilen zu können, ob sie den anbegehrten Kredit gewähren wollen. Solche Informationen können nur mit Zustimmung des Arbeitgebers, d. h. der zu übernehmenden Gesellschaft, offengelegt werden. Aus diesem Grunde ist ein MBO entgegen dem Willen der Gesellschaft kaum durchführbar, es sei denn, die Manager nehmen in Kauf, wegen Verstosses gegen ihre arbeitsvertraglichen Pflichten eingeklagt zu werden, oder es sei denn, die notwendigen Daten seien aus öffentlichen Quellen erhältlich.

b) Doppelvertretung

Die Manager leiten meistens als Organ die für den MBO errichtete Gesellschaft. Soweit sie nun gleichzeitig in der Betriebsgesellschaft als Organ verbleiben, besteht für Verträge zwischen der von den Managern gegründeten Gesellschaft und der Betriebsgesellschaft der Vorbehalt der Doppelvertretung. Nach Bundesgericht ist bei Interessenskollisionen die Doppelvertretung nicht zulässig (BGE 63 II 173); die entgegen diesem Verbot abgeschlossenen Verträge sind nicht verbindlich, es sei denn, sie würden nachträglich genehmigt. Die Manager müssen deshalb darauf achten, dass für die Betriebsgesellschaft Dritte und nicht Personen aus ihrem Kreis handeln.

5. Strafrechtliche Schranken

29. Die Gefahr strafrechtlicher Verfolgung besteht besonders dann, wenn ein MBO misslingt und die beteiligten Gesellschaften in Konkurs fallen (siehe besonders Art. 165 StGB zum leichtsinnigen Konkurs). Aber selbst wenn ein Konkurs nicht eintritt, sind gewisse strafrechtliche Schranken zu berücksichtigen, welche nachfolgend erörtert werden. Nicht weiter eingegangen wird dabei aber auf die subjektiven Tatbestandsmerkmale (Vorsatz), für die im Einzelfall zu entscheiden ist, ob sie vorliegen. Es genügt die Feststellung, dass sowohl Insiderhandel wie ungetreue Geschäftsführung Vorsatz zur Strafbarkeit voraussetzen.

a) Verbot des Insiderhandels

30. Wenn ein MBO mit dem Erwerb von börslich oder vorbörslich gehandelten Effekten verknüpft ist, beispielsweise indem die Manager Aktien der zu übernehmenden Gesellschaft kaufen, stellt sich die Frage, ob verpönter Insiderhandel nach Art. 161 StGB vorliegt.

31. Als Täter kommen die Manager durchaus in Betracht, selbst wenn sie nicht Mitglieder des Verwaltungsrates sind, denn in Art. 161 StGB wird auch die «Geschäftsleitung» zum möglichen Täterkreis gezählt. So ist weiter zu fragen, ob der Kauf der Aktien unter der weiteren Strafbarkeitsvoraussetzung der Kenntnis einer vertraulichen Tatsache erfolgt, welche sich bei Bekanntwerden auf den Börsenkurs auswirkt. Dies wird man wohl bejahen müssen, denn aufgrund seiner Stellung kennt das Management viele vertrauliche Tatsachen, welche sich auf den Preis niederschlagen würden, wären sie bekannt. Auch ist gerade die Übernahme durch das Management eine Tatsache, die den Kurs beeinflussen und den Verkäufer unter Umständen dazu bewegen würde, nicht zu verkaufen, sondern zuzuwarten.

32. Gleichwohl ist die Strafbarkeit abzulehnen und zwar deswegen, weil das Management die Aktien nicht mit dem Ziel kauft, sich oder einem anderen einen Vermögensvorteil zu verschaffen, was eine weitere Bedingung ist, die erfüllt sein muss, damit strafbarer Insiderhandel vorliegt. Vielmehr kauft das Management die Aktien mit dem Ziel, die Leitung des Unternehmens – nunmehr in der Stellung als Eigentümer – wahrzunehmen. Sofern sich dadurch ein Vermögensvorteil ergibt, ist dies ein beiläufiger Effekt, aber nicht Grund für den Kauf (siehe Schmid, N 242 ff.). Das Risiko, straffällig zu werden, kann noch weiter vermindert werden, indem die Manager die Aktien durch eine Holding kaufen lassen, welche nach Vollzug des MBO dann als Leitungseinheit auftritt. Andererseits ist doch darauf hinzuweisen, dass jenes Management, das den MBO bloss durchführt, um alsogleich die Aktien mit Gewinn weiterzuverkaufen, des illegalen Insiderhandels strafbar werden kann.

b) Ungetreue Geschäftsführung

Auch hier kommen die Manager als mögliche Täter in Frage, denn das Bundesgericht hat festgehalten, dass sich auch Angestellte der ungetreuen Geschäftsführung im Sinne von Art. 159 StGB schuldig machen können, soweit sie nicht bloss untergeordnete Aufgaben wahrnehmen (BGE 86 IV 14). 33.

Den Geschäftsführer trifft die Pflicht, das Gesellschaftsvermögen zu erhalten und zudem keine Handlungen vorzunehmen, die zu einer Schwächung des Gesellschaftsvermögens führen (BGE 97 IV 13; 100 IV 114). Auch das Eingehen unüblicher Risiken kann den Tatbestand erfüllen (BGE 105 IV 190). 34.

Wird ein MBO aus Mitteln der Betriebsgesellschaft finanziert, besteht angesichts dieser Rechtsprechung eine beachtenswerte Gefahr, dass die Manager sich der ungetreuen Geschäftsführung schuldig machen. Um diese Gefahr zu mindern, sollten die Manager bei einem MBO nicht für die Betriebsgesellschaft handeln. Auch sollte darauf geachtet werden, die Verträge mit der Betriebsgesellschaft zu möglichst marktkonformen Bedingungen aufzusetzen. Ferner sollte die Zustimmung der Eigentümer der AG eingeholt werden, auch wenn einzuräumen ist, dass das für sich selbst noch nicht entscheidend ist (BGE 97 IV 16). 35.

§ 7 Der Unternehmenskauf

I. Vorbemerkungen

1. Wie bereits dargelegt, werden Unternehmen durch Kauf, Tausch, Sacheinlage oder Fusion erworben bzw. zusammengeschlossen. Für den Kauf lassen sich der Kauf von Aktiven und Passiven und der Kauf von Gesellschaftsanteilen unterscheiden. Im Rahmen dieses Abschnitts werden einige für den Unternehmenskaufvertrag rechtlich wesentliche Punkte herausgegriffen und speziell erörtert. Ferner kommen in einem Zusatz einige für Sacheinlage-, Sachübernahme- und Fusionsverträge rechtlich bedeutungsvolle Aspekte zur Sprache.

II. Kaufpreis

1. Ermittlung

2. Üblicherweise vereinbaren die Parteien einen Gesamtkaufpreis für das ganze Unternehmen, und zwar nicht nur beim Kauf von Gesellschaftsanteilen, sondern auch beim Kauf eines Unternehmens mit Aktiven und Passiven. Oft wird ein vorläufiger *Kaufpreis* festgesetzt, und die Parteien behalten sich Anpassungen aufgrund einer noch zu erstellenden oder noch zu revidierenden Übernahmebilanz vor. Die Parteien einigen sich in ihrem Vertrag darüber, wer für die Erstellung der Übernahmebilanz verantwortlich und nach welchen Grundsätzen diese zu errichten ist. Für grössere Transaktionen wird eine Revisionsgesellschaft beauftragt, die Übernahmebilanz zu prüfen, wobei sich die Parteien darauf einigen, dass das Ergebnis für beide verbindlich sein soll. Bei einer solchen Verabredung handelt es sich um einen Schiedsmann- oder Schiedsgutachtervertrag (BGE 67 II 148), welcher als privatrechtlicher Vertrag den allgemeinen Einreden und Beschränkungen des Vertragsrechts unterliegt. Diese Auffassung ist allerdings nicht unumstritten (Sträuli/Messmer, N 2 zu § 258 ZPO), denn gewisse Zivilprozessordnungen, wie beispielsweise diejenige Zürichs (§ 258), enthalten Bestimmungen zu Schiedsgutachten. Danach darf insbesondere keiner der beteiligten Parteien eine Vorzugsstellung gewährt werden, was etwa der Fall wäre, wenn die Kontrollstelle der einen Partei als Schiedsgutachterin eingesetzt würde (ZR 85 Nr. 89). Vom Schiedsgutachtervertrag ist der Schiedsgerichtsvertrag zu unterscheiden, welcher als prozessrechtlicher Vertrag nach einhelliger

Meinung neben den Bestimmungen des Privatrechts insbesondere auch den einschlägigen Regelungen des Zivilprozessrechts unterworfen ist (BGE 85 II 149).

Statt den Kaufpreis bloss vorläufig festzusetzen, können die Parteien, gestützt auf die letzte Jahresbilanz, einen *Festpreis* vereinbaren. In diesem Falle ergeben sich Anpassungen des Kaufpreises nur noch auf der Grundlage nichtgehöriger Erfüllung aus Gewährleistung oder – wie zu sehen sein wird – wegen Willensmängeln. 3.

2. Zahlungsmodalitäten

a) Fälligkeit und Erfüllungsort

Ist im Vertrag nichts anderes vereinbart, so ist der Kaufpreis sogleich fällig (Art. 75 OR). Der Käufer kann diesfalls die Zahlung nur verweigern, wenn der Verkäufer nicht seinerseits bereits den Vertrag erfüllt hat oder Erfüllung anbietet (Art. 82 OR). Recht häufig machen die Parteien ab, dass der Kaufpreis in *Raten* zu bezahlen ist, insbesondere wenn der Preis durch eine Revision erst noch endgültig ermittelt werden muss. In solchen Fällen sind die noch ausstehenden Teile des Kaufpreises meistens zu verzinsen. Die Bezahlung in Raten ist vorteilhaft für den Käufer. Stellen sich nämlich nach Vertragsschluss gewisse Zusicherungen als nicht zutreffend heraus, so hat er die Möglichkeit, seine Ansprüche aus Gewährleistung mit der noch ausstehenden Kaufpreisforderung zu verrechnen. Darüber hinaus sind möglicherweise gewisse Bestimmungen über den Abzahlungsvertrag anwendbar (siehe vor allem Art. 226 lit. m Abs. 4 OR). 4.

Erfüllungsort ist mangels anderer vertraglicher Abmachung der Wohnsitz des Verkäufers zur Zeit der Erfüllung, denn Geldschulden sind sog. Bringschulden (Art. 74 Abs. 2 Ziff. 1 OR). 5.

b) Sicherheiten

Ist der Kaufpreis in Raten zu bezahlen, so stellt sich für den Verkäufer die Frage, wie seine Forderung gesichert werden kann. Für den Verkauf von Gesellschaftsanteilen ist es – wie bereits bei der Darstellung der MBO erörtert – mit etlichen rechtlichen Schwierigkeiten verbunden, für die Sicherung Mittel der gekauften Gesellschaft zu verwenden. Im Falle des Verkaufes eines Unternehmens mit Aktiven und Passiven bieten sich die *verkauften Aktiven als dingliche Sicherheiten* an, insbesondere die Grundstücke. 6.

Die Parteien machen häufig ab, dass der Unternehmenskaufvertrag erst zu einem späteren Zeitpunkt vollzogen werden soll. Der Kaufpreis wird dann 7.

zum vereinbarten Stichdatum ganz oder teilweise fällig. Nicht selten versucht der Verkäufer, vom Käufer schon im Zeitpunkt des Vertragsschlusses eine *Anzahlung* an den Kaufpreis zu erhalten. Begründet wird dies damit, erst eine solche Anzahlung belege die Ernsthaftigkeit und Kreditwürdigkeit des Käufers. Eine Anzahlung ist für den Verkäufer auch von Vorteil, falls es nicht zum Vollzug des Verkaufs kommt. Er ist dann in einer besseren Verhandlungsposition für allfällige Ersatzforderungen. Tatsächlich lässt sich nicht ausschliessen, dass der Wert eines Unternehmens abnimmt, wenn der Käufer das Unternehmen schliesslich doch nicht übernimmt, z. B. weil das Management in Erwartung des Verkaufs bereits gekündigt hat.

c) Escrow Agreement

8. Wird der Kaufpreis in Raten bezahlt und handelt es sich um einen Kauf von Aktien, dann wird der gegenseitige Austausch der Leistungen nicht selten über ein sog. Escrow Agreement abgewickelt. So vereinbaren die Parteien in ihrem Kaufvertrag, dass die Aktien bis zur Bezahlung der letzten Rate bei einem Dritten, dem sog. Escrow Agent, hinterlegt und erst dann dem Käufer ausgeliefert werden sollen. Zu diesem Zweck unterzeichnen sie mit einem Dritten ein Escrow Agreement. Das Escrow Agreement ist ein *Innominatskontrakt,* also ein Vertrag, welcher im Gesetz nicht als solcher geregelt ist. Es enthält Elemente des Hinterlegungsvertrages, der Sequestration, der Anweisung und der Pfandhalterschaft, wobei es sich aber unter keine dieser Rechtsformen abschliessend einordnen lässt. Daher empfiehlt es sich für die Parteien, in ihrem Vertrag möglichst alle regelungsbedürftigen Punkte ausdrücklich zu regeln. Dazu gehören Bestimmungen über (i) die Instruktion an den Escrow Agent (dürfen die Parteien einzeln oder nur gemeinsam instruieren?), (ii) die Ausübung des Stimmrechtes für die Aktien (wer kann, darf und muss das Stimmrecht ausüben?), (iii) den Anspruch auf allfällige Erträge (Dividenden, Bezugsrechte, Gratisaktien, Zinsen), (iv) die Herausgabe der hinterlegten Aktien bzw. des Kaufpreises (Herausgabe gegen gemeinsame Instruktion der Parteien, gegen Gerichtsurteil, gegen Vorlage eines Affidavit?), (v) das Rückgaberecht des Escrow Agent (wann darf er die Aktien bzw. den Kaufpreis zurückgeben?), (vi) die Beendigung des Escrow Agreement (feste Vertragszeit, Kündigungsmöglichkeiten, Recht des Escrow Agent, bei einem Dritten zu hinterlegen, beispielsweise bei einem Gericht), (vii) das Honorar des Escrow Agent und (viii) das anwendbare Recht und den Gerichtsstand.

9. Manchmal wird bei einem Dritten lediglich der Kaufpreis deponiert, bis die Revision abgeschlossen und der Kaufpreis endgültig festgesetzt worden ist. In gewissen Fällen dient das Escrow Agreement sodann in erster Linie der Sicherung der Gewährleistungspflicht des Verkäufers.

III. Nutzen und Gefahr

1. Bedeutung und Folgen

Als «Gefahr» wird das Risiko einer Vermögensverminderung durch 10. Eintritt eines zufälligen Ereignisses, als «Nutzen» die Gesamtheit der auf den Käufer übergehenden Vorteile bezeichnet (Giger, N 7, 21 zu Art. 185 OR). Zinsen oder Dividenden, welche vor dem Übergang des Nutzens fällig geworden sind, gehören dem Verkäufer, diejenigen, welche nachher fällig werden, fallen an den Käufer. Der Augenblick des Übergangs der Gefahr ist entscheidend für die Frage, wer den Schaden trägt, wenn der Kaufgegenstand im Zeitraum zwischen Vertragsabschluss und Übereignung untergeht oder sich verschlechtert. Ist die Gefahr bereits übergegangen, muss der Käufer – vorbehältlich eines Verschuldens des Verkäufers – den Kaufpreis trotzdem voll bezahlen, auch wenn der Kaufgegenstand bereits untergegangen ist. Weiter ist der Gefahrsübergang entscheidend für die Frage der Sachgewährleistung, muss doch die Ware in dem Moment mängelfrei sein, in dem die Gefahr übergeht.

Verabreden die Parteien nichts im Vertrag, so gilt für bewegliche Sachen, 11. einschliesslich Forderungen, grundsätzlich, dass Nutzen und Gefahr mit Vertragsabschluss auf den Käufer übergehen (Art. 185 Abs. 1 OR). Für Grundstücke findet der Übergang dagegen mit der Übernahme des Grundstückes statt, sofern für die Übernahme ein bestimmter Zeitpunkt abgemacht worden ist (Art. 220 OR). Der Verkäufer muss berücksichtigen, dass ihn, falls Gefahr und Nutzen bereits mit Vertragsschluss übergegangen sind, die Pflicht zur Verwahrung der Sache trifft, und er nach den allgemeinen Grundsätzen von Art. 97 ff. OR schadenersatzpflichtig werden kann, wenn er seiner Verpflichtung nicht gehörig nachkommt.

2. Closing

Ist der Kauf unter einer aufschiebenden Bedingung abgeschlossen worden, 12. gehen Nutzen und Gefahr erst mit dem Eintritt der Bedingung auf den Käufer über (Art. 185 Abs. 3 OR). Unternehmenskaufverträge werden häufig Bedingungen unterstellt, sog. *«Conditions of Closing»*. Im einzelnen ist zu prüfen, ob es sich dabei um aufschiebende oder auflösende Bedingungen handelt. Aufschiebend ist eine Bedingung, wenn der Vertrag erst verbindlich wird, wenn die Bedingung erfüllt ist. Als auflösend wird eine Bedingung bezeichnet, wenn bei ihrem Eintreffen der Vertrag aufgelöst wird. Liegen auflösende Bedingungen vor, bleibt es bei der allgemeinen Regel, wonach Gefahr und Nutzen mit Vertragsschluss übergehen. Die

«Conditions of Closing» sind jedoch mehrheitlich als aufschiebende Bedingungen abgefasst, und somit gehen Nutzen und Gefahr erst über, wenn die Bedingungen erfüllt sind.

13. Die Parteien setzen vertraglich meistens einen *Übergangsstichtag (Closing)* fest, an welchem der Kaufgegenstand und die damit verbundenen Rechte und Pflichten gegen Bezahlung des Kaufpreises auf den Käufer übergehen sollen. Daraus, und weil ausserdem der Vollzug des Verkaufes meistens von aufschiebenden Bedingungen (z. B. Vorliegen von behördlichen Bewilligungen, Revisionsbericht, Zustimmungen von Drittparteien) abhängig gemacht wird, ist zu folgern, dass der Übergangsstichtag auch den entscheidenden Zeitpunkt für den Übergang von Nutzen und Gefahr darstellt. Die Parteien sind aber frei, von dieser Regel abzuweichen. Tatsächlich tun sie das hie und da auch. Sie einigen sich beispielsweise darauf, dass Gewinne und Verluste während der Zeit bis zum Closing nach gewissen Grundsätzen zwischen ihnen verteilt werden, oder sie machen ab, dass der Verkauf rückwirkend wirksam sein soll.

14. Da der Nutzen zum Zeitpunkt des Closing übergeht, gehören die Dividenden auf den verkauften Aktien, welche nach dem Closing fällig werden, dem Käufer. Dies muss für die Bestimmung des Kaufpreises berücksichtigt werden, denn weil die Dividenden aus dem Ertrag des vorgehenden Geschäftsjahres ausgeschüttet werden, kommen dem Käufer so eigentlich Erträge zugute, welche unter der Kontrolle des Verkäufers erwirtschaftet wurden. Statt dies für die Preisfestsetzung in Rechnung zu stellen, behält sich der Verkäufer manchmal vor, dass ihm die Dividende oder ein Teil davon bei Fälligkeit nach dem Closing bezahlt werden soll. Wegen Abgrenzungsschwierigkeiten und wegen des weiten Spielraums, welche die neue Verwaltung für die Festsetzung des Ertrags hat, ist dieses Vorgehen aber nicht zu empfehlen.

15. Da zwischen Vertragsabschluss und Übergangsstichdatum unter Umständen eine verhältnismässig lange Zeitspanne liegt, machen die Parteien meistens ab, wie das Unternehmen in dieser Zeit zu führen ist. Ist nichts verabredet, so bleibt der Verkäufer für die Leitung des Unternehmens allein zuständig. Der Käufer lässt sich deshalb häufig zusichern, dass das Unternehmen während der Übergangszeit nur nach dem gewöhnlichen Geschäftslauf zu führen und für bedeutendere Geschäftsentscheide der Käufer vorgängig zu konsultieren ist. Abzuraten ist von einer Lösung, wonach der Käufer bereits vor dem Closing die Leitung übernimmt. Kommt es wider Erwarten nicht zum Vollzug des Vertrages, dann ergeben sich nämlich grosse Schwierigkeiten, beispielsweise wenn der Käufer Entscheide getroffen hat, die sich nicht mehr rückgängig machen lassen.

16. Da der Übergangsstichtag auch für allfällige Gewährleistungsansprüche entscheidend ist, sollte sich der Käufer Zusicherungen des Verkäufers nicht nur auf den Zeitpunkt des Abschlusses des Kaufvertrages, sondern vor allem auch auf den Übergangsstichtag geben lassen.

IV. Erfüllungsstörungen

1. Übersicht

Erbringt eine der Parteien ihre vertraglich geschuldete Leistung nicht oder nicht rechtzeitig, stehen die Rechtsbehelfe gemäss Art. 97 ff. OR sowie die speziellen kaufvertraglichen Regelungen gemäss Art. 190/191 OR (Verzug des Verkäufers) und Art. 214/215 OR (Verzug des Käufers) zur Verfügung.

Für Rechts- und Sachmängel sind grundsätzlich die besonderen Vorschriften über die Gewährleistung bei Kaufverträgen anwendbar (Art. 192 ff. OR).

Im Falle von Willensmängeln bei Vertragsabschluss kann der Vertrag infolge Irrtum oder Täuschung angefochten werden (Art. 23 ff. OR).

2. Nichterfüllung oder verspätete Erfüllung

a) Seitens des Käufers

Durch den Kaufvertrag verpflichtet sich der Käufer, dem Verkäufer den Kaufpreis zu bezahlen (Art. 184 OR). Erfüllt der Käufer seine *Preiszahlungspflicht* nicht oder nicht rechtzeitig, dann steht es dem Verkäufer nach den allgemeinen obligationenrechtlichen Bestimmungen über verspätete Erfüllung von zweiseitigen Verträgen (Art. 107-109 OR) frei, den Käufer zu mahnen, ihm eine Nachfrist zur Bezahlung anzusetzen – auf der Erfüllung also zu bestehen – und Schadenersatz wegen Verspätung zu verlangen. Geht er so vor, hat er den Vertrag weiterhin selber zu erfüllen. Statt auf Erfüllung zu beharren, kann der Käufer, wenn er dies unverzüglich nach Ablauf der Nachfrist erklärt hat, auf die nachträgliche Zahlung verzichten und entweder am Vertrag festhalten oder vom Vertrag zurücktreten. Hält er am Vertrag fest, so hat er einen Schadenersatzanspruch im Sinne des sog. positiven Vertragsinteresses, d. h., er muss so gestellt werden, wie wenn der Vertrag erfüllt bzw. rechtzeitig erfüllt worden wäre. Zum Schaden in diesem Sinne gehört insbesondere der entgangene Gewinn. Tritt der Verkäufer vom Vertrag zurück, dann fällt der Vertrag rückwirkend («ex tunc») dahin, und allenfalls schon erbrachte Leistungen sind zurückzuerstatten. Als Schadenersatz steht hier dem Verkäufer das sog. negative Vertragsinteresse zu, d. h., er wird so gestellt, wie wenn er sich nicht auf den Vertrag eingelassen hätte. Demzufolge sind ihm insbesondere seine Aufwendungen zu ersetzen.

Eine Mahnung erübrigt sich für *Verfalltagsgeschäfte* (Art. 102 OR). Von solchen wird gesprochen, wenn nach Vereinbarung der Parteien das Ausbleiben der Leistung zum Fälligkeitsdatum den unmittelbaren Verzug der säumigen Partei bewirken soll. Eine Nachfrist braucht nicht gewährt zu werden, wenn es sich um ein sog. *Fixgeschäft* handelt. Ein solches liegt vor, wenn sich aus dem Vertrag die Absicht ergibt, dass die Leistung genau zu einer bestimmten Zeit erfolgen sollte (Art. 108 Ziff. 3 OR). Unternehmensverkäufe sind gewöhnlich Verfalltagsgeschäfte. Ob auch ein Fixgeschäft vorliegt, ist im Einzelfall zu prüfen.

22. Bei Verzug muss der Käufer *Verzugszinsen* zu 5% auf dem Kaufpreis bezahlen, selbst wenn ihn kein Verschulden trifft (Art. 104 OR).

23. Hingegen setzt *Schadenersatz* nebst dem Nachweis des Schadens ein Verschulden des Käufers voraus, welches nach Art. 97 Abs. 1 OR vermutet wird. Der Käufer muss den Beweis führen, dass ihn kein Verschulden trifft.

24. Es steht dem Verkäufer auch frei, nach den speziellen Bestimmungen des Kaufvertrages vorzugehen (Art. 214/215 OR). Liegt ein Kreditkauf vor, hat der Verkäufer nur dann ein Rücktrittsrecht, wenn er sich dies ausdrücklich vorbehalten hat (Art. 214 Abs. 3 OR). Ein Kreditkauf wird angenommen, wenn der Kaufpreis im Zeitpunkt der Verschaffung des Besitzes am Kaufgegenstand noch nicht vollständig beglichen worden ist (Giger, N 23 zu Art. 214 OR). Wenn für einen Aktienkauf Ratenzahlungen vorgesehen sind, also ein Kreditkauf vorliegt, die Aktien aber bei einem Escrow Agent hinterlegt sind, wird man unterstellen dürfen, dass sich der Verkäufer das Rücktrittsrecht vorbehalten hat (siehe BGE 90 II 292).

25. Kann und will der Verkäufer nach Art. 214/215 OR vorgehen, so muss er im Unterschied zu den allgemeinen Vorschriften (Art. 107/108 OR) dem Käufer sofort anzeigen, wenn er von seinem Rücktrittsrecht Gebrauch machen will (Art. 214 Abs. 2 OR). Der Vertrag fällt dann rückwirkend dahin, und der Verkäufer kann Ersatz des negativen Interesses verlangen. Aus Art. 215 OR folgt für den kaufmännischen Verkehr, dass der auf die verspätete Zahlung des Käufers verzichtende Verkäufer die Differenz zwischen dem Erlös des anderweitigen Verkaufs des Unternehmens und dem vereinbarten Kaufpreis fordern kann (sog. Differenztheorie). Hat das Unternehmen einen Markt- oder Börsenpreis, was im Falle des Verkaufes von kotierten oder sonst gehandelten Aktien zutrifft, so kann der Verkäufer die Differenz zwischen dem Vertragspreis und dem Markt- und Börsenpreis der Aktien zur Erfüllungszeit als Schadenersatz verlangen, ohne einen effektiven Verkauf des Unternehmens an einen Dritten nachzuweisen und ohne das Unternehmen dem Käufer zur Verfügung zu halten.

26. Neben der Zahlungspflicht können im Vertrag noch *weitere Pflichten des Käufers* vorgesehen werden, z. B. jene, den Kaufgegenstand, nämlich die Aktien oder die das Unternehmen ausmachenden Aktiven, vom Verkäufer abzunehmen oder jene, das Unternehmen in einem bestimmten Sinne weiterzuführen. Durch vertragliche Auslegung ist zu ermitteln, ob es sich dabei um Neben- oder Hauptpflichten handelt. Die Verletzung einer Hauptpflicht führt grundsätzlich zu den gleichen Rechtsfolgen, wie wenn der

Kaufpreis nicht oder nicht rechtzeitig bezahlt worden ist, d. h., der Verkäufer kann auf Erfüllung beharren oder vom Vertrag zurücktreten. Dagegen kann er nur Schadenersatz verlangen, jedoch insbesondere nicht vom Vertrag zurücktreten, wenn der Käufer bloss eine Nebenpflicht missachtet.

b) Seitens des Verkäufers

Der Verkäufer ist verpflichtet, dem Käufer den Kaufgegenstand zu übergeben und ihm das Eigentum daran zu verschaffen (Art. 184 Abs. 1 OR). Erbringt der Verkäufer seine Leistung nicht oder nicht rechtzeitig, so kann der Käufer nach den allgemeinen Regeln von Art. 97 ff. OR, insbesondere nach den auf zweiseitige Verträge anwendbaren Vorschriften (Art. 107–109 OR), vorgehen. Er kann also (i) auf nachträglicher Erfüllung beharren und Verspätungsschaden geltend machen, (ii) auf nachträgliche Erfüllung verzichten und Schadenersatz im Sinne des positiven Vertragsinteresses verlangen, oder (iii) vom Vertrag zurücktreten und Schadenersatz im Sinne des negativen Vertragsinteresses fordern. Praktisch betrachtet stellen sich dem Käufer grosse Schwierigkeiten, falls er auf das positive Vertragsinteresse klagt, weil es beim Unternehmenskauf schwer fällt, den entgangenen Gewinn zu beweisen. Eine Ausnahme bildet der Fall, in welchem der Käufer das Unternehmen lediglich zum Zwecke des Weiterverkaufes erworben hat und belegen kann, dass ein Dritter bereit war, einen höheren Preis zu bezahlen.

27.

Im Normalfall nützt dem Käufer des Unternehmens auch die Spezialregelung gemäss Art. 190/191 OR nichts, wonach für den kaufmännischen Verkehr präsumiert wird, dass der Käufer auf die nachträgliche Leistung des Verkäufers verzichte. Die in Art. 191 Abs. 2 OR vorgesehene konkrete Schadensberechnung (Schaden als Differenz zwischen dem Kaufpreis und dem Preis, um den sich der Käufer für die nicht gelieferte Sache Ersatz erworben hat) lässt sich für einen Unternehmenskauf normalerweise nicht sinnvoll anwenden, denn es ist nicht klar, was als Ersatz für ein Unternehmen zu betrachten ist. Ob die Berechnung nach Art. 191 Abs. 3 OR (Schaden als Differenz zwischen Vertragspreis und Markt- bzw. Börsenpreis) vorteilhaft ist, ist im Einzelfall zu prüfen.

28.

Vor allem wenn ein Unternehmen mit Aktiven und Passiven gekauft wird, stellt sich die Frage, ob der Käufer gehalten ist, *Teilleistungen* anzunehmen. Entscheidend für die Beantwortung sind zunächst die vertraglichen Abmachungen. Wenn im Vertrag vereinbart ist, dass die zu übertragenden Unternehmensgüter gesamthaft an einem Fälligkeitstag zu übergeben sind, so braucht der Käufer Teilleistungen nicht zu akzeptieren (BGE 75 II 137). Sind hingegen verschiedene Fälligkeiten vorgesehen, beurteilt sich die Frage, ob der Verkäufer den Vertrag rechtzeitig erfüllt habe, mit Bezug auf

29.

die einzelnen Aktiven getrennt. Hat der Käufer einzelne Leistungen akzeptiert, ob er nun dazu verpflichtet war oder nicht, fragt sich weiter, welches die Rechtsfolgen sind, wenn der Verkäufer danach mit der Übertragung der übrigen Aktiven in Verzug gerät. An sich kann der Käufer für den fälligen Rest nach den Bestimmungen über den Verzug vorgehen, und der schon erfüllte Teil des Vertrages bleibt unberührt. Dies wird jedoch für den Unternehmenskauf den Interessen nicht gerecht, jedenfalls dann nicht, wenn die Güter, mit denen der Verkäufer in Verzug liegt, für den Unternehmensbetrieb notwendig sind. Da diesfalls die bereits geleisteten Teile für den Käufer ohne Interesse sind, muss es ihm frei stehen, nach den Verzugsbehelfen für die gesamte Leistung des Verkäufers (Bucher, 382) vorzugehen. Das bedeutet insbesondere, dass er nachträglich auf die gesamte Leistung des Verkäufers verzichten und vom Vertrag zurücktreten kann, wobei er die bereits empfangenen Unternehmensgüter zurückzuerstatten hat.

c) Einrede des nichterfüllten Vertrages

30. Vorbehältlich anderslautender Abmachungen sind im Kaufvertrag die Leistungen Zug um Zug zu erfüllen (Art. 184 Abs. 2 OR). Ein weiterer möglicher Behelf ist für die Parteien deshalb die Einrede des nicht erfüllten Vertrages (Art. 82 OR). Danach braucht bei zweiseitigen Verträgen eine Partei nicht zu leisten, wenn die Gegenpartei nicht ihrerseits bereits geleistet hat oder ihre Leistung nicht gehörig anbietet. Wenn also beispielsweise in einem Kaufvertrag über Aktien abgemacht ist, dass die Aktien zu einem bestimmten Zeitpunkt gegen Zahlung des Kaufpreises hinzugeben sind, ist der Verkäufer frei, seine Aktien zurückzuhalten, wenn der Käufer nicht Zug um Zug zu bezahlen bereit ist.

3. Gewährleistung für Mängel

31. Die Gewährleistung des Verkäufers umfasst die Gewährleistung des veräusserten Rechtes *(Rechtsgewährleistung)* sowie die Gewährleistung wegen Mängel der Kaufsache *(Sachgewährleistung)*.

a) Rechtsgewährleistung

aa) Voraussetzungen und Folgen

32. Durch den Kaufvertrag ist der Verkäufer verpflichtet, dem Käufer Eigentum am Kaufgegenstand zu verschaffen. Gemeint ist unbeschwertes Eigen-

tum, was bedeutet, dass am Kaufgegenstand nicht anderweitige dingliche Rechte – auch keine beschränkten dinglichen Rechte (Pfandrechte, Nutzniessungsrechte) – bestehen dürfen. Die Haftung für Rechtsmängel ist an die Voraussetzung geknüpft, dass (i) der Käufer den Kaufgegenstand erhalten haben muss, ansonsten die Behelfe über die Nichterfüllung gemäss Art. 97 ff. OR zum Zuge kommen, (ii) dem Käufer die Sache entzogen worden sein muss oder die Gefahr dazu besteht, weil ein anderer ein besseres Recht an der Sache geltend macht, und (iii) der Rechtsmangel schon zur Zeit des Vertragsabschlusses bestanden hat (Art. 192 Abs. 1 OR). Bei vollständiger Entwehrung, d. h., wenn der Käufer die Sache vollumfänglich herausgeben muss, wird der Kaufvertrag als aufgehoben betrachtet, und der Käufer hat die in Art. 195 OR genannten Forderungen, inklusive Recht auf Schadenersatz. Bei teilweiser Entwehrung, z. B. wenn die verkaufte Sache mit einer dinglichen Last beschwert ist (Pfandrecht, Nutzniessungsrecht), kann der Käufer an sich nur Schadenersatz verlangen (Art. 196 Abs. 1 OR). Grundsätzlich können die Parteien die Gewährleistung ausschliessen, für Unternehmenskäufe ist dies aber selten. Ein Ausschluss wäre aber ungültig, wenn der Verkäufer das Recht des Dritten absichtlich verschwiegen hat (Art. 192 Abs. 3 OR).

In der Anwendung der Rechtsgewährleistungspflicht auf den Unternehmenskauf ist zu unterscheiden, ob die Gesellschaftsanteile oder ob das Unternehmen mit Aktiven und Passiven gekauft wird.

33.

bb) Verkauf eines Unternehmens mit Aktiven und Passiven

Im Falle des Verkaufes von Aktiven und Passiven sind die praktischen Auswirkungen der Rechtsgewährleistungspflicht verhältnismässig gering. Dies deswegen, weil nach den Grundsätzen des Sachenrechts der gutgläubige Käufer, d. h. derjenige, der gutgläubig annahm, der Verkäufer sei zum Verkauf befugt gewesen, das Eigentum oder ein beschränktes dingliches Recht am einzelnen Unternehmensgut auch dann erlangt, wenn der Verkäufer selber gar nicht Eigentümer oder zur Veräusserung nicht befugt war (Art. 714 Abs. 2, 933 ZGB). Im Falle von Grundstücken darf sich der Käufer ausserdem in gutem Glauben auf den Grundbucheintrag verlassen (Art. 973 ZGB). Für Forderungen gelten ohnehin besondere Bestimmungen, indem der Verkäufer nach Art. 171 OR für den Bestand (aber nicht für die Bonität) der Forderung zur Zeit der Abtretung haftet (Art. 171 Abs. 1 OR), so dass dafür die Vorschriften über Rechtsgewährleistung zum Kaufvertrag nicht anwendbar sind. Rechtliche Eigenschaften einer Sache werden darüber hinaus als Sachmängel betrachtet und entsprechend unter die Sachgewährleistungspflicht eingeordnet (z. B. Verkauf von Nachahmungen patentgeschützter Waren). Erheblich kann die Rechtsgewährleistungspflicht aller-

34.

dings sein, wenn sich unter den verkauften Aktiven auch Patentrechte befinden. Wird ein Patent als nichtig erklärt, haftet der Verkäufer nach den Vorschriften über die Rechtsgewährleistung (BGE 57 II 403). Gleiches gilt für die anderen Immaterialgüterrechte.

cc) Verkauf von Anteilen

35. Für Gesellschaftsanteile ist zu unterscheiden, ob sie in Wertpapieren verkörpert sind oder nicht. Im Falle von Inhaber- und Namenaktien gilt ebenfalls der Gutglaubensschutz des Erwerbers. War der Erwerber bezüglich der Legitimation des Verkäufers also gutgläubig, dann erwirbt er Eigentum an den Inhaber- und Namenaktien; die Frage der Rechtsgewährleistung stellt sich deshalb gar nicht. Für Rektaaktien gibt es zwar keinen Gutglaubensschutz, doch kann auch hier die Aktie vom Erwerber in der Regel nicht herausgefordert werden, weil der Käufer sich auf die Zessionsurkunde, welche frühere Übergänge festhält, verlassen darf (Baldi, 57). Bei nicht wertpapiermässig verbrieften Mitgliedschaftsrechten sollen dagegen die Rechtsgewährleistungspflichten anwendbar sein (Baldi, 58 ff.).

36. Es fragt sich, ob die Gewährleistungspflicht nur die Gesellschaftsanteile oder auch das Unternehmen miterfasst, über welches der Käufer mittels der gekauften Gesellschaftsanteile letztlich verfügen will. Hierfür gelten die gleichen Regeln, die nachstehend zur Sachgewährleistung angeführt werden. Das Problem ist vorliegend jedoch weniger von Belang, da die Rechtsgewährleistung verhältnismässig selten zum Zuge kommt. Will der Verkäufer trotzdem Klarheit schaffen, ist ihm zu empfehlen, im Vertrag allfällige Drittrechte an den Unternehmensgegenständen, insbesondere Pfandrechte, offenzulegen, weil dann der Käufer die Gefahr der Entwehrung kannte, und der Verkäufer nur noch insofern Gewähr zu leisten hat, als er sich ausdrücklich dazu verpflichtet hat (Art. 192 Abs. 2 OR). Will umgekehrt der Käufer sicherstellen, dass der Verkäufer für Rechtsmängel geradestehen muss, sollte er sich entsprechende vertragliche Zusicherungen machen lassen.

b) Sachgewährleistung

aa) Allgemeine Voraussetzungen und Folgen

37. Damit der Käufer Sachgewährleistungsansprüche geltend machen kann, (i) muss ein Sachmangel vorliegen, und zwar zum Zeitpunkt des Gefahrüberganges (Art. 197 OR), (ii) muss er die Sache, sobald als tunlich, geprüft und dem Verkäufer allfällige Mängel sofort angezeigt haben (Art. 201 Abs. 1 OR), (iii) darf die Gewährleistung vertraglich nicht gültig ausgeschlossen

worden sein, (iv) müssen die Mängel, vorbehältlich anderer vertraglicher Abmachung, innerhalb eines Jahres nach Ablieferung aufgetreten und gerügt worden sein (Art. 210 Abs. 2 OR), und (v) müssen die Ansprüche auf Gewährleistung innerhalb eines Jahres nach Ablieferung der Sache eingeklagt sein, bzw. diese Frist muss durch geeignete Massnahmen (z. B. Betreibung) unterbrochen worden sein (Art. 210 Abs. 1 OR). Im Falle absichtlicher Täuschung durch den Verkäufer schaden dem Käufer die verspätete Mängelrüge und die verspätete Klage auf Gewährleistung nicht (Art. 203, 210 Abs. 3 OR).

Liegt ein Fall von Gewährleistung vor, so hat der Käufer die Wahl, den Kauf rückgängig zu machen *(Wandelung)* oder Ersatz des Minderwertes *(Minderung)* zu fordern (Art. 205 Abs. 1 OR). Für vertretbare Sachen hat er zudem die Möglichkeit, Nachlieferung währhafter Ware zu verlangen (Art. 206 OR). Er hat also, anderslautende Vereinbarung vorbehalten, nicht das Recht, Behebung der Mängel zu verlangen. Wird Wandelung ausgesprochen, so ist die Sache nebst dem inzwischen bezogenen Nutzen zurückzugeben und der bezahlte Kaufpreis samt Zinsen zurückzuerstatten (Art. 208 Abs. 1 und 2 OR). Das Recht auf Wandelung kann allerdings durch den Richter eingeschränkt werden (Art. 205 Abs. 2 OR), der statt auf Wandelung auf Minderung erkennen darf. Für eine Mehrheit von Kaufsachen kann der Käufer Wandelung nur bezüglich der einzelnen fehlerhaften Stücke verlangen, es sei denn, dies sei nur mit erheblichem Nachteil möglich; dann erstreckt sich die Wandelung auf den gesamten Kaufgegenstand (Art. 209 OR). Bei der Minderung wird der Kaufpreis um den Minderwert, welcher sich durch die Mängel ergibt, verhältnismässig reduziert. 38.

bb) Besonderheiten beim Unternehmenskauf

Obschon die Sachgewährleistungsvorschriften auf den Kauf einzelner Sachen ausgerichtet sind, ist ihre Anwendbarkeit auf den Unternehmenskauf unumstritten (Lörtscher, Sachgewährleistung, 52, mit Nachweisen). Trotzdem ist ein Unternehmen ein besonderer Kaufgegenstand, so dass es sich rechtfertigt, die Gewährleistungsvorschriften der speziellen Natur eines Unternehmens Rechnung tragend anzuwenden. 39.

Für die Beurteilung der Mangelhaftigkeit ist daher vom Unternehmenszweck und dem betriebenen Geschäft auszugehen (Lörtscher, Sachgewährleistung, 53). Es ist zu fragen, ob mit den übereigneten Aktiven das Geschäft wie vorausgesetzt geführt werden kann. Ist dies nicht der Fall – beispielsweise weil die Produktionsanlagen nicht funktionstüchtig sind –, so liegt ein Mangel vor. 40.

Infolge der Vielgestaltigkeit von Unternehmen ist allerdings schwierig vorauszusagen, wann eine Abweichung vom vorausgesetzten Gebrauch 41.

vorliegt, wenn nicht besondere Zusicherungen abgegeben worden sind. Ein Mangel lässt sich unter diesen Umständen nur für schwerwiegende Abweichungen annehmen, z. B. bei Illiquidität oder Überschuldung (Lörtscher, Sachgewährleistung, 55).

42. Sodann ist zu berücksichtigen, dass nach Bundesgericht nicht der Wert des Unternehmens als solcher, sondern bloss die für die Bewertung entscheidenden Faktoren zugesichert werden können (BGE 91 II 354).

43. Für die Rügepflicht hat das Bundesgericht den Besonderheiten eines Unternehmens nicht Rechnung getragen. Es hat entschieden, dass innert kürzester Zeit die Aktiven des verkauften Unternehmens untersucht werden müssen. Dazu gehört es z. B., sofort das Warenlager zu prüfen und gegebenenfalls Mängelrüge zu erheben (BGE 107 II 422).

44. Eine weitere Besonderheit besteht darin, dass die Wandelung eines Unternehmenskaufvertrages nur in ausserordentlichen Fällen in Frage kommen kann. Darauf wird noch näher eingegangen, ebenso wie auf die – zu kritisierende – Bundesgerichtspraxis, wonach es beim Kauf von Aktien – vorbehältlich anderslautender vertraglicher Abmachungen – unerheblich ist, dass das Unternehmen der verkauften AG Mängel aufweist.

cc) Verkauf eines Unternehmens mit Aktiven und Passiven

45. Wird ein Unternehmen mit Aktiven und Passiven verkauft, stellt sich die Frage, was für Folgen sich ergeben, wenn nur einzelne der Unternehmensgegenstände mangelhaft sind. Kann hier der Käufer Wandelung mit Bezug auf das gesamte Unternehmen verlangen oder nur hinsichtlich der mangelhaften Sachen? Die Antwort auf diese Frage hängt davon ab, ob das übernommene Unternehmen auch ohne die mangelhaften Gegenstände betrieben werden kann. Ist dies der Fall, kann dem Käufer zugemutet werden, die Wandelung lediglich für die mangelhaften Sachen geltend zu machen. Ist jedoch die mangelhafte Sache für den Betrieb des Unternehmens unerlässlich, so muss bzw. darf sich die Wandelung auf das gesamte Unternehmen erstrecken. Einzig diese Lösung ist sachgerecht und sollte, weil gesetzliche Regelungen und gerichtliche Präzedenzfälle fehlen, von den Parteien vertraglich vorgesehen werden.

46. Eine weitere Schwierigkeit besteht darin, dass für die einzelnen Sachen unterschiedliche Gewährleistungsvorschriften bestehen. So ist beispielsweise für Forderungen die Möglichkeit der Wandelung gar nicht vorgesehen (Art. 171 ff. OR). Die kaufvertraglichen Vorschriften über die Sachgewährleistung kommen auf Forderungen überhaupt nicht zur Anwendung (Bucher, 573), so dass eine Forderung, vorbehältlich anderer Abrede, nicht «gewandelt» werden kann. Das hat zur Folge, dass der Käufer, auch wenn mit Bezug auf die übrigen Gegenstände des Unternehmens der Kauf

rückgängig gemacht worden ist, die Forderungen behält und dafür das Kreditrisiko trägt, da – ebenfalls wieder vorbehältlich anderer vertraglicher Abmachungen – der Verkäufer nur für die Verität, nicht dagegen für die Bonität der abgetretenen Forderungen haftet (Art. 171 Abs. 1 und 2 OR). Dieses unbefriedigende Resultat ist am besten durch passende vertragliche Abmachungen zu vermeiden.

dd) Verkauf von Anteilen

aaa) Wertpapiere

Wird ein Unternehmen gekauft, indem der Käufer die Kontrolle über die mitgliedschaftlichen Rechte der Gesellschaft erwirbt, dann erstreckt sich die Sachgewährleistung zunächst auf die körperlichen und rechtlichen Mängel der Wertpapiere, sofern die Mitgliedschaft in solchen verurkundet ist (Baldi, 64 ff.). Zu den körperlichen Mängeln werden die Beschädigungen des Titels, das Fehlen von Teilen davon oder die Unechtheit gezählt. Zu den gewährleisteten Rechten gehört, dass die Gesellschaft tatsächlich besteht, dass die Mitgliedschaftsrechte von der vorgesehenen Art sind (Stammaktien, Vorzugsaktien) und dass, falls eine Namenaktie nicht voll einbezahlt ist, der auf dem Titel als einbezahlt genannte Betrag richtig vermerkt ist, da der Käufer der Gesellschaft gegenüber zur Einzahlung verpflichtet ist, sobald er im Aktienbuch eingetragen ist (Art. 687 OR). Ist die Gesellschaft zur Zeit des Vertragsabschlusses bereits als in Liquidation befindlich im Handelsregister eingetragen, so muss sich der Käufer das aufgrund der positiven Publizitätswirkung des Handelsregisters (Art. 933 Abs. 1 OR) entgegenhalten lassen. Der Verkäufer haftet diesfalls nur noch, wenn er das Nichtvorhandensein der Liquidation zugesichert hat (Art. 200 OR). Ist eine Gesellschaft bereits im Handelsregister gelöscht, so hat der Vertrag einen unmöglichen Inhalt und ist im Sinne von Art. 20 OR nichtig. 47.

bbb) Nichtverurkundete Mitgliedschaftsrechte

Ist die aktienrechtliche Mitgliedschaft nicht in einem Wertpapier verurkundet, so sind laut Baldi gleichwohl die Sachgewährleistungsvorschriften anwendbar und nicht jene über die Zession einer Forderung (Baldi, 63, 64). Folgt man dieser Ansicht, so haftet der Verkäufer für den Verkauf nicht verurkundeter Mitgliedschaftsrechte, wie wenn Wertpapiere veräussert worden sind, ausser dass körperliche Mängel nicht in Betracht fallen. 48.

ccc) Vinkulierte Namenaktien

49. Für vinkulierte Namenaktien, bei welchen die Mitgliedschaft nur übergeht, wenn die Gesellschaft der Eintragung des Erwerbers in das Aktienbuch zustimmt (Art. 686 OR), stellt sich die Frage, ob der Verkäufer dem Käufer für die Zustimmung der Gesellschaft haftet. Für die Beantwortung dieser Frage ist auf den Vertragsinhalt und die Umstände des Einzelfalles abzustellen.

50. Ohne hier auf die Einzelheiten einzugehen (dazu Baldi, 75 ff.), ist zusammenfassend festzuhalten, dass nach Bundesgericht die mangelnde Zustimmung der Gesellschaft nicht ohne weiteres die Ungültigkeit des Kaufvertrages bewirkt (BGE 83 II 297, 90 II 235). Vielmehr muss gestützt auf den Parteiwillen abgeklärt werden, wie sich die Nichtzustimmung der Gesellschaft auf den zugrundeliegenden Kaufvertrag auswirkt. Nach Praxis des Bundesgerichts gilt die *Spaltungstheorie,* nach welcher die aus einer Aktie fliessenden Vermögensrechte, namentlich die Forderungen aus Dividendenansprüchen, auf den Erwerber gleichwohl übergehen, selbst wenn die Gesellschaft den Erwerber nicht als Aktionär anerkennt (BGE 90 II 240). Angesichts dieser Theorie hat das Bundesgericht in den einzelnen Fällen jeweils erklärt, der Kaufvertrag sei als solcher trotz der Nichtgenehmigung gültig. Infolgedessen bleibt dem Käufer, der sicherstellen will, dass der Vertrag nur gelten soll, wenn er als Aktionär auch tatsächlich eingetragen wird, nichts anderes übrig, als sich vertraglich abzusichern. So kann er sich vorbehalten, den Kaufpreis nur gegen Nachweis der Eintragung im Aktienbuch zu bezahlen; oder er kann die vorgängige Eintragung gar zu einer Bedingung des Vertrages erheben (Lörtscher, Aktienkaufvertrag, 314). Im Lichte der skizzierten Praxis ist auch davon auszugehen, dass normalerweise die Gewährleistungsvorschriften nur anwendbar sind, wenn der Verkäufer ausdrückliche Zusicherungen über die Genehmigung des Eintrags durch die Gesellschaft abgegeben hat. Dass eine solche Genehmigung noch beigebracht wird, lässt sich allerdings nicht im Sinne einer Gewährleistung zusichern, da es an einer zusicherungsfähigen Eigenschaft fehlt. Dagegen kann der Verkäufer bestätigen, die Genehmigung liege bereits vor. Dann sind die Sachgewährleistungsvorschriften anwendbar.

ddd) Rektaaktien

51. Die Mitgliedschaftsrechte gegenüber der Gesellschaft aus Rektaaktien können überhaupt nicht auf den Erwerber übertragen werden, wenn die Zustimmung der Gesellschaft ausbleibt (BGE 83 II 297, 114 II 62). Für eine Spaltung bleibt nach – umstrittener – Ansicht des Bundesgerichts (siehe von Greyerz, 120) kein Raum, weil Rechtszuständigkeit und Aktieneigentum

beim Veräusserer verbleiben. Auch hier muss der Käufer vertraglich verlangen, dass der Kaufpreis nur bezahlt werde, wenn die Eintragungsgenehmigung der Gesellschaft vorliegt.

eee) Börsengeschäfte

Für Börsengeschäfte sind zu den obligationenrechtlichen Vorschriften auch die anwendbaren Börsenbestimmungen heranzuziehen. So enthalten beispielsweise die Usancen der Zürcher Börse Regeln über die Beschaffenheit der Titel (§ 5 der Usancen), die Mängelrüge und das Umtauschrecht (§ 6 und 7b der Usancen) sowie, besonders, über den Handel von auf Namen lautenden Titeln (§ 18 der Usancen, worin insbesondere festgelegt ist, dass die Erlangung der Übertragungsgenehmigung in allen Fällen Sache des Käufers ist). Als Usancen werden diese Vorschriften entweder in Auslegung oder Ergänzung der vertraglichen Abmachungen wirksam. Der Verkäufer hat grundsätzlich keine Gewährleistungspflicht für das Unternehmen, das die AG, deren Aktien er verkauft, bewirtschaftet. Ebensowenig hat er eine Verantwortung dafür, dass die AG die Zustimmung zur Eintragung des Erwerbers ins Aktienbuch abgibt. 52.

fff) Aktienkauf

Für den Aktienkauf stellte das Bundesgericht fest, dass die Gewährspflicht grundsätzlich nur die Aktien betreffe, nicht hingegen das Unternehmen, das die AG betreibe, deren Aktien veräussert werden (BGE 79 II 158). Es führte dazu aus: 53.

«Beim Aktienkauf greift jedoch die spezifische gesetzliche Haftung des Verkäufers für den vorausgesetzten wirtschaftlichen Wert des Unternehmens (Rentabilität und sonstige tatsächliche Verhältnisse) nicht Platz...; denn die Beschaffenheit des Vermögens einer Vereinigung mit Rechtspersönlichkeit bildet keine Eigenschaft des einzelnen Mitgliedschaftsrechtes... Dagegen können wirtschaftliche Verhältnisse, somit auch Ertragsfaktoren, zum Gegenstand von Zusicherungen gemacht werden.»

Im Sachverhalt, welcher dem Bundesgericht zur Beurteilung vorlag, hatte ein Käufer die Aktien erworben, um die Herrschaft über ein Unternehmen, insbesondere über die im Unternehmensvermögen befindlichen Patente, zu erlangen. Das Bundesgericht lehnte es ab, die Sachgewährleistungsvorschriften anzuwenden, da keine spezifischen Zusicherungen über Rentabilität und Bestand der Patente gemacht worden waren. 54.

In einem späteren Entscheid hat das Bundesgericht (BGE 107 II 422) seine Position im wesentlichen bestätigt: 55.

«Die gesetzliche Gewährleistung bezieht sich aber nicht auf die Vermögenswerte der Gesellschaft, sondern ist auch bei einem Verkauf aller Aktien bloss für den Bestand und den Umfang der damit veräusserten Rechte gegeben. Für den wirtschaftlichen Wert der Aktien haftet der Verkäufer gemäss Artikel 197 OR nur dann, wenn er dafür besondere Zusicherungen abgegeben hat, und der Käufer sich seinerseits an die Vorschriften des Artikels 201 OR hält.»

56. Im zu beurteilenden Sachverhalt ging es wiederum um den Verkauf der gesamten Aktien einer Gesellschaft, wobei sich der Käufer die Kontrolle über das Unternehmen sichern wollte. Nach Abwicklung des Vertrages klagte der Käufer auf Minderung des Kaufpreises, weil das Warenlager nach seiner Auffassung überbewertet war.

57. Schon früher hatte das Bundesgericht jedoch festgehalten, dass gewisse Eigenschaften eines Unternehmens vertraglich zugesichert werden können. Es handelte sich dabei um die Zusicherung von Umsatz (BGE 88 II 415) bzw. um die Zusicherung über den Bestand der Passiven der verkauften Gesellschaft (BGE 81 II 213). Andererseits hatte das Bundesgericht gefunden, dass die Angabe des Verkäufers, die Kaufsache habe einen bestimmten Wert, keine Zusicherung einer Eigenschaft im Sinne von Artikel 197 OR darstellen könne und das Fehlen des vom Verkäufer angegeben Wertes sei kein körperlicher oder rechtlicher Mangel einer Sache (BGE 91 II 353).

ggg) Trennung zwischen AG und Unternehmen

58. Aufgrund der bundesgerichtlichen Praxis ist für die Beurteilung der Gewährleistung zwischen Gesellschaft und Unternehmen zu trennen. Eine Gewährleistungspflicht des Verkäufers für das Unternehmen ist somit nur zu bejahen, sofern besondere Zusicherungen über das Unternehmen abgegeben worden sind. Das Bundesgericht hat es bisher abgelehnt, dem Umstand Rechnung zu tragen, dass die Parteien beim Verkauf sämtlicher Gesellschaftsanteile regelmässig die Übernahme der Kontrolle des Unternehmens beabsichtigen. Die Praxis des Bundesgerichts ist etwas realitätsfremd. Richtig betrachtet müssten meines Erachtens die Gewährleistungsvorschriften angewendet werden, sobald die Parteien den Kauf der Gesellschaftsanteile als Mittel zum Kauf eines Unternehmens vereinbaren, selbst wenn über das Unternehmen keine Zusicherungen abgegeben worden sind (so richtig Giger, N 88 zu Art. 197 OR; Baldi, 139 ff.; Lörtscher, Sachgewährleistung, 69 ff.). Das Element der Kontrolle bzw. Leitungsmacht über ein Unternehmen erlaubt es, die notwendigen Abgrenzungen vorzunehmen. So sollten sich die Gewährleistungspflichten auf das Unternehmen beziehen, wenn eine Aktienmehrheit verkauft wird, welche die Kontrolle über das Unternehmen ermöglicht. Bei Streubesitz ist die Kontrolle schon möglich, wenn weniger als die Hälfte des Stimmkapitals veräussert wird. Hingegen wäre es unsachge-

mäss, eine Sachgewährleistung für das Unternehmen anzunehmen, wenn sich der Käufer die Kontrolle über das Unternehmen durch Käufe bei verschiedenen, voneinander unabhängigen Verkäufern aneignet, insbesondere wenn er die Aktien an der Börse erwirbt.

Weil somit nur für zugesicherte Eigenschaften gehaftet wird, ist es wichtig, zwischen Angaben und Zusicherungen zu unterscheiden. Die Abgrenzung ist im einzelnen nicht leicht. Ist zum Beispiel, wenn dem Kaufvertrag eine Bilanz des Unternehmens beigelegt wird, darin eine Zusicherung zu sehen, dass die einzelnen Aktiven und Passiven vollständig und in richtiger Höhe wiedergegeben sind? Oder – ein weiteres Beispiel – schliesst die Angabe über die Umsätze eines Unternehmens eine Zusicherung ein, dass diese auch in der Zukunft erreicht werden können? Dem Käufer eines Unternehmens ist zu empfehlen, sich die ihm wichtig erscheinenden Eigenschaften vertraglich ausdrücklich zusichern zu lassen. 59.

Die Rechtsnatur der in Unternehmensverträgen manchmal sehr umfangreich abgegebenen Zusicherungen ist umstritten. Nach der einen Auffassung sind die Zusicherungen eigene Garantieverträge, welche den allgemeinen Bestimmungen des Obligationenrechts unterworfen sind, für die aber die gesetzlichen Vorschriften über die Gewährleistung, insbesondere das Erfordernis der Rügepflicht und die kurze einjährige Verjährungsfrist, gleichwohl analog anwendbar sein sollen (Cavin, 78; Keller/Lörtscher, 120). In diesem Sinne hat auch ein Gericht in Genf entschieden (SJ 1971, 609). Nach anderer Meinung sind die Zusicherungen als Zusicherungen im Sinne der Sachgewährleistung zu behandeln (Giger, N 63 zu Art. 197 OR). Ob ein eigener Garantievertrag oder eine Zusicherung im Sinne der Sachgewährleistung vorliegt, ist meines Erachtens aufgrund des Parteiwillens zu ermitteln. So kann von den Parteien beispielsweise eine Modifizierung der Sachgewährleistungsvorschriften bezüglich Prüfungspflicht, Gewährleistungsansprüchen oder Verjährung gemeint sein. Möglicherweise sind einzelne der Zusicherungen als Garantien aufzufassen, so etwa wenn der Verkäufer verspricht, den Käufer für nicht in der Übernahmebilanz ausgewiesene Drittforderungen zu entschädigen. Häufig sind Garantien jedoch als Zusicherungen im Sinne der Sachgewährleistung zu verstehen, so wenn beispielsweise zugesichert wird, das Grundstück der verkauften Gesellschaft sei nicht mit Hypotheken belastet. 60.

hhh) Wandelung, Minderung, Schadenersatz

Für Unternehmenskäufe ist eine *Wandelung* des Vertrages in der Regel wegen Art. 207 Abs. 3 OR ausgeschlossen, da sich der Charakter eines Unternehmens schon kurz nach Übergang der Kontrolle entscheidend verändert (Watter, N 369). Der Käufer besetzt das Management mit Leuten seiner Wahl, er ändert die Geschäftspolitik, unter Umständen reorganisiert 61.

er oder trifft grössere Investitionsentscheide. Normalerweise ist deshalb auch zu erwarten, dass das Gericht von seiner Befugnis nach Art. 205 Abs. 2 OR Gebrauch macht, bloss Ersatz des Minderwertes zuzusprechen. Tatsächlich ist es schwierig, einen Unternehmenskauf überhaupt in sinnvoller Weise rückgängig zu machen. Nach den allgemeinen Grundsätzen hat bei der Wandelung der Käufer, nebst dem inzwischen bezogenen Nutzen, die Sache zurückzugeben, während der Verkäufer den bezahlten Kaufpreis samt Zinsen zurückzuerstatten hat, nebst Verwendungen und allenfalls Schadenersatz. Worin aber der «inzwischen bezogene Nutzen» bestehen soll, ist im Einzelfall schwierig auszumachen. Auch stellt sich die Frage, was mit bereits durch den Käufer getätigten Investitionen zu geschehen hat, oder wie bereits durch den Käufer veranlasste Kapitalerhöhungen zu behandeln sind. Will sich der Käufer die Möglichkeit der Wandelung offenhalten, so sollten dieses Recht und die Modalitäten der Ausübung vertraglich im einzelnen geregelt werden. Namentlich für den Kauf eines Unternehmens mit Aktiven und Passiven treten überdies erhebliche praktische Schwierigkeiten auf, weil da zum Zeitpunkt der Wandelung ein grosser Teil der verkauften Gegenstände (vor allem das Umlaufvermögen) gar nicht mehr vorhanden sein dürfte.

62. Wird *Minderung* gewährt, so berechnet sich die Reduktion des Kaufpreises aufgrund der relativen Methode, d. h., der Kaufpreis ist in dem Verhältnis zu mindern, in welchem der objektive Wert des als mängelfrei gedachten Kaufgegenstandes zum effektiven Wert des mangelhaften Kaufobjektes steht (Giger, N 20 zu Artikel 205 OR; BGE 81 II 210). In Anbetracht der Relativität von Unternehmensbewertungen ist diese Berechnungsart nicht praktikabel, da kaum von einem objektiven Wert eines Unternehmens gesprochen werden kann. Die Parteien einigen sich deshalb mit Vorteil vertraglich darauf, wie sich die Minderung gegebenenfalls berechnen soll.

63. Unter den Sachgewährleistungsvorschriften sind *Schadenersatzpflichten* des Verkäufers nur für Wandelung vorgesehen. Wird lediglich Minderung verlangt, bzw. durch den Richter zuerkannt, kann Schadenersatz bloss nach Art. 97 ff. OR verlangt werden, gemäss Rechtsprechung aber auch nur unter den erschwerten Haftungsvoraussetzungen des Kaufrechtes (siehe Art. 210 OR). Im Falle der Minderung schuldet der Verkäufer demnach Schadenersatz nur bei Verschulden. Demgegenüber ist der Anspruch des Käufers auf Ersatz des unmittelbaren Schadens unabhängig vom Verschulden des Verkäufers (Art. 195, 208 Abs. 2 und 3 OR), wenn Wandelung ausgesprochen wird, während der Ersatz weiteren Schadens auch bei der Wandelung ein Verschulden voraussetzt. Die Abgrenzung zwischen «unmittelbarem» und «weiterem» Schaden ist kontrovers (im einzelnen siehe Giger, N 34 zu Art. 208 OR). Zum unmittelbaren Schaden gehört zweifellos der erlittene Schaden («damnum emergens»), dagegen nicht der entgangene Gewinn («lucrum cessans»).

iii) Anteile an Personengesellschaften

Für den Erwerb von Anteilen an Personengesellschaften sind die Regeln 64.
über die Zession von Forderungen anwendbar (von Steiger, Gesellschaftsrecht, 409). Demzufolge trifft den Abtretenden keine Pflicht zur Gewährleistung, sondern er haftet bloss für den Bestand der Mitgliedschaft. Dies wird der Interessenlage ganz offensichtlich nicht gerecht, weshalb die Parteien abweichende vertragliche Vereinbarungen abschliessen.

4. Willensmängel bei Vertragsabschluss

a) Übersicht über die gesetzlichen Vorschriften

Als weiterer Rechtsbehelf kommt für die Parteien die Anfechtung des 65.
Vertrages wegen Irrtums oder Täuschung (Art. 23 OR ff.) in Betracht. Damit ein Vertrag infolge Anfechtung wegen *Irrtums* unverbindlich wird, muss sich die darauf berufende Partei in einem wesentlichen Irrtum befunden haben (Art. 23 OR). Als wesentlich gilt namentlich der Grundlagenirrtum, der dann angenommen wird, wenn der Irrtum einen bestimmten Sachverhalt betraf, der vom Irrenden nach Treu und Glauben im Geschäftsverkehr als eine notwendige Grundlage des Vertrages betrachtet werden durfte (Art. 24 Ziff. 4 OR). Der Grundlagenirrtum muss erkennbar sein, d. h., die Gegenpartei muss die Bedeutung des Sachverhaltes erkannt haben, oder muss in der Lage gewesen sein, diese erkennen zu können. Der Grundlagenirrtum muss weiter für den Abschluss oder den Inhalt des Vertrages kausal gewesen sein. Zu beachten ist, dass der fahrlässig Irrende schadenersatzpflichtig werden kann (Art. 26 OR). Möglicherweise kann die Berufung auf Irrtum gar als gegen Treu und Glauben verstossend unstatthaft sein (Art. 25 Abs. 1 OR). Im Falle der *Täuschung* ist der Vertrag für die getäuschte Partei unverbindlich, selbst wenn der durch die Täuschung hervorgerufene Irrtum nicht wesentlich war. Der Irrende oder Getäuschte muss den Vertrag binnen Jahresfrist seit Entdeckung des Irrtums oder der Täuschung anfechten (Art. 31 Abs. 1 OR). Der Vertrag fällt dann «ex tunc», also rückwirkend und nicht bloss für die Zukunft für beide Parteien dahin. Die bereits erbrachten Leistungen sind Zug um Zug zurückzuerstatten. Liegt Täuschung vor, kann der Getäuschte den Vertrag genehmigen, aber gleichwohl Schadenersatz verlangen (Art. 31 Abs. 3 OR).

b) Irrtum und Täuschung beim Unternehmenskauf

66. Das Bundesgericht hat entschieden, dass ein Irrtum über den Wert gekaufter Aktien zur Anfechtung eines Vertrages berechtigen kann (BGE 79 II 162). Es stellte in dem ihm vorliegenden Fall fest, dass die Parteien zwar einen Aktienkauf abgemacht hatten, in Wirklichkeit aber dem Käufer die freie Verfügung über die der Gesellschaft gehörenden Patente ermöglichen wollten. Da die Patente sich als beschlagnahmt und deshalb für den Käufer als nicht benützbar herausstellten, gab das Gericht der Anfechtung statt. Das bedeutet, dass es bei einem Aktienkauf für die Annahme eines Grundlagenirrtums genügt, wenn die Unternehmensgegenstände nicht so sind wie erwartet. Der Irrtum des Käufers braucht sich also nicht auf den eigentlichen Kaufgegenstand, d. h. die Aktien, zu beziehen (BGE 79 II 164).

67. In einem weiteren Entscheid über einen Aktienkauf erklärte das Bundesgericht zudem die Bestimmungen über die Täuschung als alternativ neben den Sachgewährleistungsvorschriften anwendbar (BGE 81 II 213). Im zu beurteilenden Fall hatte der Verkäufer Zusicherungen über die Passiven des Unternehmens abgegeben. Das Bundesgericht hiess die Klage in dem Sinne gut, dass es gestützt auf Art. 205 Abs. 2 OR Ersatz des Minderwertes zusprach. Als Hilfsbegründung führte es aus, dass die Minderung auch aufgrund der Täuschungsbehelfe hätte ausgesprochen werden müssen, denn – so wird argumentiert – die getäuschte Partei hätte den Kaufvertrag, wenn auch zu einem geringeren Preis, abgeschlossen, selbst wenn sie um die Täuschung gewusst hätte. Diese Begründung ist überraschend, weil der Vertrag eigentlich gesamthaft dahinfällt, wenn sich der Irrende bzw. der Getäuschte auf seinen Willensmangel beruft. Für die Aufrechterhaltung des Vertrages – zu richterlich geänderten Bedingungen – bleibt normalerweise kein Raum.

68. In BGE 107 II 419 bestätigte das Bundesgericht, dass ein Aktienkauf wegen Irrtums angefochten werden kann, sofern der Irrtum über die Vermögenswerte der Gesellschaft als für den Vertragsabschluss wesentlich und kausal anzusehen ist. Im betreffenden Fall hatte der Kläger geltend gemacht, dass das Inventar im Vergleich zur Bilanz lediglich einen Drittel des bilanzierten Betrages ausmachte. In ihrer Vereinbarung hatten die Parteien erklärt, dass der Kaufpreis «sich in genauer Höhe aus der Substanz des Warenlagers und dem Zeitwert des Inventars» vom 30. September 1979 ergebe, und dem «inneren Wert» entspreche. Einen solchen Irrtum über den Wert der Warenvorräte bezeichnete das Bundesgericht als wesentlich und kausal für den Vertragsabschluss und wies an, dass der Käufer für die Behauptung des Minderwertes des Inventars zum Beweis zugelassen werden müsse.

69. In einem neueren Entscheid wird ausdrücklich nochmals bestätigt, dass der Aktienkauf gestützt auf Artikel 28 und 31 OR wegen Willensmängeln angefochten werden kann (BGE 108 II 102).

Es lässt sich nicht genau voraussagen, unter welchen Umständen der 70.
Käufer den Aktienkauf wegen Grundlagenirrtums anfechten kann. Der
Käufer sollte sich daher den ihm wichtig scheinenden Sachverhalt vertraglich
zusichern lassen und festhalten, welche Zusicherungen für den Vertragsabschluss entscheidend sind. An der bundesgerichtlichen Praxis ist bemerkenswert, dass dem Käufer auf dem Wege der Anrufung von Willensmängeln
eine Art Minderungsrecht zugestanden wird. Das zeigt die – sachlich richtige
– Neigung der Gerichte, für Unternehmenskäufe eine Rückabwicklung des
Vertrages zu vermeiden. Wollen die Parteien gleichwohl sicherstellen, dass
sie den gesamten Vertrag auflösen dürfen, dann sollten sie das vertraglich
abmachen.

5. Abgrenzungen

Die Erfüllungsklage, die Sachgewährleistungsklage und die Anfechtung 71.
eines Vertrages beschlagen im Prinzip verschiedene Sachverhalte. Mit der
Erfüllungsklage klagt eine Partei auf richtige Erbringung einer Leistung,
namentlich in zeitlicher Hinsicht. Die *Sachgewährleistungsklage* ermöglicht
dem Käufer, sich gegen die Mängel einer bereits abgelieferten Kaufsache zu
wehren. Mit der Klage wegen *Irrtums* oder *Täuschung* können Willensmängel zur Zeit des Vertragsabschlusses geltend gemacht werden. Trotzdem
kommt es vor, dass auf den gleichen Sachverhalt die Regeln der Erfüllung,
der Gewährleistung und der Willensmängel anwendbar werden. Gerade für
den Kauf von Aktien hat das Bundesgericht klar statuiert, dass «der Käufer
bei unrichtiger Erfüllung entweder gemäss Art. 197 ff. OR auf Gewährleistung klagen, oder nach Art. 97 ff. OR Schadenersatz wegen Nichterfüllung
verlangen, oder den Vertrag wegen eines Willensmangels im Sinne von
Art. 23 ff. OR anfechten» könne (BGE 108 II 104). Es gilt also der *Grundsatz
der Alternativität*.

Wie vorstehend im einzelnen beschrieben, sind Voraussetzungen und 72.
Wirkungen der einzelnen Rechtsbehelfe unterschiedlich. Die *Anfechtung
wegen Grundlagenirrtums oder absichtlicher Täuschung* hängt nicht von der
Einhaltung der besonderen Voraussetzungen der Sachgewährleistung ab
(BGE 108 II 104). Dementsprechend kann sich der Käufer auf Willensmängel berufen, ohne die Ware geprüft und Mängel gerügt zu haben. Auch steht
ihm die Verjährungsfrist von einem Jahr gemäss Art. 210 OR, welche nach
Ablieferung der Kaufsache zu laufen beginnt, nicht entgegen. Im Falle von
Willensmängeln hat der Käufer zwar auch eine Jahresfrist zu beachten,
innerhalb welcher er die Anfechtung zu erklären hat, doch beginnt diese Frist
erst mit der Entdeckung des Willensmangels zu laufen (Art. 31 OR). Die
Willensmängel können im Unterschied zur Sachgewährleistung auch schon
vor Lieferung einer Sache geltend gemacht werden. Grundsätzlich hat die

Anfechtung das Dahinfallen des gesamten Vertrages zur Folge, doch zeigen die bundesgerichtlichen Entscheide (BGE 81 II 213, 107 II 419), dass unter Umständen auch auf diesem Wege eine Reduktion des Kaufpreises erreicht werden kann. Ein Nachteil im Vergleich zur Gewährleistung ist für den Anfechtenden seine potentielle Schadenersatzpflicht nach Art. 26 OR, falls er fahrlässig gewesen ist.

73. Die *Rechts- und Sachgewährleistungsbehelfe* stehen unter den strengen Voraussetzungen der Prüf- und Rügepflicht und der kurzen einjährigen Verjährung. Weiter wirkt sich nachteilig aus, dass nach geltender bundesgerichtlicher Praxis im Falle des Aktienkaufes Mängel des Unternehmens nur zur Wandelung oder Minderung berechtigen, sofern die fraglichen Eigenschaften im Vertrag ausdrücklich zugesichert sind. Das praktische Korrektiv für diese strengen Regeln bildet teilweise die Anfechtungsklage wegen Willensmängeln.

74. Was die *Haftung aus Nichterfüllung und nichtgehöriger Erfüllung* (Art. 97 OR) angeht, gelten nach Praxis des Bundesgerichtes die Voraussetzungen zur Geltendmachung kaufrechtlicher Gewährleistungsansprüche ebenfalls. Das bedeutet, dass rechtzeitig geprüft und gerügt werden muss. Weiter kommt auch hier die kurze einjährige Verjährungsfrist von Art. 210 OR zur Anwendung. Ferner würde ein Gewährleistungsausschluss im Kaufvertrag die Haftung nach Art. 97 OR ebenfalls ausschliessen.

V. *Internationaler Unternehmenskauf*

1. Internationale Sachverhalte

75. Der internationale Bezug kommt bei Unternehmenskäufen in verschiedener Weise vor. Beispielsweise kann eine Schweizer Vertragspartei einer ausländischen Partei gegenüberstehen, oder zwei Schweizer Parteien verabreden den Kauf eines im Ausland gelegenen Unternehmens. International ist der Sachverhalt auch, wenn ein schweizerisches Unternehmen, welches gekauft werden soll, Aktiven und Passiven im Ausland besitzt, oder wenn ein schweizerisches mit einem ausländischen Unternehmen verschmolzen werden soll. Für diese Sachverhalte stellt sich jeweils die Frage, welches Recht auf den Unternehmenskauf bzw. auf die Verschmelzung anwendbar sein soll.

2. Auf Vertrag anwendbares Recht

76. Im allgemeinen sind die Parteien frei, in ihrem Vertrag festzusetzen, welches Recht auf den Unternehmenskauf anwendbar sein soll (Art. 116

Abs. 1 IPRG). Die *Rechtswahl* muss aber ausdrücklich sein oder sich eindeutig aus dem Vertrag oder aus den Umständen ergeben (Art. 116 Abs. 2 IPRG). Den Parteien ist zu empfehlen, vertraglich eine ausdrückliche Rechtswahl vorzusehen. Liegt ein Kauf eines Unternehmens mit Aktiven und Passiven vor, ist eine Rechtswahl selbst mit Bezug auf Grundstücke zulässig, allerdings ist für die Vertragsform, also für die Frage, ob der Vertrag schriftlich abgeschlossen oder gar öffentlich beurkundet werden muss, um gültig zu sein, ausschliesslich das Recht desjenigen Staates zu beachten, in dem sich das Grundstück befindet, es sei denn, dieses Recht lasse die Anwendung eines anderen Rechtes zu. Für ein Grundstück in der Schweiz richtet sich die zu beachtende Form des Vertrages zwingend nach schweizerischem Recht (Art. 119 IPRG).

Fehlt eine Rechtswahl, so untersteht der Vertrag dem Recht desjenigen Staates, mit dem er am engsten zusammenhängt (Art. 117 Abs. 1 IPRG). Vermutungsweise besteht der engste Zusammenhang mit demjenigen Staat, in dem die Partei, welche die charakteristische Leistung erbringen soll, ihren gewöhnlichen Aufenthalt oder ihre Niederlassung hat (Art. 117 Abs. 2 IPRG). Beim Verkauf von Aktien gilt die Leistung des Verkäufers als charakteristische Leistung. Es kommt also das Recht desjenigen Staates zur Anwendung, in welchem der Verkäufer seinen gewöhnlichen Aufenthalt hat (Art. 117 Abs. 3 lit. a IPRG). Wird die Mitgliedschaft einer Personengesellschaft erworben, ist dasjenige Recht anwendbar, welchem der Gesellschaftsvertrag untersteht. 77.

3. Auf Zession anwendbares Recht

Wenn die Parteien den Verkauf eines Unternehmens mit Aktiven und Passiven vereinbart haben, so gilt für den Übergang der Forderungen für Fragen im Verhältnis zwischen den Vertragsparteien das auf den Kaufvertrag anwendbare Recht (Art. 145 Abs. 4 IPRG). Unterliegt also beispielsweise der Kaufvertrag Schweizer Recht, so beurteilt sich die Frage, ob der Verkäufer für die Bonität der abgetretenen Forderungen haftet, ebenfalls nach Schweizer Recht. Ansonsten untersteht der Übergang von Forderungen dem von den Parteien gewählten Recht oder, wenn ein solches fehlt, dem Recht, welchem die abgetretene Forderung unterworfen ist, dem sog. Forderungsstatut also. Eine Rechtswahl ist gegenüber dem Schuldner aber nur mit dessen Zustimmung wirksam, weil die Parteien es nicht in der Hand haben sollen, durch die Rechtswahl dessen Stellung zu verschlechtern (Art. 145 Abs. 1 IPRG). Vereinbaren demnach die Parteien für die Zession z. B. Schweizer Recht, unterliegt die zedierte Forderung aber deutschem Recht und kann der Schuldner aufgrund deutschen Rechts Einreden geltend 78.

machen, die ihm nach Schweizer Recht nicht zur Verfügung stehen, so braucht er sich die Rechtswahl nicht entgegenhalten zu lassen. Er darf sich gleichwohl auf deutsches Recht berufen. Für die Form der Abtretung ist ausschliesslich dasjenige Recht entscheidend, dem die abgetretene Forderung untersteht (Art. 145 Abs. 3 IPRG).

4. Auf Schuldübernahme anwendbares Recht

79. Für die Schuldübernahme findet sich im neuen IPRG keine eigene Bestimmung. Vorliegend ist vor allem die Frage von Belang, welches Recht anwendbar sein soll, wenn ganze Vermögenskomplexe übergehen. Wird ein Unternehmen in der Schweiz mit Aktiven und Passiven übernommen, so gilt laut Bundesgericht für die Schuldübernahme Art. 181 OR, selbst wenn sich unter den Schulden solche befinden sollten, welche einem ausländischen Recht unterstehen (BGE 108 II 107).

5. Auf gesellschaftsrechtliche Vorgänge anwendbares Recht

80. Für die gesellschaftsrechtlichen Belange wird separat angeknüpft, um festzulegen, welches Recht anwendbar sein soll. Grundsätzlich unterstehen Gesellschaften dem Recht desjenigen Staates, nach dessen Vorschriften sie organisiert sind (Art. 154 Abs. 1 IPRG). Als gesellschaftsrechtliche Belange, welche durch die Rechtswahl der Parteien in ihrem Kaufvertrag nicht berührt werden, gehören ganz allgemein die rechtlichen Verhältnisse der Gesellschaft (Gründung, Handlungsfähigkeit, Namen, Organisation, Haftung für Schulden, Vertretung, und dergleichen, im einzelnen siehe Art. 155 IPRG). Das sog. Gesellschaftsstatut, d. h. das auf die gesellschaftsrechtlichen Verhältnisse anwendbare Recht, erfasst namentlich auch die Beziehungen zwischen der Gesellschaft und ihren Mitgliedern (Art. 155 ff. IPRG). Das Gesellschaftsstatut bestimmt überdies, wie die Mitgliedschaft auszuüben ist, ob z. B. Stimmbindungsverträge zulässig sind (Vischer/von Planta, 66). Dagegen unterliegt der Kauf von Aktien nicht dem Gesellschaftsstatut, sondern er wird nach den vorstehend für Verträge beschriebenen Regeln behandelt. Für den dinglichen Vollzug siehe die nachfolgenden Ziffern.

6. Auf dingliche Verfügungen anwendbares Recht

Es ist zu bedenken, dass erst der Vollzug des Kaufvertrages die dinglichen Rechte an den verkauften Gegenständen verschafft. So vermittelt erst der Besitz das Eigentum an beweglichen Sachen und erst die Eintragung im Grundbuch das Eigentum an Grundstücken. Für die Entstehung, den Erwerb, den Übertrag und den Untergang von dinglichen Rechten ist im Vergleich zu vertraglichen Rechten nach eigenen Regeln festzulegen, welches Recht anwendbar sein soll. Grundsätzlich haben die Parteien bei beweglichen Sachen eine Rechtswahl. So können sie das Recht des Abganges- oder des Bestimmungsstaates oder das Recht, dem das zugrundeliegende Rechtsgeschäft, also der Kaufvertrag, untersteht, als anwendbar erklären, jedoch kann diese Rechtwahl Dritten nicht entgegengehalten werden (Art. 104 IPRG). Für die Wirkungen gegenüber Dritten gilt demnach das Recht des Staates, in dem die Sache gelegen ist (Art. 100 IPRG). Überhaupt keine Wahl ist möglich bezüglich dinglicher Rechte an Grundstücken; da gilt immer das Recht am Ort der gelegenen Sache (Art. 99 IPRG). Immaterialgüterrechte unterstehen dem Recht des Staates, für den ihr Schutz beansprucht wird (Art. 110 Abs. 1 IPRG). 81.

7. Internationale Fusionen

Eine internationale Fusion, also eine Fusion zwischen einer Schweizer und einer ausländischen Gesellschaft, im Sinne von Art. 748/749 OR ist nach herrschender Lehre (Übersicht bei Müllhaupt, SJZ 1980, 253) und nach der Praxis des Eidgenössischen Handelsregisteramtes bisher nicht möglich. Deshalb müssen Ersatzlösungen gesucht werden, um das wirtschaftlich gleiche Resultat zu erzielen. In Frage kommen dafür die Quasifusion, die unechte Fusion oder die Sitzverlegung vom Ausland in die Schweiz oder von der Schweiz ins Ausland. Die Sitzverlegung ist nunmehr im IPRG geregelt (Art. 161 ff. IPRG). 82.

8. Extraterritoriale Wirkungen fremden Rechts

Für Übernahmen und Zusammenschlüsse von Unternehmen sind möglicherweise auch die «extraterritorialen» Wirkungen ausländischen Rechts zu beachten. Zu denken ist vor allem an Kapitalmarktrechtsbestimmungen und Kartellrechtsvorschriften. So ist beispielsweise im deutschen Kartellrecht vorgesehen, dass deutsches Recht für sämtliche Wettbewerbsbeschränkun- 83.

gen, die sich in der Bundesrepublik auswirken, gelten soll (§ 98 Abs. 2 GWB). Demnach unterliegt ein Zusammenschluss zwischen zwei nichtdeutschen Unternehmen unter Umständen, z. B. wenn die Unternehmen über Tochtergesellschaften in Deutschland verfügen, der Kontrolle durch die Behörden. Damit kann die Übernahme anzeigepflichtig oder gar verboten sein (Emmerich, 40).

VI. Zusatz: Besonderheiten beim Sacheinlage-, Sachübernahme- und Fusionsvertrag

1. Sacheinlagevertrag

a) Bei einer Personengesellschaft

84. Es stellt sich die Frage, welche Regeln anzuwenden sind, wenn beim Einlagevertrag Erfüllungsstörungen auftreten. In Art. 531 Abs. 3 OR ist festgehalten, dass für die Tragung der Gefahr und die Gewährspflicht die Grundsätze des Kaufrechts entsprechende Anwendung finden sollen. Es ist aber zu berücksichtigen, dass die Regeln des Kaufrechtes nicht unbesehen auf den Einlagevertrag angewendet werden können, weil dieser neben der schuldrechtlichen auch eine gesellschaftsrechtliche Komponente aufweist (von Steiger, Gesellschaftsrecht, 272, 372). Die allgemeinen Bestimmungen über zweiseitige Verträge dürfen daher nur insoweit angewendet werden, als sie den Interessen der Gesellschaft und der vertragstreuen Gesellschafter angemessen sind.

85. Für *Nutzen und Gefahr* gelten die gleichen Bestimmungen wie für den Kaufvertrag, d. h., Nutzen und Gefahr gehen grundsätzlich mit Vertragsabschluss auf die Gesellschaft über (Siegwart, N 8 zu Art. 531 OR).

86. Bei *Nicht- bzw. verspäteter Erfüllung* sind die vertragsrechtlichen Regeln, wie zum Unternehmenskaufvertrag bereits erörtert, anwendbar. Der Rücktritt vom Vertrag nach Art. 107 Abs. 2 und 109 OR ist aber nach herrschender Auffassung nicht zulässig (von Steiger, Gesellschaftsrecht, 375), weil die übrigen Gesellschafter ein Interesse an der Fortsetzung der Gesellschaft haben, auch wenn ein Gesellschafter mit seiner Leistung säumig wird.

87. Für die Voraussetzungen und Folgen der *Sachgewährleistung* sind die gesellschaftsrechtlichen Besonderheiten zu berücksichtigen. Ob ein Mangel vorliegt, muss vom Gesichtspunkt der übernehmenden Gesellschaft aus beurteilt werden (Siegwart, N 9 zu Art. 531 OR), ebenso wie die Frage, ob Wandelung zuzulassen ist. Bei der Einlage eines Unternehmens ist eine Minderung des Anrechnungspreises den Interessen der Beteiligten normalerweise eher angepasst. Für den einbringenden Gesellschafter hat das zur

Folge, dass sein Kapitalanteil reduziert wird oder ihn – wenn der Kapitalanteil gleich bleiben soll – eine Nachzahlungspflicht trifft. Ist die Mangelhaftigkeit des Unternehmens so gross, dass der Gesellschaftszweck nicht mehr erreicht werden kann, bleibt als letztes die Auflösung der Gesellschaft (M. Giger, 73).

Die Beitragspflichten des Einlegers können durch die Gesellschaft selber oder einzelne Personengesellschafter geltend gemacht werden (von Steiger, Gesellschaftsrecht, 377 ff.). 88.

b) Bei einer AG

Wenn ein Unternehmen zu Eigentum auf eine AG übertragen wird, gelten im Prinzip die Regeln über Kaufverträge. Von diesem Grundsatz bestehen aber eine Reihe von Ausnahmen, die sich aus der Doppelnatur des Sacheinlagevertrages ergeben. Der Sacheinlagevertrag weist einerseits eine individualrechtliche Komponente auf, weil er zwischen Einleger und Gesellschaft abgeschlossen wird. Andererseits ist der Vertrag Teil des Gründungs- bzw. Kapitalerhöhungsvorganges, und seine wesentlichen Punkte werden zum Inhalt der Statuten (Willi, 33). 89.

So gehen für bewegliche Sachen *Nutzen und Gefahr* mit der Annahme der Statuten, für Grundstücke erst mit der Eintragung der Gesellschaft in das Handelsregister auf die AG über. Die Parteien sind aber frei, eine abweichende Regelung zu treffen, insbesondere wenn ein Unternehmen eingebracht wird (Siegwart, N 41 zu Art. 628 OR). 90.

Wenn *Erfüllungsstörungen* eintreten, stehen den Parteien im Grunde die gleichen Rechtsbehelfe zur Verfügung wie beim Unternehmenskaufvertrag (siehe BGE 90 II 498). Vorbehalten bleiben aber die speziellen aktienrechtlichen Regelungen, wenn der Vertrag wegen Rücktritts, Wandelung oder Irrtums bzw. Täuschung dahinfallen sollte. Dann ist das Kaduzierungsverfahren gemäss Art. 681 OR einzuhalten (Siegwart, N 44 zu Art. 628 OR; a.M. Willi, 83, nach welchem eine Kapitalherabsetzung durchzuführen ist). Kann der Zweck der Gesellschaft wegen der mangelhaften Sacheinlage nicht mehr erreicht werden, bleibt – wie bei der Personengesellschaft – die Möglichkeit, den Zweck zu ändern oder die Gesellschaft aufzulösen. Im Regelfall dürfte auch hier eine Minderung des Anrechnungspreises die zweckmässigste Massnahme sein, wenn Mängel vorliegen. Falls die Minderung dazu führt, dass eine Emission von Aktien unter pari erfolgte, weil der Einleger Aktien mit einem höheren Nennwert als dem Wert des eingebrachten Unternehmens erhielt, so wird dadurch nachträglich nichteinbezahltes Kapital begründet. Der Einleger muss dann die resultierende Differenz nachzahlen. 91.

Willensmängel kann der Einleger jedenfalls nach Eintragung der AG oder der Kapitalerhöhung im Handelsregister wegen entgegenstehender Dritt- 92.

interessen nicht mehr geltend machen (Forstmoser, Schweizerisches Aktienrecht, 399, N 127).

2. Sachübernahmevertrag

93. Im Unterschied zum Sacheinlagevertrag erhält bei der Sachübernahme derjenige, welcher der AG ein Unternehmen veräussert, nicht Aktien der übernehmenden AG, sondern eine andere Leistung, normalerweise Geld. Der Sachübernahmevertrag ist demnach ein gewöhnlicher Kaufvertrag, allerdings bedingt durch die aktienrechtlichen Voraussetzungen (insbesondere Hinweis in den Statuten), weshalb er für die AG erst mit der Annahme der Statuten und dem Eintrag im Handelsregister verbindlich wird.

94. Im Unterschied zum Sacheinlagevertrag untersteht der Sachübernahmevertrag nicht nur analog, sondern vollständig dem Recht über Kaufverträge (Siegwart N 59 zu Art. 628 OR). *Nutzen und Gefahr* gehen allerdings wie beim Sacheinlagevertrag über, weil der Vertrag durch die Annahme der Statuten und die Eintragung der Gesellschaft im Handelsregister bedingt ist. Für *Erfüllungsstörungen* sind sonst die gleichen Regeln wie für den Unternehmenskaufvertrag anwendbar.

3. Fusionsvertrag

95. Die *Rechtsnatur* des Fusionsvertrages ist umstritten; er wird einerseits als schuldrechtlicher Vertrag, andererseits als gesellschaftsrechtlicher Vertrag charakterisiert (R. Meier, 19 ff.).

96. Da die Universalsukzession zum Zeitpunkt des Eintrages des Fusionsbeschlusses der untergehenden Gesellschaft im Handelsregister wirksam wird, gehen *Nutzen und Gefahr* – mangels einer anderen Abrede – mit dem Eintrag im Handelsregister auf die übernehmende Gesellschaft über. Es steht den Fusionsparteien aber frei, einen anderen Zeitpunkt zu vereinbaren, insbesondere ist es ihnen unbenommen, abzumachen, dass die Fusion rückwirkend auf ein bestimmtes Datum gelten soll.

97. Die *Erfüllung des Fusionsvertrages* besteht vor allem darin, dass die für die Fusion notwendigen Generalversammlungsbeschlüsse gefasst und die Handelsregistereintragungen veranlasst werden. Das Zustandekommen der Generalversammlungsbeschlüsse stellt indessen zugleich eine Bedingung des Fusionsvertrages dar. Werden die Beschlüsse nicht gefasst, so ergeben sich Durchsetzungsansprüche bloss, wenn ein Verhalten wider Treu und Glauben vorliegt. Nach Art. 156 OR gilt eine Bedingung als erfüllt, wenn ihr Eintritt von einer Partei wider Treu und Glauben verhindert worden ist. Diese Folge

kann bei Fusionen zwar meistens nicht eintreten. Art. 156 OR wäre aber anwendbar, wenn ein Mehrheitsaktionär, welcher allein schon über genügend Stimmen für das Zustandekommen des Fusionsbeschlusses verfügt, den Fusionsvertrag – z. B. als Verwaltungsrat – unterzeichnet hat, sich nachher aber weigert, für die Fusion zu stimmen. Sicher hat eine Partei den Anspruch, dass die andere Partei die notwendigen Handlungen zur Einberufung der Generalversammlung unternimmt, welche über die Fusion abzustimmen hat. Nach herrschender Auffassung hat sodann die vertragstreue Partei das Recht, die Eintragung der gefassten Beschlüsse im Handelsregister klageweise durchzusetzen oder den Fusionsvertrag unter Ersatz des Schadens aufzulösen (R. Meier, 125 ff.). Ist der Handelsregistereintrag bereits erfolgt, so haben überdies die Aktionäre der absorbierten Gesellschaft die Möglichkeit, ihren Anspruch auf Aktienumtausch klageweise durchzusetzen.

Wegen *Willensmängeln* lässt sich ein Fusionsvertrag nur bis zum konstitutiven Handelsregistereintrag, d. h. bis zum Eintrag des Fusionsbeschlusses der untergehenden Gesellschaft, anfechten, nachher ist die Anfechtbarkeit ausgeschlossen (R. Meier, 123). 98.

§ 8 Verfügungsbeschränkungen für den Erwerb und Zusammenschluss von Unternehmen

I. Privatrechtliche Beschränkungen

1. Allgemeines

a) Personen-, Familien- und Erbrecht

1. Wie alle Rechtsgeschäfte so unterliegt auch die Veräusserung oder der Erwerb eines Unternehmens gewissen privatrechtlichen Beschränkungen, namentlich solchen personen-, familien- und erbrechtlicher Art. So stellt sich etwa die Frage, ob eine Partei handlungsfähig ist und was die Folgen sind, sofern dies nicht der Fall ist. Beschränkungen ergeben sich auch infolge der güterrechtlichen Zuordnung eines Unternehmens. Erbrechtliche Erwägungen schliesslich kommen ins Spiel, wenn ein Erblasser von Todes wegen über sein Unternehmen verfügt oder wenn ein Unternehmen als Teil eines Nachlasses veräussert werden soll. All diese Beschränkungen sind nicht Gegenstand der vorliegenden Erörterungen, sondern es sei hierfür auf die Spezialliteratur verwiesen (Bär, 179 ff.).

b) Gesellschaftsrecht

2. Weitere Verfügungsbeschränkungen ergeben sich ferner aus dem Gesellschaftsrecht. Diese sind für die Einlage von Unternehmen und für die Fusion teilweise bereits dargestellt worden. Zu behandeln ist in diesem Abschnitt aber noch die Frage, wer bei Erwerb oder Veräusserung eines Unternehmens eine Gesellschaft nach aussen gültig vertreten darf bzw. kann.

aa) Vertretung einer Personengesellschaft

3. Ein gutgläubiger Dritter darf annehmen, jeder einzelne Gesellschafter sei zur Vertretung einer *Kollektivgesellschaft* ermächtigt, es sei denn, das Handelsregister enthalte entgegenstehende Eintragungen (Art. 563 OR). Nur im Handelsregister eingetragene Beschränkungen der Vertretungsmacht sind dem gutgläubigen Dritten gegenüber wirksam. So können einzelne Gesellschafter von der Vertretung ausgeschlossen sein (Art. 565 OR) oder eine Gesellschaft darf möglicherweise nur durch zwei oder

mehrere Gesellschafter gemeinsam vertreten werden. Auch können Prokura und Handlungsvollmacht vorgesehen sein (Art. 566 OR).

Für *Kommanditgesellschaften* gelten die gleichen Prinzipien wie für Kollektivgesellschaften, wobei zu berücksichtigen ist, dass nur unbeschränkt haftende Gesellschafter, d. h. die Komplementäre, die Gesellschaft vertreten können (Art. 603 OR). Interne Beschränkungen der Vertretungsbefugnis haben gegenüber gutgläubigen Dritten ebenfalls keine Wirkung (Art. 564 Abs. 2 OR). 4.

bb) Vertretung einer AG

Die Aktiengesellschaft wird durch den Verwaltungsrat vertreten. Die Verwaltungsräte sind ermächtigt, im Namen der Gesellschaft alle Rechtshandlungen vorzunehmen, die der Zweck der Gesellschaft mit sich bringen kann (Art. 718 Abs. 1 OR). Eine Beschränkung dieser Befugnis hat gegenüber gutgläubigen Dritten keine Wirkung, vorbehältlich der im Handelsregister eingetragenen Kollektivzeichnung oder der Beschränkung der Vertretung auf die Haupt- oder Zweigniederlassung (Art. 718 Abs. 2 OR). Praktisch betrachtet muss sich also eine Partei einen beglaubigten Handelsregisterauszug verschaffen, um gestützt darauf sicherzustellen, dass die Gegenpartei durch den Abschluss verpflichtet wird. 5.

2. Vertretungsmacht beim Verkauf eines Unternehmens mit Aktiven und Passiven

a) Personengesellschaften

Im Innenverhältnis stellt sich die Frage, ob ein einzelner Gesellschafter zur Veräusserung des Unternehmens befugt ist oder ob dazu die Zustimmung aller Gesellschafter notwendig ist. Infolge Art. 557 Abs. 2 i.V.m. Art. 535 OR bedürfen Angelegenheiten, die über den gewöhnlichen Betrieb der gemeinschaftlichen Geschäfte hinausgehen, der Zustimmung aller Gesellschafter (von Steiger, Gesellschaftsrecht, 512). Als aussergewöhnliche Handlungen werden jene betrachtet, welche an den Grundlagen einer Gesellschaft rühren oder deren Zweck, so wie er vereinbart worden war oder von den Gesellschaftern nach Treu und Glauben verstanden werden musste, deutlich überschreiten (von Steiger, zit. 394). Die Veräusserung eines Unternehmens oder wesentlicher Teile davon gehört zweifellos zu den aussergewöhnlichen Handlungen (Siegwart, N 7 zu Art. 535 OR). An sich steht es den Gesellschaftern zwar frei, in ihrem Gesellschaftsvertrag vorzusehen, dass für die Veräusserung des Unternehmens ein Mehrheitsbeschluss 6.

genügen soll. Eine entsprechende Bestimmung müsste aber sehr eindeutig gefasst sein, um gültig zu sein. Im Zweifelsfall ist die Zustimmung aller Gesellschafter erforderlich.

7. Im Aussenverhältnis stellt sich die Frage, ob der Verkauf ihres Unternehmens durch einen einzelnen ihrer Gesellschafter eine Gesellschaft bindet. Grundsätzlich sind die zur Vertretung befugten Gesellschafter ermächtigt, im Namen der Gesellschaft alle Rechtshandlungen vorzunehmen, die der Zweck der Gesellschaft mit sich bringen kann (Art. 564 OR). Obschon intern also – wie erörtert – die Zustimmung aller Gesellschafter notwendig ist, kann eine Gesellschaft im Aussenverhältnis gegenüber Dritten durch einen einzelnen Gesellschafter gleichwohl verpflichtet werden, vorausgesetzt, die Veräusserung des Unternehmens ist eine Rechtshandlung, die der Zweck der Gesellschaft mit sich bringen kann. Ob das zutrifft, ist – sofern nicht der Gesellschaftsvertrag offengelegt wird – aufgrund eines Handelsregisterauszuges zu prüfen.

8. Für die Kollektivgesellschaft muss gemäss Art. 554 OR der Zweck der Gesellschaft gar nicht im Handelsregister eingetragen werden, hingegen ist in Art. 42 HRV vorgesehen, dass die «Natur des Geschäftes» zu registrieren ist. In der Praxis wird im Handelsregister in der Kolonne «Geschäftsnatur, Bemerkungen» der Tätigkeitsbereich der Gesellschaft angegeben, z.B. «Verwaltung von Vermögen, insbesondere Wertschriften und Grundstücke» oder – weiteres Beispiel – «Tabak- und Zigarrenfabrikation». Ob nun der einzelne Gesellschafter das Unternehmen gültig verkaufen kann, hängt vom Einzelfall ab. Gewöhnlich dient der Verkauf eines Unternehmens aber der Liquidation einer Gesellschaft, wozu zuerst ein Auflösungsbeschluss gemäss Art. 545 Ziff. 4 OR zu fassen ist. Vorbehältlich anderslautender Bestimmungen im Gesellschaftsvertrag muss ein solcher Beschluss einstimmig sein. Entsprechend ist die Gesellschaft durch die Veräusserung des Unternehmens nur gebunden, wenn alle Gesellschafter der damit bewirkten Auflösung zustimmen. Soll der Erlös aus dem Verkauf dagegen in der Gesellschaft verwaltet, vielleicht in ein neues Unternehmen investiert werden, so liegt eine Zweckänderung vor, welche ebenfalls einen einstimmigen Beschluss der Gesellschafter voraussetzt (Siegwart, N 4 zu Art. 564 OR). Vorbehältlich entsprechender Statuten- bzw. Zweckänderungen ist somit der Verkauf des ganzen Unternehmens normalerweise durch den Gesellschaftszweck nicht gedeckt.

9. Etwas anders liegen die Verhältnisse beim teilweisen Verkauf eines Unternehmens. Besteht beispielsweise die Natur des Geschäfts in «Tabak- und Zigarrenfabrikation», so würde ein teilweiser Verkauf des Unternehmens gültig sein, wenn auch aufgrund des verbleibenden Teils die Tabak- und Zigarrenfabrikation weiterhin betrieben werden kann. Ist das nicht möglich oder erfasst die Geschäftsnatur verschiedene Geschäftsbereiche und wird durch den Teilverkauf einer der Bereiche stillgelegt, so liegen wiederum

§ 8 Verfügungsbeschränkungen für den Erwerb und Zusammenschluss   113

Liquidationshandlungen bzw. Zweckänderungen vor, und hierzu ist die Zustimmung der Gesellschafter gemäss Gesellschaftsvertrag erforderlich. Vorgängig entsprechender Beschlüsse ist dann der Teilverkauf des Unternehmens durch den Gesellschaftszweck nicht gedeckt.

Gleiche Regeln wie für eine Kollektivgesellschaft gelten, wenn eine Kommanditgesellschaft Verkäuferin ist. 10.

b) AG

Auch für eine AG ist zu fragen, ob der Verwaltungsrat die Gesellschaft 11. gültig verpflichten kann, wenn er das gesamte Unternehmen oder einen wesentlichen Teil davon veräussert.

Nach Art. 718 Abs. 1 OR ist der Verwaltungsrat ermächtigt, im Namen der 12. Gesellschaft alle Rechtshandlungen vorzunehmen, die der Zweck der Gesellschaft mit sich bringen kann. Der Dritte hat sich für die Beurteilung, ob der Zweck eingehalten ist, an den Handelsregistereintrag zu halten. Darin sind Gegenstand und Zweck der Gesellschaft angegeben (Art. 641 Ziff. 3 OR). *Zweck* in diesem Sinne bedeutet «..., was die Gesellschaft tun und in Zukunft erreichen möchte» (Forstmoser/Meier-Hayoz, § 12 N 21). Demgegenüber ist der *Gegenstand* die «konkretisierte Bestimmung dieser Tätigkeit..., insbesondere das Mittel zur Erreichung dieses Zwecks» (Forstmoser/Meier-Hayoz, zit.; siehe auch Schucany, N 5 zu Art. 626 OR). Zweck einer Gesellschaft ist z. B. die «Tabak- und Zigarrenfabrikation», Gegenstand der «Betrieb einer Fabrik in Dittingen/BE». Effektiv im Handelsregister eingetragen wird aber entgegen Art. 641 Ziff. 3 OR jeweils lediglich der Zweck, dagegen nicht der Gegenstand (Art. 42 Abs. 1 HRV). Vom Zweck ist der *Endzweck* einer AG zu unterscheiden, womit typischerweise eine auf Gewinn ausgerichtete wirtschaftliche Tätigkeit gemeint ist. Die Vertretungsmacht des Verwaltungsrates geht nicht soweit, alle Rechtshandlungen vornehmen zu können, welche dem Endzweck der Gesellschaft dienen, sondern die Vertretung ist auf den im Handelsregister eingetragenen Zweck eingeschränkt. Wie das Bundesgericht entschieden hat, ist dieser weit auszulegen:

«Selon la jurisprudence, approuvée par la doctrine, le but social embrasse l'ensemble des actes juridiques qui, du point de vue objectif, peuvent, ne fût-ce que de façon indirecte, contribuer à atteindre le but social, c'est-à-dire tous ceux que ce but n'exclut pas nettement; il n'est pas nécessaire qu'ils rentrent dans l'activité habituelle de l'entreprise» (BGE 111 II 288).

Demnach ist wie für die Personengesellschaften der Einzelfall zu untersu- 13. chen. Verkauft etwa der Verwaltungsrat einer AG, die als Zweck «Tabak- und Zigarrenfabrikation» verfolgt, das gesamte Unternehmen, so ist diese Handlung vom Zweck nicht mehr gedeckt, weil gerade durch sie die

Zweckverfolgung unmöglich gemacht wird. In Wirklichkeit liegt dann eine faktische Auflösung mit Liquidation vor, welche ungültig ist, weil es am erforderlichen Auflösungsbeschluss der Generalversammlung nach Art. 736 Ziff. 2 und Art. 649 Abs. 1 OR fehlt (siehe Siegwart, N 29 zu Art. 646 OR und N 7 zu Art. 648 OR). Soll – weiteres Beispiel – die Gesellschaft trotz Verkaufs ihres Unternehmens weiterbestehen bleiben, sich aber künftig auf das Halten einer Beteiligung an einer anderen Gesellschaft beschränken, so z. B. wenn das Unternehmen in eine andere Gesellschaft eingebracht worden ist, dann liegt die Veräusserung des Unternehmens trotzdem ausserhalb des Gesellschaftszweckes, und die Gesellschaft wird nicht verpflichtet. In Wirklichkeit hat eine Zweckänderung stattgefunden, weil die AG von einer Betriebs- zu einer Holdinggesellschaft umgewandelt worden ist. Infolgedessen sind die Statuten und der Handelsregistereintrag den neuen Verhältnissen anzupassen oder die neue Tätigkeit ist einzustellen (Siegwart, N 7 zu Art. 648 OR); beides setzt einen Generalversammlungsbeschluss voraus. Während der Auflösungsbeschluss mit der absoluten Mehrheit der vertretenen Aktienstimmen gefasst werden kann, muss der Beschluss über die Zweckänderung mindestens die Stimmen von zwei Dritteln des gesamten Grundkapitals auf sich vereinigen (Art. 648 Abs. 1 OR). Sowohl der Beschluss über die Auflösung wie auch der Beschluss über die Zweckänderung sind öffentlich zu beurkunden (Art. 647 Abs. 1, 736 Ziff. 2 OR).

14. Im Falle des Verkaufes bloss eines Teils eines Unternehmens ist darauf abzustellen, ob nach dem Verkauf die Verfolgung des Gesellschaftszwecks noch möglich ist. Ist das nicht der Fall, so liegt wiederum eine faktische Auflösung oder eine faktische Zweckänderung vor, und es sind die notwendigen Generalversammlungsbeschlüsse zu fassen. Ist aber der Gesellschaftszweck trotz des Verkaufs noch gewahrt, so ist der Verkauf für die Gesellschaft verbindlich. Für die Beurteilung, ob eine Änderung des Gesellschaftszwecks vorliegt, ist zu berücksichtigen, dass nach Gerichtspraxis eine Zweckänderung bereits angenommen wird, wenn auch nur ein Teil des Zwecks aufgegeben wird (SAG 1986, 189).

15. Das Bundesgericht setzte sich in einem Fall damit auseinander, wann eine Unternehmensübernahme eine Zweckänderung darstellt (BGE 100 II 384). Zwei AG vereinbarten eine Quasifusion in der Weise, dass die eine ihr Unternehmen als Sacheinlage in die andere einbrachte und sich anschliessend auf das Halten der Beteiligung an der anderen AG beschränkte. Die beiden Parteien legten diese «wirtschaftliche Fusion» ausserordentlichen Generalversammlungen zur Genehmigung vor. Das Bundesgericht fand auf Klage eines Aktionärs der übertragenden AG, dass ein Vertrag, der eine Gesellschaft dem Wesen und der Organisation nach verändert sowie den Geschäftsbereich ausdehnt und verengt, der Generalversammlung zur Beschlussfassung unterbreitet werden müsse. Infolge der Beschränkung der Tätigkeit auf das Halten von Beteiligungen liege eine Änderung des Zweckes

wie auch eine Ausdehnung bzw. Verengung des Geschäftsbereiches vor. Die Generalversammlung sei somit nach Art. 648 und 649 OR zwingend zur Beschlussfassung zuständig gewesen. In Besprechungen dieses Urteils ist das Bundesgericht kritisiert worden (Kummer, ZBJV 1976, 153; von Greyerz, SAG 1976, 171). Es könne nicht ein statutenwidriger Vertrag durch eine Generalversammlung genehmigt werden. Vielmehr sei diese bloss zuständig, den statutarischen Zweck zu ändern und damit die Voraussetzungen für die Gültigkeit des Vertrages zu schaffen.

3. Vertretungsmacht beim Kauf eines Unternehmens

16. Aus Sicht des Verkäufers fragt sich, ob der Kauf verbindlich ist, wenn die Zustimmung der Gesellschafter bzw. der Aktionäre der kaufenden Gesellschaft nicht eingeholt worden ist. Für die Beantwortung dieser Frage ist abzuklären, ob der Kauf durch den Zweck der kaufenden Gesellschaft gedeckt ist. Das beurteilt sich nach dem im Handelsregister eingetragenen Zweck. Kauft eine Gesellschaft mit dem Zweck «Tabak- und Zigarrenfabrikation» ein Unternehmen, welches den Handel von Edelmetallen betreibt, dann ist der Kauf durch den Gesellschaftszweck nicht mehr gedeckt. Häufig steht in den Statuten aber, dass sich eine Gesellschaft an anderen Unternehmen beteiligen darf. Hier wäre die kaufende Gesellschaft durch den Kaufvertrag an sich verpflichtet, auch wenn man sich fragen kann, ob mit dieser Wendung «an anderen Unternehmen beteiligt» nicht bloss Unternehmen gemeint sind, welche im Grunde den gleichen oder einen ähnlichen Zweck verfolgen wie die kaufende Gesellschaft.

17. Sofern der Kauf nicht bereits schon eine Zweckänderung bewirkt und damit Beschlüsse der Gesellschafter bzw. Aktionäre erforderlich macht, ist für die AG noch weiter zu fragen, ob durch den Kauf nicht der Geschäftsbereich erweitert wird; dies würde einen Generalversammlungsbeschluss im Sinne von Art. 649 OR voraussetzen. Mit Geschäftsbereich ist das gleiche gemeint wie mit Gegenstand einer Gesellschaft, d. h. der konkrete Betrieb, mit dem der Zweck erreicht werden soll. Oft ist ein Generalversammlungsbeschluss nicht notwendig, weil in vielen Statuten ein besonderer Geschäftsbereich gar nicht genannt ist.

II. Öffentlichrechtliche Beschränkungen

1. Allgemeines

18. Als Grundsatz gilt die *Handels- und Gewerbefreiheit* nach Art. 31 BV (nachfolgend «HGF» genannt). Mit HGF ist das Recht des Einzelnen gemeint, uneingeschränkt von staatlichen Massnahmen jede privatwirtschaftliche Tätigkeit frei ausüben und einen privatwirtschaftlichen Beruf frei wählen zu können (Häfelin/Haller, N 1379). Die HGF, auf welche sich die juristischen Personen des Privatrechtes ebenfalls berufen können, umfasst auch die organisatorische Freiheit (Häfelin/Haller, N 1392). Danach darf sich der wirtschaftlich Tätige frei entscheiden, wie er seine Tätigkeit organisiert. Demzufolge unterstehen der Erwerb und Zusammenschluss von Unternehmen grundsätzlich der HGF.

19. Bereits in der Bundesverfassung ist aber vorgesehen, dass die HGF nur soweit gewährleistet ist, als sie nicht durch die Bundesverfassung und die auf ihr beruhende Gesetzgebung eingeschränkt ist (Art. 31 Abs. 1 BV). Es bestehen eine Reihe von wirtschaftspolizeilichen und -politischen Einschränkungen. Die Bestimmungen darüber sind im Bundes- wie im kantonalen Recht zu finden. Insbesondere sind gewisse Wirschaftstätigkeiten an Bewilligungen polizeilicher Art geknüpft, oder bestimmte wirtschaftliche Tätigkeiten sind monopolisiert und dürfen vom Privaten nur aufgrund einer Monopolkonzession ausgeübt werden. (Für eine Übersicht siehe Imboden/Rhinow, N 138).

20. *Bewilligungen und Konzessionen* lauten in der Regel auf eine bestimmte Person. Wird nun ein Unternehmen mit Aktiven und Passiven übernommen oder ist im Falle einer Fusion die untergehende Gesellschaft die Trägerin einer Bewilligung oder Konzession, so gehen solche Bewilligungen und Konzessionen meistens verloren (siehe z. B. BGE 80 I 216, 80 I 276, 80 I 402). Von diesem Grundsatz sind Sachbewilligungen oder Konzessionen ausgenommen, welche nicht an eine Person geknüpft sind und übertragbar sein können. Die Übertragbarkeit kann sich aus dem Gesetz, der Natur der einzelnen Bewilligung oder Konzession oder infolge der Verbundenheit mit einem Unternehmen ergeben (Gygi, 178, 294 ff.).

21. Für persönliche Konzessionen bzw. Bewilligungen kann es einen wesentlichen Unterschied ausmachen, ob eine Gesellschaft übernommen wird oder stattdessen ihr Unternehmen mit Aktiven und Passiven. Im ersten Fall bleibt die Konzession bzw. Bewilligung normalerweise bestehen. Im zweiten Fall muss der Erwerber sicherstellen, dass die Konzession bzw. Bewilligung auch ihm persönlich gewährt wird. Falls die zuständige Behörde die Übertragung verweigert und der Kaufvertrag bereits abgeschlossen worden ist, so ist normalerweise der Vertrag gleichwohl wirksam, es sei denn, die Parteien haben die Gewährung der Konzession bzw. Bewilligung zu einer Bedingung des Vertrages erhoben.

§ 8   Verfügungsbeschränkungen für den Erwerb und Zusammenschluss   117

Weiter ist zu berücksichtigen, dass – wie speziell im Bereich des Banken- 22.
rechtes noch zu sehen sein wird – gerade der Erwerb oder Zusammenschluss
von Unternehmen selber wieder Anlass zu einer Bewilligung sein kann.

2. Kartellrecht

Das revidierte Kartellgesetz, welches neu die Möglichkeit der Untersu- 23.
chung von Unternehmenszusammenschlüssen einführte, ist erst seit 1. Juli
1986 in Kraft. Wegweisende Erfahrungen zum Thema Unternehmensübernahmen stehen bisher noch aus.

a) Verwaltungsrechtliche Bestimmungen

Laut Art. 30 Abs. 1 KG untersucht die Kartellkommission Unternehmens- 24.
zusammenschlüsse, wenn (i) durch einen Zusammenschluss eine den Markt
massgeblich beeinflussende Stellung (Art. 4 Abs. 1 KG) begründet oder
verstärkt wird, und (ii) überdies Anhaltspunkte für volkswirtschaftlich oder
sozial schädliche Auswirkungen bestehen. Als Zusammenschluss gilt jede
Verbindung, namentlich die Fusion, die Zusammenfassung in einer Holdinggesellschaft oder der Erwerb von Kapitalanteilen, der eine beherrschende
Einflussnahme zur Folge hat (Art. 30 Abs. 2 KG). Erfasst sind auch Quasifusionen und Joint-Ventures (Schürmann/Schluep, 697).

Es ist also festzuhalten, dass Unternehmenszusammenschlüsse, welche 25.
dem Schweizer Kartellgesetz unterstehen, nicht einer Fusionskontrolle
unterworfen sind. Vor oder nach dem Zusammenschluss braucht keine
Bewilligung eingeholt zu werden. Auch ist es nicht erforderlich, einen
Unternehmenszusammenschluss der Kartellkommission mitzuteilen.

Die Kartellkommission hat bisher namentlich Zusammenschlüsse von 26.
nationaler oder internationaler Bedeutung aufgegriffen. Sie behält sich aber
vor, auch auf regionaler oder lokaler Ebene tätig zu werden, wenn Anhaltspunkte für volkswirtschaftlich oder sozial schädliche Auswirkungen vorliegen (Jahresbericht der Kartellkommission 1987, VKKP 1988, 4). Präzisere
Aufgreifkriterien bestehen formell noch nicht, doch sollen laut Verlautba-
rungen der Kartellkommission Fälle näher betrachtet werden, bei denen
- bereits ein massgeblicher Markteinfluss besteht
- oder ein enger, spezialisierter Markt vorhanden ist
- oder ein schweizerisches Unternehmen ein ausländisches übernimmt,
  soweit dies Rückwirkungen auf den schweizerischen Markt hat.

Praktisch geht die Kartellkommission so vor, dass sie zuerst eine Vorabklä- 27.
rung im Sinne von Art. 28 KG vornimmt, um festzustellen, ob ein Zusam-

menschluss vorliegt, ob dadurch eine massgeblich beeinflussende Stellung begründet oder verstärkt wird und ob Anhaltspunkte für volkswirtschaftlich oder sozial schädliche Auswirkungen bestehen. Gestützt darauf wird dann beschlossen, ob eine Untersuchung nach Art. 29/30 KG vorgenommen werden soll. (Über die bisherigen Vorabklärungen von Unternehmenszusammenschlüssen siehe Jahresbericht 1987, VKKP 1988, 24ff.) Nur in einem Fall beschloss die Kartellkommission, eine Untersuchung einzuleiten.

28. Stellt die Kommission aufgrund einer Untersuchung volkswirtschaftlich oder sozial schädliche Auswirkungen fest, unterbreitet sie den Beteiligten Empfehlungen. Diese bestehen darin, gewisse Abreden abzuändern oder aufzuheben oder bestimmte Verhaltensweisen zu unterlassen (Art. 32 Abs. 1 KG). Es kann also nicht empfohlen werden, den Unternehmenszusammenschluss rückgängig zu machen (Schürmann/Schluep, 712). Ob eine Empfehlung darin bestehen kann, dass von weiteren Zusammenschlüssen abzusehen ist, ist umstritten (Schürmann/Schluep, 714). Die Parteien haben schriftlich zu erklären, ob sie die Empfehlung annehmen (Art. 32 Abs. 2 KG). Nehmen sie an, haben sie die Empfehlung zu befolgen, widrigenfalls ordnet das Eidgenössische Volkswirtschaftsdepartement auf Antrag der Kommission die erforderlichen Massnahmen an (Art. 37 Abs. 2 KG). Insbesondere kann eine Busse erteilt werden (Art. 39 KG). Nehmen die Parteien die Empfehlung dagegen nicht an, so erstattet die Kommission Bericht an das Eidgenössische Volkswirtschaftsdepartement (Art. 33 Abs. 1 KG). Dieses kann dann die erforderlichen Massnahmen verfügen, wobei es die Beteiligten zuvor anhört (Art. 37 Abs. 1 KG).

b) Zivil- und prozessrechtliche Bestimmungen

29. Nebst den verwaltungsrechtlichen Bestimmungen enthält das Kartellgesetz auch zivil- und prozessrechtliche Vorschriften. Diese finden Anwendung auf Kartelle (definiert in Art. 2 KG) und kartellähnliche Organisationen (definiert in Art. 4 KG). Nach Art. 6 KG sind Wettbewerbsbehinderungen unzulässig, vorbehältlich solcher, die sich nach Art. 7 KG durch überwiegende Interessen rechtfertigen lassen. Der durch die unzulässige Wettbewerbsbehinderung Geschädigte oder Gefährdete kann nebst anderem auf die Beseitigung des rechtswidrigen Zustandes und die Unterlassung der Vorkehr eines Kartells oder einer kartellähnlichen Organisation klagen (Art. 8 KG). Zusammenschlüsse sind grundsätzlich zulässig, doch können sie unter gewissen Voraussetzungen zur unerlaubten Vorkehr werden, z.B. wenn ein kartellähnlicher Konzern durch Einsatz von Marktmacht die Partnergesellschaft für den Zusammenschluss gefügig macht (Schürmann/Schluep, 357, 360).

3. Bankenrecht

a) Geltungsbereich

Banken sowie *Finanzgesellschaften, welche sich öffentlich zur Annahme* 30. *fremder Gelder empfehlen*, bedürfen zur Aufnahme ihrer Geschäftstätigkeit einer Bewilligung der Eidgenössischen Bankenkommission (nachfolgend «EBK» genannt). Zu den Begriffen «Banken» und «Finanzgesellschaften, die sich öffentlich zur Annahme fremder Gelder empfehlen» siehe Zulauf, ST 11/1988, 430. Nachfolgend wird aus praktischen Erwägungen nur noch von Banken gesprochen.

Damit die Bankbewilligung erteilt wird, müssen verschiedene Vorausset- 31. zungen erfüllt sein. Dazu gehören insbesondere eine sachgemässe innere Organisation, gemäss Art. 4 BankV ein Mindestkapital von 2 Mio. Franken (wobei in der Praxis die EBK bisher ein höheres Mindestkapital verlangt hat; dazu Müller, 301) und gewisse personelle Voraussetzungen (siehe im einzelnen Art. 3 Abs. 2 BankG sowie Müller, 292 ff.).

Der Betrieb einer Bank ohne die notwendige Bewilligung zieht strafrecht- 32. liche Sanktionen nach sich (Art. 46 BankG). Zivilrechtlich verfügt die EBK die Auflösung und Liquidation einer Gesellschaft, welcher eine Bewilligung nie erteilt worden ist, obschon eine solche für die Ausübung der Geschäftstätigkeit notwendig gewesen wäre (EBK-Bulletin 6, 5 ff.).

Bankähnliche Finanzgesellschaften, die sich nicht öffentlich zur Entgegen- 33. *nahme fremder Gelder empfehlen* (nachfolgend «bankähnliche Finanzgesellschaften» genannt), sind lediglich Art. 7 und 8 BankG unterstellt, was bedeutet, dass sie gewissen Pflichten gegenüber der Schweizerischen Nationalbank zu genügen haben. So müssen sie insbesondere der Schweizerischen Nationalbank ihre Jahresrechnung einreichen und sie sind den Kapitalexportbestimmungen von Art. 8 BankG unterworfen. Die Unterstellung unter Art. 7 und 8 BankG wird in einer Verfügung der EBK festgestellt (über die Voraussetzungen siehe Zirkular der EBK vom 5. Juni 1987, EBK-Jahresbericht 1987, 43).

Vermögensverwalter und *Börsenfirmen*, welche keinen Bankbetrieb füh- 34. ren, sowie *Finanzgesellschaften,* welche weder bankähnlich sind, noch sich öffentlich zur Annahme von fremden Geldern empfehlen, benötigen keine Bewilligung.

Die nachfolgend skizzierten Übernahmefälle beschränken sich auf Banken 35. und bankähnliche Finanzgesellschaften, welche in der Form einer AG errichtet sind.

b) Bewilligungspflichtige und andere Übernahmen

aa) Übernahme einer Bank mit Aktiven und Passiven

36. Übernimmt eine Gesellschaft, ohne selbst Bank zu sein, Aktiven und Passiven einer Bank, um diese selbst zu betreiben, so benötigt sie für den Betrieb der übernommenen Bank ihrerseits eine Bewilligung der EBK, weil die bereits bestehende Bewilligung auf die übertragende Bank ausgestellt ist.

37. Die Bank, deren Aktiven und Passiven von einer Bank oder von einer anderen Gesellschaft übernommen werden und die auf die Ausübung der Banktätigkeit verzichtet, bleibt dem Bankengesetz und der Aufsicht durch die EBK insoweit und solange unterstellt, als die Interessen der Bankgläubiger es erfordern (EBK-Bulletin 3, 54 ff.). Die EBK trifft die erforderlichen Übergangsregelungen. Dazu gehört auch, dass ein Revisionsbericht eingeholt wird, der festhält, ob die gesamten Verbindlichkeiten zurückbezahlt, übernommen oder sichergestellt worden sind. Während der zwei Jahre, in denen die übertragende Bank gemäss Art. 181 Abs. 2 OR kumulativ den Gläubigern gegenüber weiterhaftet, darf sie – Spezialfälle vorbehalten – weder ihr Kapital noch Dividenden an ihre Aktionäre verteilen. Die veräussernde Bank muss überdies ihren Zweck und gegebenenfalls ihre Firma ändern, weil sie sich nicht mehr «Bank» nennen darf (Art. 1 Abs. 4 BankG). Soll die übertragende Bank liquidiert werden, endet die Aufsicht zum Schutze der Gläubiger grundsätzlich erst mit der Löschung im Handelsregister, wofür die Zustimmung der EBK Voraussetzung ist (Müller, 291 mit Nachweisen).

bb) Übernahme eines Unternehmens mit Aktiven und Passiven durch eine Bank

38. Übernimmt eine Bank Aktiven und Passiven eines Nichtbankenbetriebes, so ist eine besondere Bewilligung nicht notwendig, doch verlangt die EBK für branchenfremde Tätigkeiten «eine ausdrückliche Grundlage in den Bankenstatuten und eine dem erweiterten Aufgabenkreis angepasste Organisation sowie personelle und finanzielle Dotierung» (EBK-Jahresbericht 1980, 19). Gemäss Art. 3 Abs. 3 BankG sind Änderungen der Statuten der EBK anzuzeigen, soweit sie Geschäftszweck und -bereich, Grundkapital oder innere Organisation betreffen; die Eintragung ins Handelsregister darf erst nach Genehmigung durch die EBK erfolgen.

cc) Übernahme einer bankähnlichen Finanzgesellschaft mit Aktiven und Passiven

39. Übernimmt eine dem Bankengesetz nicht unterworfene Gesellschaft Aktiven und Passiven einer bankähnlichen Finanzgesellschaft, muss sie sich Art. 7 und 8 BankG unterstellen lassen, wenn sie den übernommenen Betrieb als bankähnliche Finanzgesellschaft weiterbetreiben will.

dd) Übernahme eines Unternehmens mit Aktiven und Passiven durch eine bankähnliche Finanzgesellschaft

40. Übernimmt eine bankähnliche Finanzgesellschaft einen anderen Betrieb, so ist das weder bewilligungs- noch unterstellungspflichtig. Allerdings verlangt die EBK in ihrer Unterstellungsverfügung normalerweise, dass ihr Änderungen der Statuten von bankähnlichen Gesellschaften mitgeteilt werden. Führt der Erwerb somit zu einer Statutenänderung, so ist das der EBK anzuzeigen.

ee) Übernahme der Aktien einer Bank-AG

41. Werden die Aktien einer Gesellschaft erworben, welche eine Bank betreibt und die Bankbewilligung bereits erhalten hat, dann ist es, vorbehältlich des Erwerbes durch Ausländer, nicht notwendig, eine neue Bewilligung einzuholen, da die Verfügung, mit welcher die Bewilligung ursprünglich gewährt wurde, auf die Gesellschaft lautet. Es steht der EBK aber frei, sich gestützt auf ihr Auskunftsrecht (Art. 23 bis Abs. 2 BankG) periodisch über die Identität der Aktionäre ins Bild zu setzen.

ff) Übernahme der Anteile einer Gesellschaft durch eine Bank

42. Will eine Schweizer Bank im In- oder Ausland eine Gesellschaft erwerben, sei es, dass diese eine Bank oder ein anderes Unternehmen betreibt, so setzt das keine formelle Bewilligung der EBK voraus. Möglicherweise ist aber mit einem solchen Erwerb eine Statutenänderung verknüpft, welche wiederum die Genehmigung der EBK bedingt (Art. 3 Abs. 3 BankG). Auch verlangt die EBK, dass die Bank über eine Verwaltungsorganisation verfügt, welche die sachgemässe Überwachung und einheitliche Leitung der Konzerngesellschaften gewährleistet. Ferner ist zu berücksichtigen, dass schweizerische Bankkonzerne einer besonderen laufenden Beaufsichtigung unterworfen sind (dazu Müller, 369 ff.).

gg) Fusionen

43. Fusionen sind als solche nicht bewilligungspflichtig. Wenn eine Bank durch Fusion absorbiert wird, setzt jedoch die Löschung im Handelsregister die Zustimmung der EBK voraus. Bis dahin untersteht die untergehende Bank der Aufsicht, und die EBK trifft die erforderlichen Übergangsregelungen (Müller, 291). Die EBK achtet vor allem darauf, dass die obligationenrechtlichen Bestimmungen und das Kreisschreiben des EJPD vom 25. Januar 1985 (abgedruckt in ST 2/1984, 53) über Auflösung und Liquidation eingehalten sind. Sie kontrolliert, ob Aktiven und Passiven übernommen worden sind. Sollte die übernehmende Gesellschaft keine Bank sein, so muss sie eine Bewilligung zum Betrieb der Bank einholen.

c) Zusatzbewilligung für ausländisch beherrschte Banken

aa) Voraussetzungen

44. Ausländisch beherrschte Banken müssen zu ihrer Geschäftstätigkeit neben der Bankbewilligung noch eine Zusatzbewilligung einholen (Art. 3 bis und 3 ter BankG). Die Gewährung einer solchen Zusatzbewilligung hängt davon ab, dass (i) der Staat, in welchem der Ausländer seinen Wohnsitz oder Sitz hat, Gegenrecht gewährt, (ii) keine Firma verwendet wird, die auf einen schweizerischen Charakter hinweist oder auf einen solchen schliessen lässt, und (iii) die Schweizerische Nationalbank bestätigt, dass ihr die Bank die zum Schutze der schweizerischen Kredit- und Währungspolitik erforderlichen Zusicherungen abgegeben hat.

bb) Ausländische Beherrschung

45. Eine Bank gilt als ausländisch beherrscht, wenn Ausländer direkt oder indirekt mit mehr als der Hälfte des Gesellschaftskapitals oder der Stimmen an ihr beteiligt sind oder in anderer Weise auf sie einen beherrschenden Einfluss ausüben (Art. 3 bis Abs. 3 BankG).
46. Ausländer sind natürliche Personen, die weder das Schweizer Bürgerrecht noch eine Niederlassungsbewilligung in der Schweiz besitzen; ferner juristische Personen und Personengesellschaften mit Sitz im Ausland oder mit Sitz im Inland, sofern sie von Ausländern beherrscht sind (Art. 3 bis Abs. 3 BankG).
47. Wann «in anderer Weise» ein beherrschender Einfluss ausgeübt wird, stellt die EBK jeweils im Einzelfall fest (zur Praxis Müller, La pratique de la commission fédérale des banques, 88, 89; EBK-Bulletin 2, 12 ff.).

cc) Gegenrecht

Das Gegenrecht ist gegeben, «wenn schweizerische Banken im betreffenden Staat eine Bank in Form einer Zweigniederlassung oder Tochtergesellschaft gründen und betreiben können und diese rechtlich und faktisch umfassend und gewinnbringend tätig sein kann» (EBK-Jahresbericht 1987, 45, im einzelnen, Dietzi, 71 ff.). Eine Liste der Gegenrecht bietenden Staaten wird von der EBK jeweils in ihrem Jahresbericht veröffentlicht. Das Gegenrecht beurteilt sich nach dem Staate, in welchem die Personen, welche die Bank wirtschaftlich beherrschen, ihren Wohnsitz oder ihren Sitz haben. Für juristische Personen wird auf den statutarischen Sitz abgestellt, es sei denn, dieser sei fiktiv. Dann ist der Ort entscheidend, an dem die Verwaltung der Gesellschaft effektiv ausgeübt wird. Für Durchlaufgesellschaften wie z.B. eine Zwischenholding mit Sitz in Cayman Island wird nicht geprüft, ob das Land am statutarischen Sitz Gegenrecht gewährt (EBK-Jahresbericht 1980, 20). 48.

dd) Bewilligungspflichtige Übernahmen

aaa) Vorbemerkungen

Für die Frage, ob eine Zusatzbewilligung notwendig ist, ist es unerheblich, ob die übernommene Bank bereits ausländisch beherrscht war. Die Pflicht zur Bewilligung knüpft demzufolge an der Ausländereigenschaft der Käufer an. Eine Zusatzbewilligung ist nach Praxis der EBK sogar notwendig, wenn sich nur die Beteiligungsanteile ändern, es sei denn, die Veränderungen seien bloss geringfügig. Als geringfügig werden Veränderungen um 5% oder, unter gewissen Bedingungen, 10% betrachtet (Müller, 354). 49.

Nicht weiter verfolgt werden hier jene Fälle, in denen eine Zusatzbewilligung notwendig ist, weil eine Zweigniederlassung, Agentur oder ein ständiger Vertreter einer ausländischen oder ausländisch beherrschten Bank übernommen wird (siehe Art. 3 bis BankG). 50.

In den nachstehenden Fällen ist dargelegt, wann eine Zusatzbewilligung notwendig ist. Die Zusatzbewilligung ist von der allgemeinen Betriebsbewilligung einer Bank zu unterscheiden, so dass für eine Übernahme jeweils getrennt zu prüfen ist, ob eine allgemeine Bankbewilligung und/oder eine Zusatzbewilligung erforderlich ist. 51.

Wenn eine Zusatzbewilligung nicht eingeholt wird, obschon die Voraussetzungen dazu bestehen, verlangt die EBK die Wiederherstellung des gesetzmässigen Zustandes. Als letzte Massnahme droht sie den Entzug der Bankbewilligung an (EBK-Bulletin 2, 12 ff.). Das bewirkt für juristische Personen die Auflösung (Art. 23 quinquies Abs. 2 BankG). 52.

bbb) Übernahme einer Schweizer Bank durch Ausländer

53. Wenn ein Ausländer die Aktien einer Schweizer Bank-AG – direkt oder indirekt über eine Tochtergesellschaft – erwirbt, ist eine Zusatzbewilligung notwendig.
54. Auch wenn ein Ausländer eine Schweizer Tochtergesellschaft gründet, welche von einer Bank deren Betrieb übernimmt, ist eine Zusatzbewilligung einzuholen.
55. Sollte der Ausländer den übernommenen Bankbetrieb als Schweizer Zweigniederlassung weiterführen, muss dafür ebenfalls eine Bewilligung erwirkt werden. Die Voraussetzungen für die Bewilligung einer Zweigniederlassung sind in der Verordnung über die ausländischen Banken in der Schweiz vom 22. März 1984 näher geregelt (Art. 3).

ccc) Fusionen

56. Eine Zusatzbewilligung ist unter Umständen erforderlich, wenn ausländische Gesellschaften fusionieren, welche in der Schweiz Banken besitzen.
57. Ebenso bedingt eine Fusion einer ausländisch kontrollierten Gesellschaft mit Sitz in der Schweiz – sei es eine Bank oder ein anderer Betrieb – mit einer Schweizer Bank eine Zusatzbewilligung, vorausgesetzt, die aus der Fusion hervorgehende Bank ist ausländisch beherrscht. Für eine übernehmende Bank, welche bereits eine Zusatzbewilligung besitzt, ist eine weitere Bewilligung nur nötig, wenn sie durch die Fusion weitere Zweigniederlassungen in der Schweiz übernimmt (Art. 3 bis Abs. 1 BankG).

ee) Schlussbemerkung

58. Übernimmt eine ausländische Bank eine Schweizer Bank, so erkundigt sich die EBK, ob die Aufsichtsbehörde der Mutterbank Einwendungen erhebt, bevor sie die Bewilligung erteilt. Die Bewilligung wird unter Umständen mit Auflagen verknüpft (Müller, 375), z. B. wird verlangt, dass die ausländische Bank ihre Abschlüsse konsolidiert.

d) Auswirkungen fehlender oder verweigerter Bewilligungen

59. Wenn eine Bewilligung nicht eingeholt oder verweigert wird, droht nebst strafrechtlichen Konsequenzen der Entzug der Bankbewilligung, welcher die Auflösung einer Gesellschaft bewirkt (Art. 23 quinquies BankG). Zuerst verlangt die EBK die Wiederherstellung des gesetzmässigen Zustandes. Als

Massnahme kommt für die Parteien z. B. der Verkauf der Aktien an eine Gesellschaft in Frage, welcher die erforderliche Bewilligung gewährt werden kann.

Die Parteien sollten in ihrem Übernahmevertrag vorsehen, dass die 60. Übernahme erst vollzogen wird, wenn die erforderlichen Bewilligungen vorliegen.

Sollten es die Parteien versäumen, eine vertragliche Regelung über die 61. notwendigen Bewilligungen der EBK zu treffen, so sind jeweils die Wirkungen auf das Grundgeschäft zu prüfen, wenn sich im nachhinein eine Bewilligung als notwendig erweist, aber verweigert wird, oder wenn die Parteien im Vertrauen darauf, die Bewilligung werde gewährt, den Vertrag bereits vollzogen haben. Worin die zivilrechtlichen Wirkungen bestehen, hängt vom einzelnen Geschäft und dem – zu ermittelnden – Willen der Parteien ab. Jedenfalls ordnet das BankG nicht die Ungültigkeit des Grundgeschäftes an.

III. Grundstückerwerb durch Ausländer (Lex Friedrich)

1. Bewilligungspflicht

a) Geltungsbereich

Personen im Ausland bedürfen für den Erwerb von Grundstücken einer 62. Bewilligung durch die zuständige kantonale Behörde (Art. 2 BewG). Dieser Pflicht untersteht auch eine Handänderung zwischen Ausländern (BGE 103 Ib 182).

Als *Personen im Ausland* gelten natürliche Personen, die nicht das Recht 63. haben, sich in der Schweiz niederzulassen (Art. 5 Abs. 1 lit. a BewG). Weitere Personen im Ausland sind Aktiengesellschaften oder vermögensfähige Gesellschaften ohne juristische Persönlichkeit (Personengesellschaften), die ihren statutarischen oder tatsächlichen Sitz im Ausland haben (Art. 5 Abs. 1 lit. b BewG). Sodann werden jene juristischen Personen und Personengesellschaften als Personen im Ausland betrachtet, welche ihren statutarischen und tatsächlichen Sitz zwar in der Schweiz haben, an denen aber Personen im Ausland eine beherrschende Stellung innehaben (Art. 5 Abs. 1 lit. c BewG).

Eine *beherrschende Stellung* wird angenommen, wenn eine Person im 64. Ausland aufgrund ihrer finanziellen Beteiligung, ihres Stimmrechtes oder aus anderen Gründen allein oder gemeinsam mit anderen Personen im Ausland die Verwaltung oder Geschäftsführung einer Gesellschaft entscheidend beeinflussen kann (Art. 6 Abs. 1 BewG). Die Beherrschung wird für eine AG z. B. vermutet, wenn die Personen im Ausland mehr als ein Drittel des Aktienkapitals besitzen, oder über mehr als ein Drittel der Stimmen in der Generalversammlung verfügen, oder der AG rückzahlbare Mittel zur Verfügung stellen, welche die im Gesetz im einzelnen umschriebene Höhe übersteigen (Art. 6 Abs. 2 BewG). Für eine Personengesellschaft wird die Beherrschung vermutet, wenn eine oder mehrere Personen im Ausland unbeschränkt haftende Gesellschafter sind oder der Gesellschaft Mittel über das im Gesetz vorgesehene Mass hinaus zur Verfügung stellen (Art. 6 Abs. 3 BewG).

b) Anwendungsfälle

aa) Übernahme eines Unternehmens mit Aktiven und Passiven

65. Übernimmt eine Person im Ausland ein Unternehmen mit Aktiven und Passiven, so ist eine Bewilligung einzuholen, wenn mit dem Unternehmen ein oder mehrere Grundstücke in der Schweiz erworben werden. Bewilligungspflichtig sind (i) der Erwerb von Eigentum, eines Baurechts, eines Wohnrechts oder einer Nutzniessung an einem Grundstück (Art. 4 Abs. 1 lit. a BewG), (ii) die Begründung und Ausübung eines Kaufs-, Vorkaufs- oder Rückkaufsrechts an einem Grundstück (Art. 4 Abs. 1 lit. f BewG) oder (iii) der Erwerb anderer Rechte, die dem Erwerber eine ähnliche Stellung wie dem Eigentümer eines Grundstückes verschaffen (Art. 4 Abs. 1 lit. g BewG).

66. In der Verordnung ist beispielhaft, aber nicht abschliessend, gesagt, wann andere «Rechte, die dem Erwerber eine ähnliche Stellung wie dem Eigentümer eines Grundstückes verschaffen», vorliegen (Art. 1 Abs. 2 BewV). Dazu gehört namentlich die langfristige Miete eines Grundstückes, jedoch nur, wenn die Abreden den Rahmen des gewöhnlichen oder kaufmännischen Geschäftsverkehrs sprengen und den Vermieter in eine besondere Abhängigkeit vom Mieter bringen (Art. 1 Abs. 2 lit. a BewV). Als langfristig gilt etwa ein Mietvertrag mit einer festen Vertragsdauer von mehr als 10 Jahren (Mühlebach/Geissmann, N 64 zu Art. 4 BewG). Was unter Abreden, die den Rahmen des gewöhnlichen oder kaufmännischen Geschäftsverkehrs sprengen, zu verstehen ist, ist im Einzelfall zu entscheiden, doch ist die Vormerkung eines langfristigen Mietvertrages im Grundbuch für sich allein noch nicht bewilligungspflichtig (Mühlebach/Geissmann, N 68 zu Art. 4 BewG).

67. Die Übernahme eines Geschäftes im Sinne von Art. 181 OR ebenso wie eine Fusion, welche mit dem Erwerb eines Grundstücks durch eine Person im Ausland verknüpft ist, unterstehen je der Bewilligungspflicht (Art. 1 Abs. 1 lit. b BewV; BGE 108 Ib 440).

bb) Übernahme einer Personengesellschaft

Erwirbt eine Person im Ausland Anteile an einer Personengesellschaft, zu deren Aktiven ein Grundstück in der Schweiz gehört oder deren tatsächlicher Zweck der Erwerb von Grundstücken ist, so ist die Bewilligungspflicht zu bejahen (Art. 4 Abs. 1 lit. b BewG). Für den Erwerb einer Personengesellschaft durch eine Person im Ausland ist also eine Bewilligung unabhängig davon einzuholen, welchen Wert das Grundstück am Gesamtvermögen des Personenunternehmens ausmacht. 68.

cc) Übernahme einer AG

Ohnehin bewilligungspflichtig ist der Erwerb von Aktien einer AG, deren tatsächlicher Zweck der Erwerb von Grundstücken ist (Art. 4 Abs. 1 lit. e BewG). Solche Gesellschaften werden auch *Immobiliengesellschaften im engeren Sinn* genannt. 69.

Wenn eine Person im Ausland die Aktien einer AG erwirbt, deren Hauptzweck gewerblicher oder kaufmännischer Natur ist, so ist eine Bewilligung notwendig, sofern die Aktiven des Unternehmens nach ihrem tatsächlichen Wert zu mehr als einem Drittel aus Grundstücken in der Schweiz bestehen (Art. 4 Abs. 1 lit. d BewG). Solche Gesellschaften werden als *Immobiliengesellschaften im weiteren Sinne* bezeichnet. Die Bewilligungspflicht ist aber nur gegeben, wenn die Personen im Ausland durch den Erwerb von Aktien eine beherrschende Stellung erhalten oder verstärken. Für die Annahme einer beherrschenden Stellung genügt z. B. bereits der Erwerb von einem Drittel des Grund- oder Stimmkapitals einer AG (Art. 6 Abs. 2 lit. a BewG). Zum Begriff der beherrschenden Stellung siehe im übrigen vorne N 64. 70.

Für die Berechnung, ob die Aktiven einer AG zu mehr als einem Drittel aus Grundstücken in der Schweiz bestehen, ist «der Wert sämtlicher Rechte an Grundstücken, die gemäss diesem Gesetz Ergebnis von bewilligungspflichtigen Erwerbsgeschäften sind» (Mühlebach/Geissmann, N 25 zu Art. 4 lit. b BewG) einzubeziehen. Ausserdem ist vom tatsächlichen Wert, d. h. vom Verkehrswert und nicht vom Bilanzwert, auszugehen (Reize, 23). Ist aber der Verkehrswert der Grundstücke entscheidend, so müssen auch die übrigen Aktiven für die Berechnung, ob ein Geschäft bewilligungspflichtig ist, zum Verkehrswert eingesetzt werden (Mühlebach/Geissmann, N 27 zu Art. 4 BewG). Weiter wird der Wert der Grundstücke nur ins Verhältnis gesetzt zu den übrigen betriebsnotwendigen Aktiven, was dazu führt, dass gewisse andere Aktiven, namentlich nichtbetriebsnotwendige Liquiditäten, für die Berechnung aus der Bilanz ausgeschieden werden (Mühlebach/Geissmann, N 27 zu Art. 4 BewG). Für den Erwerb von Holdinggesellschaf- 71.

ten ist von der konsolidierten Bilanz auszugehen (Mühlebach/Geissmann, N 31 zu Art. 4 BewG).

72. Sollte unklar sein, ob ein Erwerb der Bewilligungspflicht unterworfen ist, so hat der Erwerber spätestens nach dem Abschluss des Rechtsgeschäftes, das bedeutet innert etwa einem Monat danach (Mühlebach/Geissmann, N 6 zu Art. 17 BewG), um die Feststellung nachzusuchen, dass eine Bewilligung nicht notwendig ist (Art. 17 Abs. 1 BewG).

73. Noch besonders hervorzuheben ist die Tatsache, dass auch die Verstärkung einer beherrschenden Stellung der Bewilligungspflicht unterliegt. (Beispiel: Möchte eine Erwerberin, nachdem sie, gestützt auf eine Bewilligung, eine Aktienmehrheit übernommen hat, nachträglich noch Minderheitsaktionäre auskaufen, so ist auch dafür gemäss Art. 4 Abs. 1 lit. d BewG nochmals eine Bewilligung notwendig.)

2. Bewilligungsvoraussetzungen

a) Notwendigkeit zum Betrieb des übernommenen Unternehmens

74. Eine Bewilligung wird erteilt, wenn das Grundstück dem Erwerber als ständige Betriebsstätte seines Geschäftes dienen soll (Art. 8 Abs. 1 lit. a BewG). Dieser Bewilligungsgrund ist bei der Übernahme bereits bestehender Unternehmen normalerweise gegeben. Immerhin ist auch dann darzutun, dass die übernommenen Grundstücke für den Betrieb des Unternehmens flächenmässig und funktional notwendig sind. Die zulässige Fläche kann zwar auch angemessene Landreserven für einen Ausbau umfassen (Art. 10 Abs. 1 BewV), doch geht die Praxis darüber, was als angemessene Landreserve anzusehen ist, in den einzelnen Kantonen auseinander (Mühlebach/Geissmann, N 12 zu Art. 8 BewG). Entscheidend sind letztlich die spezifischen Bedürfnisse und die konkreten Entwicklungsaussichten des Betriebes. Soweit Grundstücke nicht betriebsnotwendig sind, müssen sie vor oder nach dem Kauf des Unternehmens veräussert werden.

b) Tatsächliche Leitung durch den Erwerber

75. Eine Bewilligung wird nur erteilt, wenn der Erwerber den übernommenen Betrieb auch tatsächlich leitet bzw. sich an der tatsächlichen Leitung beteiligt (Art. 3 BewV). Neben überwiegender Tätigkeit in der Branche wird hierfür eine entsprechende Stellung des Erwerbers in der Verwaltung oder in der Geschäftsführung vorausgesetzt. Für AG-Unternehmen begnügt man sich in der Praxis damit, dass die ausländische Person branchenkundig und im

Verwaltungsrat oder in der Geschäftsführung der übernommenen Schweizer Gesellschaft vertreten ist (von Moos, 46).

3. Zwingende Verweigerungsgründe

Das Gesetz nennt eine Reihe von – hier nicht abschliessend aufzuzählenden – Gründen, gemäss welchen eine Bewilligung verweigert wird (Art. 12 BewG). So darf das Grundstück nicht einer nach dem Gesetz unzulässigen Kapitalanlage dienen, und die Fläche darf nicht grösser sein, als es der Verwendungszweck erfordert. Ferner darf das Grundstück nicht neben einer wichtigen militärischen Anlage (dazu Art. 13 BewV) liegen, so dass der Erwerb die militärische Sicherheit gefährden kann. Schliesslich darf der Erwerb nicht staatspolitischen Interessen widersprechen, was etwa bedeutet, dass schweizerische Schlüsselindustrien nicht verkauft werden dürfen (Mühlebach/Geissmann, N 38 zu Art. 12 BewG). 76.

4. Bedingungen und Auflagen

Eine Bewilligung wird nur unter Bedingungen und Auflagen erteilt. Damit soll sichergestellt werden, dass das erworbene Grundstück zu dem vom Erwerber geltend gemachten Zweck verwendet wird (Art. 14 Abs. 1 BewG). 77.

Generell wird zur Auflage gemacht, dass das Grundstück dauernd zu dem Zwecke zu verwenden ist, für den der Erwerb bewilligt worden ist, und für jede Änderung des Verwendungszweckes eine neue Bewilligung einzuholen ist (Art. 11 Abs. 2 lit. a BewV). Ausserdem wird in der Regel verlangt, dass Grundstücke, die als Betriebsstätte dienen, vom Erwerb an gerechnet einer zehnjährigen Sperrfrist für die Wiederveräusserung unterliegen (Art. 11 Abs. 2 lit. c BewV). Als weitere Auflage wird etwa verboten, die Anteile der erworbenen Gesellschaft während einer Sperrfrist von 10 Jahren zu veräussern oder zu verpfänden, und es wird die Verpflichtung vorgesehen, die Titel auf den Namen des Erwerbers bei der kantonalen Depositenstelle unwiderruflich zu hinterlegen (Art. 11 Abs. 2 lit. h BewV). Es ist allerdings umstritten, ob diese Auflage auch auf Immobiliengesellschaften im weiteren Sinne angewendet werden darf (Mühlebach/Geissmann, N 23 zu Art. 14 BewG). 78.

Auflagen sind im Grundbuch anzumerken (Art. 14 Abs. 3 BewG). Die Bewilligungsbehörde verfügt die entsprechende Anmeldung (Art. 80 Abs. 5 und 6 GBV). 79.

Die Bedingungen und Auflagen können auf Antrag des Erwerbers, aber nur aus zwingenden Gründen, widerrufen werden (Art. 14 Abs. 4 BewG). 80.

Die Erfüllung der Auflage muss unmöglich oder unzumutbar geworden sein. Dass z. B. das Grundstück einem Inländer verkauft werden soll, stellt für sich noch keinen Widerrufsgrund dar (Mühlebach/Geissmann, N 27 zu Art. 14 BewG).

5. Sanktionen

81. Um die Bewilligung nachzusuchen ist Sache des Erwerbers. Nebst strafrechtlicher Sanktionen ergeben sich auch zivilrechtliche Folgen, wenn eine erforderliche Bewilligung nicht eingeholt wird.

82. Rechtsgeschäfte über einen bewilligungspflichtigen Erwerb bleiben ohne rechtskräftige Bewilligung unwirksam (Art. 26 Abs. 1 BewG). Sie werden namentlich nichtig, wenn der Erwerber das Rechtsgeschäft vollzieht, ohne um die Bewilligung nachzusuchen oder bevor die Bewilligung in Rechtskraft tritt; ferner, wenn die Bewilligungsbehörde die Bewilligung rechtskräftig verweigert (Art. 26 Abs. 2 lit. a und b BewG).

83. Sowohl Unwirksamkeit wie Nichtigkeit sind von Amtes wegen zu beachten (Art. 26 Abs. 3 BewG) und haben zur Folge, dass die versprochenen Leistungen nicht gefordert werden dürfen und bereits erfolgte Leistungen innerhalb eines Jahres zurückgefordert werden können (Art. 26 Abs. 4 BewG). Wenn also ein Unternehmen übernommen werden soll und das Geschäft bewilligungspflichtig ist, müssen die Parteien mit dem Vollzug ihres Vertrages (Closing) zuwarten, bis die Bewilligung gewährt worden ist. Dies lässt es als geraten scheinen, den Vertrag der Bedingung zu unterwerfen, wonach in einer Verfügung rechtskräftig festgestellt sein muss, dass eine Bewilligung nicht erforderlich ist, respektive, dass sie erteilt wird. Das empfiehlt sich umso mehr, als die kompetenten Behörden das Recht haben, auf (i) Wiederherstellung des ursprünglichen Zustandes oder (ii) Auflösung der juristischen Person mit Verfall ihres Vermögens an das Gemeinwesen (dazu BGE 112 II 1) zu klagen (Art. 27 Abs. 1 lit. b BewG).

84. In der Praxis führt die skizzierte Regelung zu erheblichen Schwierigkeiten, weil die Zeitperiode bis zum Closing recht lang wird. Rechtskräftig ist eine Verfügung, mit welcher festgestellt wird, dass eine Bewilligung erteilt wird oder nicht erforderlich ist, nämlich erst nach Ablauf der dreissigtägigen Beschwerdefrist gemäss Art. 20 Abs. 3 BewG. Dabei ist zu beachten, dass für das beschwerdeberechtigte Bundesamt für Justiz die Frist erst mit der Zustellung der Verfügung durch die beschwerdeberechtigte kantonale Behörde zu laufen beginnt (Mühlebach/Geissmann, N 4 zu Art. 20 BewG). Das bedeutet, dass nach der Verfügung durch die zuständige kantonale Behörde dreissig Tage verstreichen können, bis die beschwerdeberechtigte

kantonale Instanz das Dossier überprüft hat. Anschliessend laufen für das Bundesamt für Justiz ab Erhalt der Verfügung nochmals dreissig Tage, so dass nach ihrem Erlass mehr als 60 Tage verstreichen können, bis eine Verfügung rechtskräftig ist.

§ 9 Steuerliche Folgen von Unternehmensübernahmen

I. Vorbemerkungen

1. Die Darstellung der steuerlichen Folgen knüpft an die bereits behandelten Übernahmearten an. Dazu gehören Kauf und Einlage eines Unternehmens (miteingeschlossen öffentliche Übernahmeangebote und Management Buy-Outs), sei es durch Übernahme der Aktiven und Passiven, sei es durch Übernahme der Gesellschaftsanteile. Ferner sind die einzelnen Zusammenschlussformen erörtert (echte Fusion, unechte Fusion, Quasifusion, Joint Venture). Zur Sprache kommen die eidgenössischen Steuern, nicht hingegen – mit Ausnahme der Prinzipien der Grundstückgewinnsteuer – die kantonalen Steuern. Für die kantonalen Steuern ist jeweils namentlich zu prüfen, unter welchen Voraussetzungen steuerbarer Kapitalgewinn vorliegt. Die Darstellung ist auf die Grundsätze beschränkt. Für Einzelheiten ist die Spezialliteratur zu Rate zu ziehen (Gutachten, Känzig).

2. Damit die hier dargestellten Regeln richtig angewendet werden, ist daran zu erinnern, dass in diesem Buch Unternehmensübernahmen durch unabhängige Drittparteien besprochen werden. Sofern Nahestehende beteiligt sind, gelten aber eigene – hier nicht dargestellte – Steuervorschriften. Ferner gelten für Reorganisationen (Abspaltungen, Umwandlungen) spezielle steuerliche Bestimmungen, auf welche jedoch nicht weiter eingegangen wird.

3. Im Vordergrund steht hier die Frage, welche steuerlichen Auswirkungen sich bei einer Unternehmensübernahme ergeben. Eine Darstellung über die steuerlichen Auswirkungen nach Vollzug einer Übernahme ist nicht beabsichtigt.

4. Es ist vor allem zu prüfen, ob eine Übernahme zur steuerbaren *Realisierung stiller Reserven* führt, weil mit einer solchen Realisierung häufig hohe steuerliche Lasten verbunden sind. Als stille Reserven werden diejenigen Teile des Eigenkapitals bezeichnet, welche aus einer Bilanz nicht ersichtlich sind. Ihre Höhe bemisst sich nach der Differenz zwischen dem Ist- und dem Buchwert aller Aktiven und Passiven eines Unternehmens. Mit Istwert ist der betriebswirtschaftliche Wert für das Unternehmen, im Fall des Verkaufs der Verkaufswert, gemeint (Cagianut/Höhn, § 14 N 5). Im Realisationsfall werden jene stillen Reserven besteuert, welche der Differenz zwischen den steuerlich akzeptierten Buchwerten der Aktiven und Passiven und dem Istwert bzw. dem Wert/Erlös bei Realisation entsprechen. (Beispiel: Ein Unternehmen weist gemäss Steuerbilanz einen Wert von 3 Mio. Franken auf. Es wird für 5 Mio. Franken verkauft. Die stillen Reserven betragen 2 Mio.

Franken und werden – Realisation vorausgesetzt – als Kapitalgewinn möglicherweise besteuert.)

Die stillen Reserven sind auch wichtig für die Berechnung der *latenten* 5. *Steuern*. Selbst wenn die Übernahme eines Unternehmens nicht zu einer Realisierung der stillen Reserven führt, so sind die stillen Reserven doch mit einer potentiellen Steuer für den Käufer behaftet, welcher für die Ermittlung des Kaufpreises Rechnung zu tragen ist (für die Berechnung latenter Steuern siehe Helbling, 42 ff.).

II. Übernahme eines Unternehmens mit Aktiven und Passiven

1. Kauf eines Unternehmens

a) Umsatzabgabe

aa) Voraussetzungen

Eine eidgenössische Umsatzabgabe ist geschuldet, wenn (i) sich unter den 6. übertragenen Unternehmensgegenständen steuerbare Urkunden befinden, (ii) eine entgeltliche Übertragung von Eigentum an steuerbaren Urkunden vorliegt, und (iii) eine der Vertragsparteien oder ein Vermittler des Geschäftes inländischer Effektenhändler ist (Art. 13 Abs. 1 StG).

bb) Steuerbare Urkunden

Steuerbare Urkunden sind namentlich Anleihens- und Kassenobligatio- 7. nen, Aktien, Anteilscheine von Anlagefonds und Wechsel sowie andere in Art. 13 Abs. 2 StG aufgeführte und durch die Praxis der Eidgenössischen Steuerverwaltung (nachfolgend «ESTV» genannt) präzisierte Urkunden.

cc) Inländische Effektenhändler

Als inländische Effektenhändler zählen vor allem Schweizer Banken; 8. weiter Holdinggesellschaften, welche sich die Beteiligung an anderen Unternehmen statutarisch zum Hauptzweck gesetzt haben, sofern das statutarische Kapital mindestens eine halbe Million Franken beträgt, oder sofern die Aktiven nach Massgabe der letzten Bilanz zu mehr als der Hälfte aus steuerbaren Urkunden bestehen, wobei diese Hälfte mindestens 1 Mio. Franken erreichen muss (Art. 13 Abs. 3 StG).

dd) Vermittlung

9. Wenn eine Bank als Mäklerin bei einem Kauf mitwirkt, so ist die Umsatzabgabe geschuldet, sofern die übrigen Voraussetzungen dafür gegeben sind. Mäkelei ist jedoch nicht Voraussetzung, dass Vermittlung angenommen wird, sondern es sind die gesamten Umstände in Betracht zu ziehen. Die ESTV bejaht Vermittlung, wenn ein Vermittler am Abschluss eines Geschäftes kausal mitwirkt (Stockar, N 3 und 7 zu StG Art. 13 Abs. 1 und 2/ Vermittlerbegriff). Gestützt auf dieses Kriterium ist zu entscheiden, ob eine Umsatzabgabe anfällt, wenn für einen Unternehmenskauf ein Escrow Agent eingeschaltet ist. Normalerweise ist die Rolle des Escrow Agent darauf beschränkt, die technische Abwicklung und den Vollzug des Vertrages zu ermöglichen, was gewöhnlich nicht als für den Abschluss des Vertrages kausal bezeichnet werden kann.

ee) Entgelt

10. Regelmässig erfüllt ist beim Kauf das Erfordernis der entgeltlichen Übertragung von Eigentum.

ff) Berechnung der Abgabe

11. Die Abgabe wird auf dem Entgelt berechnet und beträgt 1,5 Promille für von einem Inländer ausgegebene Urkunden und 3 Promille für von einem Ausländer ausgegebene Urkunden (Art. 16 StG). In gewissen besonderen Fällen ist dieser Satz auf 1 bzw. 2 Promille reduziert (Art. 16 lit.a StG). Wird nun ein Unternehmen mit Aktiven und Passiven zu einem Gesamtpreis übernommen, stellt sich die Frage, worin das Entgelt für die steuerbaren Urkunden besteht. Dafür ist auf den Anteil am Gesamtkaufpreis abzustellen, welcher dem Verhältnis des Wertes der übertragenen Titel zu den gesamten übernommenen Aktiven gemäss Übernahmebilanz entspricht.

gg) Entstehen der Abgabe und Abgabepflicht

12. Die Abgabeforderung entsteht mit dem Abschluss des Kaufvertrages, es sei denn, der Vertrag sei bedingt, was für Unternehmenskäufe meistens der Fall ist. Da entsteht die Abgabeforderung erst mit der Erfüllung des Geschäfts (Art. 15 StG). Abgabepflichtig ist der Effektenhändler, welcher für jede Vertragspartei, die sich nicht als registrierter Effektenhändler ausweist, eine halbe Abgabe schuldet, wenn er vermittelt. Je eine halbe

Abgabe für sich selbst und die Gegenpartei, die sich nicht als registrierter Effektenhändler ausweist, hat er zu entrichten, wenn er selber Vertragspartei ist (Art. 17 Abs. 1 und 2 StG). Die Abgabepflicht besteht gegenüber der ESTV. In den Kaufverträgen wird meistens vereinbart, wer die Umsatzabgabe letztlich zu tragen hat.

b) *Verrechnungssteuer*

aa) *Verkauf eines Personenunternehmens*

Keine Verrechnungssteuern entstehen, wenn der Verkäufer eine Einzelfirma oder eine Personengesellschaft ist. 13.

bb) *Verkauf eines AG-Unternehmens*

Demgegenüber fällt eine Verrechnungssteuer an, wenn der Verkauf des Unternehmens zur *Liquidation* der verkaufenden AG führt. Eine Liquidation liegt normalerweise nicht vor, wenn lediglich ein Teil des Unternehmens veräussert wird. Wird hingegen das gesamte Unternehmen übertragen, so ist das Vorhandensein einer Liquidation zu prüfen. 14.

Wenn eine AG zivilrechtlich liquidiert wird, die Generalversammlung also den Beschluss fasst, die Gesellschaft aufzulösen und in Liquidation zu setzen, so ist ohne weiteres auch verrechnungssteuerrechtlich eine Liquidation gegeben. 15.

Im Sinne des Verrechnungssteuergesetzes bedeutet Liquidation «aber nicht nur Liquidation im Sinne von Art. 739 ff. OR» (Pfund, N 3.44 zu Art. 4 Abs. 1 lit. b VStG), sondern es genügt bereits eine sog. *faktische Liquidation*, sei es teilweise oder vollumfänglich (Stockar, Fallbeispiele, F 19). Eine faktische Liquidation wird namentlich dann angenommen, wenn eine AG ihre Aktiven veräussert und den dabei erzielten Erlös ihren Aktionären unentgeltlich überlässt (Stockar, N 144 zu VStG Art. 4 Abs. 1 lit.b, Erträge von Aktien und dergl.). Besondere Vorsicht ist geboten, wenn eine AG den Erlös aus dem Verkauf ihres Unternehmens dazu verwendet, ihrem Hauptaktionär Darlehen zu gewähren, denn es besteht das Risiko, dass die ESTV ein solches Darlehen als simuliert betrachtet und annimmt, in Wirklichkeit sei so das Liquidationsergebnis ausgeschüttet worden. In ihrer Beurteilung stützt sich die ESTV auf verschiedene Kriterien ab. Dazu gehören etwa (i) die Bonität des Aktionärs, (ii) die Höhe des Darlehens, (iii) ob ein schriftlicher Darlehensvertrag vorliegt, (iv) ob der Grundsatz der Risikoverteilung beachtet ist, (v) welche Art von Kredit vorliegt (Objekt- oder Konsumkredit), (vi) ob das Darlehen laufend erhöht wird und ob der Zins 16.

periodisch bezahlt oder zum Darlehen geschlagen wird, (vii) ob das Darlehen regelmässig amortisiert wird, und (viii) ob das Darlehen einen marktkonformen Zins aufweist.

cc) Bemessung der Verrechnungssteuer

17. Der Verrechnungssteuer unterliegt der Liquidationsüberschuss (Art. 20 Abs. 1 VStV) d.h. der Betrag, «der nach Bezahlung der Schulden und Liquidationssteuern und nach Rückzahlung des einbezahlten Aktienkapitals verbleibt» (Stockar, Fallbeispiele, F 43).
18. Die Verrechnungssteuer beträgt 35% des Liquidationsüberschusses. Sie ist durch die AG zu bezahlen, aber auf den Aktionär zu überwälzen (Art. 10 Abs. 1 und Art. 14 Abs. 1 VStG). Statt die Verrechnungssteuer zu bezahlen ist es unter gewissen Umständen auch möglich, die steuerbare Leistung bloss zu melden (Art. 20 VStG und Art. 24 ff. VStV).

dd) Rückerstattung der Verrechnungssteuer

19. Ob die Rückerstattung der Verrechnungssteuer verlangt werden kann, beurteilt sich grundsätzlich danach, ob der Aktionär bei Fälligkeit der steuerbaren Leistung im Inland Wohnsitz bzw. Sitz hatte (Art. 21 ff. VStG). Ist das nicht der Fall, kommt eine Rückerstattung teilweise oder ganz nur aufgrund von Doppelbesteuerungsabkommen in Frage.

c) Einkommens- und Ertragssteuer

aa) Beim Verkäufer

aaa) Verkauf einer Einzelfirma

20. Durch den Verkauf seiner Einzelfirma realisiert der Prinzipal einen steuerbaren Liquidationsgewinn im Umfange der Differenz zwischen dem Veräusserungserlös und dem Einkommenssteuerwert des Eigenkapitals (Cagianut/Höhn, § 15 N 18). Der Prinzipal wird behandelt, wie wenn er sein Unternehmen liquidiert hätte, d.h., es wird eine spezielle Jahressteuer zu dem Steuersatz erhoben, der sich für den Liquidationsgewinn allein ergibt (Art. 43 BdBSt). Weiter wird eine Zwischenveranlagung mit Gegenwartsbemessung vorgenommen, sofern die Veräusserung des Unternehmens mit der Aufgabe der Erwerbstätigkeit verknüpft ist (Art. 96 Abs. 1 BdBSt).

Wird lediglich ein Teil des Unternehmens veräussert, so liegt in der 21. Differenz zwischen dem Einkommenssteuerwert des veräusserten Teils und dem Verkaufserlös Kapitalgewinn vor, welcher zusammen mit dem übrigen Einkommen des Prinzipals gesamthaft besteuert wird (Art. 21 Abs. 1 lit. d BdBSt).

Sowohl für die Veräusserung des gesamten Unternehmens wie auch für die 22. Veräusserung bloss eines Unternehmensteils besteht die Steuerpflicht nur dann, wenn der Prinzipal zur Führung kaufmännischer Bücher verpflichtet war. Andernfalls liegt steuerfreier Kapitalgewinn vor.

bbb) Verkauf eines Personenunternehmens

Veräussert eine Personengesellschaft ihr gesamtes Unternehmen und wird 23. sie anschliessend aufgelöst und liquidiert, so ist zu berücksichtigen, dass die Personengesellschaft nicht selber Steuersubjekt ist. Steuerpflichtig sind vielmehr die einzelnen Gesellschafter. Geben diese mit der Liquidation der Personengesellschaft ihre selbständige Erwerbstätigkeit auf, so wird eine Zwischenveranlagung mit Gegenwartsbesteuerung vorgenommen, während der Liquidationsgewinn einer besonderen Jahressteuer unterliegt. Grundsätzlich gilt als steuerbarer Liquidationsgewinn die Differenz zwischen dem Verkaufserlös und dem Steuerbuchwert des veräusserten Unternehmens (zu den Einzelheiten siehe Kommentar Masshardt sowie Kommentar Känzig zu Art. 43 BdBSt). Voraussetzung für die Besteuerung des Kapital- bzw. Liquidationsgewinnes ist auch hier wiederum, dass es sich um ein Unternehmen handelt, das zur Führung kaufmännischer Bücher verpflichtet ist.

Bleibt die Personengesellschaft bestehen, sei es, weil sie nun den Erlös aus 24. dem Verkauf verwaltet, sei es, weil lediglich ein Teil des Unternehmens verkauft worden ist, so ist der erzielte Kapitalgewinn zu versteuern. Da aber keine Liquidation der Gesellschaft vorliegt und es somit auch nicht zu einer Zwischenveranlagung kommt, ist der Kapitalgewinn nicht Gegenstand einer Sondersteuer, sondern wird zusammen mit dem übrigen Einkommen der Personengesellschafter besteuert.

ccc) Verkauf eines AG-Unternehmens

Wenn eine AG ihr gesamtes Unternehmen verkauft und sie anschliessend 25. aufgelöst und liquidiert wird, kommen die steuerlichen Regelungen über die Liquidation zum Zuge (Art. 53 BdBSt). Die AG stellt ein eigenes Steuersubjekt dar, und die Liquidation hat die Beendigung ihrer Steuerpflicht zur Folge. Bis zum Ende ihrer Steuerpflicht bezahlt die Gesellschaft Steuern für die ordentlichen Gewinne der Bemessungsperiode. Die Kapital- und Liquidationsgewinne werden einer besonderen Jahressteuer unterworfen. Grundsätzlich ist für die Berechnung des steuerbaren Liquidationsgewinnes von den Werten auszugehen, die sich aus der letzten Steuerbilanz vor Eintritt in die Liquidation ergeben. Diesen ist der Liquidationserlös gegenüberzustellen. Die Differenz ergibt den steuerbaren Gewinn (zu den Einzelheiten siehe Masshardt, zu Art. 53 BdBSt).

26. Wenn eine AG zwar ihr gesamtes Unternehmen verkauft, aber nicht aufgelöst bzw. liquidiert wird, oder wenn sie nur einen Teil ihres Unternehmens verkauft, so wird der Unterschiedsbetrag zwischen Verkaufserlös und steuerlichem Buchwert der veräusserten Gegenstände als Kapitalgewinn zusammen mit dem übrigen Ertrag besteuert.

bb) Bei den Aktionären der verkaufenden AG

27. Für die steuerlichen Folgen ist nach der Art der Aktionäre zu unterscheiden. Ist der Aktionär eine natürliche Person, welche die Aktien in ihrem Privatvermögen hält, so wird die Differenz zwischen Liquidationsausschüttungen und Nominalwert der Aktien der Einkommenssteuer unterworfen (Masshardt, N 81 zu Art. 21 Abs. 1 lit. c BdBSt). Gehören die Aktien dagegen zum Geschäftsvermögen einer natürlichen oder gehören sie einer juristischen Person, so werden die Liquidationsausschüttungen in dem Ausmass besteuert, als sie den Steuerwert der Aktien übersteigen. Für juristische Personen ist der Holdingabzug gemäss Art. 59 BdBSt zulässig, da die Liquidationsausschüttungen als Beteiligungserträge betrachtet werden (im einzelnen siehe Masshardt, zu Art. 59 BdBSt).

28. Wenn die AG nicht aufgelöst bzw. liquidiert wird, wirkt sich der Verkauf des Unternehmens auf die Aktionäre nicht aus. Das gilt unter dem Vorbehalt der Ausführungen zur faktischen Liquidation, welche vorne zur Verrechnungssteuer gemacht worden sind (N 14 ff.).

d) Grundstückgewinnsteuer

29. Gewinne aus der Veräusserung von Grundstücken sind für die *Bundessteuer* wie der übrige Liquidations- oder Kapitalgewinn der Besteuerung unterworfen, sofern der Veräusserer zur Führung kaufmännischer Bücher verpflichtet ist.

30. Gewisse *Kantone* erheben auf den Gewinnen aus Veräusserung von Liegenschaften eine spezielle Grundstückgewinnsteuer. Besteuert wird in einigen Kantonen der Differenzbetrag zwischen dem Veräusserungserlös und den Anlagekosten, während die Abschreibungsquote von der Einkommens- bzw. Reingewinnsteuer erfasst wird (so z. B. im Kanton Zürich).

Andere Kantone folgen der Behandlung, wie sie für die Bundessteuer vorgesehen ist.

e) Warenumsatzsteuer

Wenn ein Grossist sein Unternehmen mit Aktiven und Passiven verkauft, unterliegt der Verkauf der Warenumsatzsteuer nicht, es sei denn, unter den übertragenen Aktiven befinde sich ein Warenlager, welches der Grossist steuerfrei bezogen hat. Auch dann ist eine Steuer nur geschuldet, wenn der Käufer nicht Grossist ist. 31.

2. Einlage eines Unternehmens

a) Einlage eines Personenunternehmens in eine Personengesellschaft

aa) Einkommenssteuer

Bringt ein Einzelunternehmer seine Firma in eine Personengesellschaft ein, wird von einer Besteuerung abgesehen, wenn die Übertragung steuerlich zu den bisherigen Buchwerten erfolgt. Für die Einlage trifft der Einbringer mit den Personengesellschaftern meistens eine Vereinbarung, wonach die stillen Reserven auf dem eingebrachten Unternehmen bei ihm verbleiben. Wenn der Einbringende für die stillen Reserven auf seinem Unternehmen aber durch entsprechende Gutschriften entschädigt wird, liegt eine steuerbare Realisierung stiller Reserven vor. 32.

Wenn die übernehmende Personengesellschaft ihrerseits bereits ein Unternehmen betreibt, wirtschaftlich betrachtet also ein Unternehmenszusammenschluss stattfindet, so hängt die Antwort, ob stille Reserven realisiert werden, von den Modalitäten des Zusammenschlusses ab. Keine Realisierung ist anzunehmen, wenn die stillen Reserven beim Einbringer verbleiben. Soweit die stillen Reserven aber zwischen den Parteien neu verteilt werden, können unter Umständen steuerbare Realisierungen vorliegen (im einzelnen Cagianut/Höhn, § 18 N 14 ff.). 33.

Die gleichen Grundsätze sind anwendbar, wenn eine Personengesellschaft (formell die Gesellschafter) ihr Unternehmen in eine andere Personengesellschaft einbringt. 34.

bb) Stempelabgaben und Verrechnungssteuer

35. Eine *Emissionsabgabe* entsteht bei einer Einlage in eine Personengesellschaft nicht, während für die *Umsatzabgabe* zu prüfen ist, ob im Einzelfall die vorne zum Kauf eines Unternehmens mit Aktiven und Passiven ausgeführten Erfordernisse (N 6 ff.) gegeben sind.
36. Eine *Verrechnungssteuer* fällt, vorbehältlich Steuerumgehung, nicht an.

b) Einlage eines AG-Unternehmens in eine Personengesellschaft

aa) Ertrags- und Einkommenssteuer

37. Die Einlage in eine Personengesellschaft kann so erfolgen, dass die Aktionäre ihre Anteile als Sacheinlage in die Personengesellschaft einbringen. Die stillen Reserven des AG-Unternehmens werden durch die Einlage nicht berührt, da die AG als selbständiges Steuersubjekt weiterbestehen bleibt. Sofern die übernehmende Personengesellschaft bereits ein Unternehmen mit stillen Reserven innehat, kann eine Realisierung nur angenommen werden, wenn die Anteile der Personengesellschafter an den stillen Reserven verändert werden. Es gelten dabei die gleichen Grundsätze, wie vorstehend für die Einlage eines Personenunternehmens in eine Personengesellschaft erörtert.
38. Werden Aktiven und Passiven einer AG zuerst auf die Aktionäre übertragen und dann von diesen in eine Personengesellschaft eingebracht, so ist auf den stillen Reserven – das ist freilich umstritten – die Liquidationsgewinnsteuer geschuldet (Masshardt, N 38 zu Art. 53 BdBSt; a.M. Cagianut/Höhn, § 18 N 77).

bb) Stempelabgaben und Verrechnungssteuer

39. Eine *Emissionsabgabe* ist nicht geschuldet. Für die *Umsatzabgabe* ist wieder zu untersuchen, ob gegebenenfalls die vorne zum Kauf eines Unternehmens mit Aktiven und Passiven dargestellten Voraussetzungen (N 6 ff.) erfüllt sind.
40. Eine *Verrechnungssteuer* entsteht, wenn die AG formell aufgelöst und liquidiert wird. Sonst gilt der Vorbehalt der Steuerumgehung.

c) Einlage eines Unternehmens in eine AG

aa) Emissionsabgabe

Die Sacheinlage eines Unternehmens in eine AG führt zu einer Emissionsabgabe, da das Grundkapital der AG entweder begründet oder erhöht wird (Art. 5 Abs. 1 StG). Die Abgabe, welcher auch ein allfälliges Agio unterworfen ist, beträgt normalerweise 3 Prozent. Betreibt die akquirierende AG jedoch bereits ein Unternehmen, so liegt wirtschaftlich betrachtet ein Zusammenschluss vor. Unter gewissen Voraussetzungen beträgt dann die Emissionsabgabe bloss noch 1 Prozent (Art. 9 Abs. 1 lit. a StG). 41.

Die Abgabe wird vom Betrag berechnet, welcher der Gesellschaft als Gegenleistung für die Beteiligungsrechte zufliesst, mindestens aber vom Nennwert (Art. 8 Abs. 1 lit. a StG). Sacheinlagen sind zum Verkehrswert im Zeitpunkt ihrer Einbringung zu bewerten (Art. 8 Abs. 3 StG). Die Bewertung nimmt die ESTV nach der Praktikermethode vor. Als Verkehrswert gilt demnach das arithmetische Mittel zwischen Substanz- und Ertragswert. Als Substanzwert wird die Summe aus dem Aktienkapital, den offenen und stillen Reserven und dem Gewinnvortrag, als Ertragswert der kapitalisierte, in den vergangenen drei Jahren durchschnittlich erzielte Gewinn angenommen (Stockar, Fallbeispiele, F 8). Lässt sich der Verkehrswert mit genügender Sicherheit aus einem tatsächlich getätigten Geschäft ableiten, so wird jedoch auf den effektiv bezahlten Preis abgestellt. Die Praktikermethode kommt daher nur zum Zuge, wenn den Verkehrswert repräsentierende Preise fehlen (ASA 48, 343). 42.

Besonderheiten ergeben sich für die Berechnung, wenn dem Einbringer nebst den Aktien noch Gutschriften zugute kommen. Dann wird die Emissionsabgabe auf dem Betrag des geschaffenen oder erhöhten Grundkapitals zuzüglich dem sog. *Apportmehrwert* (Differenz zwischen Buch- und Verkehrswert der eingebrachten Sacheinlage) erhoben. 43.

Abgabepflichtig ist die Gesellschaft (Art. 10 Abs. 1 StG). 44.

Sachübernahmen werden gleich behandelt wie Sacheinlagen. 45.

bb) Umsatzabgabe

Selbst wenn die allgemeinen Voraussetzungen für die Erhebung einer Umsatzabgabe gegeben sind, ist für Sacheinlagen trotzdem keine Umsatzabgabe geschuldet (Art. 14 Abs. 1 lit. b StG). Eine Sacheinlage wird aber nur insoweit bejaht, als sie auf das Grundkapital und die offenen Reserven entfällt, nicht aber soweit Gutschriften an den Einbringer erfolgen (Stockar, N 2 und 5 zu Art. 14 Abs. 1 lit. b StG). 46.

47. Sachübernahmen werden gleich behandelt wie Sacheinlagen (Stockar, N 6 zu Art. 14 Abs. 1 lit. b StG).

cc) Verrechnungssteuer

48. Eine Verrechnungssteuer fällt nicht an, wenn der Einbringer eine Einzelfirma oder eine Personengesellschaft ist. Eine Ausnahme von diesem Grundsatz gilt, wenn die Sacheinlage überbewertet und demzufolge eine Emission unter pari stattgefunden hat. Verzichtet die AG darauf, das Grundkapital entsprechend herabzusetzen oder auf Nachliberierung durch den Sacheinleger zu bestehen, dann liegt im Ausmass der Überbewertung der Sacheinlage eine steuerbare geldwerte Leistung vor, welche der Verrechnungssteuer unterworfen ist (Stockar, N 136 zu Art. 4 Abs. 1 lit. b VStG).

49. Ist der Einbringer seinerseits eine AG, so ergeben sich grundsätzlich die gleichen verrechnungsteuerrechtlichen Folgen wie beim Verkauf der Aktiven und Passiven eines Unternehmens. Wird also die das Unternehmen einbringende AG rechtlich oder faktisch liquidiert, dann fällt eine Verrechnungssteuer an.

50. Besondere Regeln bestehen für den Fall, dass die Gesellschaft, in welche das Unternehmen eingebracht wird, bereits ein Unternehmen betreibt, so dass, wirtschaftlich betrachtet, ein Zusammenschluss vorliegt. Darauf wird weiter hinten eingegangen.

dd) Einkommens- und Ertragssteuer

51. Für die Einkommens- und Ertragssteuer ist massgebend, ob die Sacheinlage zum Verkehrswert erfolgt. Wird zu Verkehrswert eingebracht, ergeben sich für die AG keine besonderen Steuerfolgen. Beim Einleger hingegen liegt ein Kapitalgewinn vor, sofern der Einkommens- oder Ertragssteuerwert seiner Einlage geringer ist als der Verkehrswert der als Folge der Sacheinlage erhaltenen Aktien.

52. Für den einbringenden Einzelunternehmer oder die einbringenden Personengesellschaften hat eine Besteuerung der stillen Reserven zu erfolgen, wenn die für die Einlage erhaltenen Aktien lediglich als Kapitalanlage gehalten werden (Cagianut/Höhn, § 18 N 71). Die Auffassungen darüber gehen auseinander, unter welchen Voraussetzungen sonst ein Personenunternehmen zu Buchwerten in eine AG eingebracht und damit eine Besteuerung der stillen Reserven beim Prinzipal oder den Personengesellschaftern unterbleiben kann (Cagianut/Höhn, § 18 N 70/71; Masshardt, N 23 d zu Art. 43 BdBSt, Känzig, N 179 ff. zu Art. 21 Abs. 1 lit. a BdBSt). Ausser Zweifel ist eine Realisation der stillen Reserven anzunehmen, wenn die

durch die Sacheinlage erworbenen Aktien innerhalb einer durch die Praxis entwickelten fünfjährigen Sperrfrist verkauft werden (ASA 47, 323). Liegt wirtschaftlich ein Zusammenschluss zwischen einem Personen- und einem AG-Unternehmen vor, weil die übernehmende AG schon ein Unternehmen besitzt, dann entfällt – wie hinten erörtert – unter gewissen Voraussetzungen eine Besteuerung der stillen Reserven.

Für die einbringende AG stellt die Einlage eine Realisation stiller Reserven dar, es sei denn, es liege ein steuerlich privilegierter Zusammenschluss vor. Die AG ist somit für den erzielten Kapitalgewinn steuerpflichtig. 53.

Eine Unter- oder Überbewertung des einzubringenden Unternehmens hat steuerliche Auswirkungen für die übernehmende AG. Im Falle einer überbewerteten Sacheinlage liegt in Höhe der Überbewertung eine geldwerte Leistung vor. Davon abgesehen, dass dies zu einer Verrechnungssteuer führt, werden bei der AG Abschreibungen vom zu hohen Buchwert der Einlage auf den Verkehrswert steuerlich nicht anerkannt. Wird das eingebrachte Unternehmen zu tief bewertet und damit die stille Reserve vom Einleger in die AG verschoben, muss sich die AG für künftige Abrechnungen von Kapital- und Liquidationsgewinnen auf dem Buchwert behaften lassen. Dies jedenfalls dann, wenn wegen der Unterbewertung die Besteuerung der stillen Reserven beim Einleger unterblieben ist (Cagianut/Höhn, § 10 N 33 ff.). 54.

ee) Grundstückgewinnsteuer

Für die Grundstückgewinnsteuer ist jeweils zu überprüfen, ob ein steuerfreier Zusammenschluss vorliegt oder eine der Besteuerung unterliegende Handänderung. 55.

III. *Erwerb von Gesellschaftsanteilen*

1. Kauf von Gesellschaftsanteilen

a) Anteile an Personengesellschaften

aa) Umsatzabgabe

Der Kauf von Anteilen an einer Personengesellschaft unterliegt der Umsatzabgabe nicht, da die Anteile keine steuerbaren Urkunden im Sinne von Art. 13 Abs. 2 StG darstellen. 56.

bb) Verrechnungssteuer

57. Auch ist keine Verrechnungssteuer geschuldet.

cc) Einkommenssteuer

58. Die Differenz zwischen dem Steuerwert eines Anteils und dem Verkaufspreis stellt für den veräussernden Personengesellschafter *Kapitalgewinn* dar. Die übrigen Gesellschafter werden steuerlich von der Veräusserung nicht berührt. Vorausgesetzt der Veräusserer gibt die selbständige Tätigkeit auf, wird der Kapitalgewinn im Sinne der Liquidationsgewinnsteuer durch eine separate Jahressteuer erfasst (Art. 43 BdBSt), sofern der Gewinn in einem zur Führung kaufmännischer Bücher verpflichteten Unternehmen erzielt worden ist.

dd) Grundstückgewinnsteuer

59. Die Veräusserung des Personengesellschaftsanteils kann auch zu einer Abrechnung über die kantonale Grundstückgewinnsteuer führen.

b) Kauf von Aktien

aa) Umsatzabgabe

60. Da Aktien (eingeschlossen nichtverurkundete Aktien) als steuerbare Urkunden betrachtet werden, entsteht eine Umsatzabgabe, wenn eine Partei oder ein Vermittler des Kaufes Effektenhändler ist (Art. 13 StG).

bb) Emissionsabgabe

61. Eine Emissionsabgabe entsteht nur, sofern ein *Mantelhandel* vorliegt (Art. 5 Abs. 2 lit. b StG). Als Mantelhandel gilt der Handwechsel der Mehrheit der Beteiligungsrechte an einer AG, die wirtschaftlich liquidiert oder in liquide Form gebracht worden ist.

cc) Verrechnungssteuer

62. Durch den Kauf der Aktien bleibt die übernommene AG als Steuersubjekt unberührt, und es entsteht deshalb grundsätzlich keine Verrechnungssteuer.

Eine Ausnahme stellt wiederum der *Mantelhandel* dar. Dieser wird für die Verrechnungssteuer behandelt wie eine Liquidation mit anschliessender Neugründung.

Eine weitere Ausnahme ergibt sich aus dem Verbot der *Steuerumgehung* (Art. 21 Abs. 2 VStG). Wenn eine Steuerumgehung vorliegt, wird die Rückerstattung der Verrechnungssteuer verweigert. Nach gefestigter Rechtsprechung liegt eine Steuerumgehung vor, wenn (i) die von den Beteiligten gewählte Rechtsgestaltung als ungewöhnlich, sachwidrig oder absonderlich, jedenfalls der wirtschaftlichen Gegebenheit völlig unangemessen erscheint, (ii) anzunehmen ist, dass diese Wahl missbräuchlich, lediglich deshalb getroffen worden ist, um Steuern einzusparen, welche bei sachgemässer Ordnung der Verhältnisse geschuldet wären, und (iii) das gewählte Vorgehen tatsächlich zu einer erheblichen Steuerersparnis führen würde, sofern es von den Steuerbehörden hingenommen würde (ASA 50, 149). 63.

So fand das Bundesgericht, es liege eine Steuerumgehung vor, wenn Ausländer sämtliche Aktien einer über erhebliche Reserven verfügenden AG zum inneren Wert von Inländern übernehmen, um die AG anschliessend weitgehend zu liquidieren (ASA 50, 145). Die Ausländer wollten die Aktien nicht selber, sondern durch eine von ihnen neugegründete inländische Holdinggesellschaft erwerben. Die Rückerstattung der Verrechnungssteuer wurde in vollem Umfange verweigert, obschon das Doppelbesteuerungsabkommen, das die Ausländer hätten anrufen können, hätten sie den Kauf nicht über eine Holdinggesellschaft abgewickelt, eine teilweise Rückerstattung vorsah. 64.

Eine weitere Steuerumgehung wurde angenommen, als Inländer von Ausländern sämtliche Aktien einer über erhebliche Reserven verfügenden AG zum inneren Wert kauften (ASA 50, 583). Die inländischen Käufer bezahlten einen beträchtlichen Teil des Kaufpreises durch Übernahme der Darlehen, welche die ausländischen Verkäufer der AG schuldeten. Später verrechneten sie die Darlehen mit Reserveausschüttungen der übernommenen AG. Das Bundesgericht fand, es liege eine hinausgezögerte *Teilliquidation* vor. Als Folge davon wurde die Verrechnungssteuer auf Gewinnausschüttungen der AG bis zum Betrag der übernommenen Darlehensschuld nicht mehr zurückerstattet. Ob die Steuerersparnis beim Verkäufer oder beim Käufer oder bei beiden eintritt, wurde als unerheblich betrachtet. 65.

Diese Fälle lassen sich zwar nicht zu Regeln verallgemeinern, doch ist vor allem dann kritisch zu überprüfen, ob eine Steuerumgehung vorliegt, wenn (i) die zu veräussernde AG über erhebliche Reserven verfügt, welche in liquider Form und nicht betriebsnotwendig sind, (ii) der Käufer vom Verkäufer dessen Darlehensschuld gegenüber der AG übernimmt, (iii) der Käufer die AG Ausschüttungen vornehmen lässt, um daraus die übernommene Darlehensschuld zu tilgen, (iv) der Verkaufspreis aus Mitteln der übernommenen Gesellschaft finanziert wird, diese insbesondere dem Käufer 66.

ein Darlehen zur Finanzierung des Kaufpreises gewährt, (v) der ausländische Käufer zum Zweck des Kaufes eine inländische Holdinggesellschaft gründet.

67. Eine Steuerumgehung kann auch schon dann angenommen werden, wenn diese Elemente nur teilweise vorliegen. In den bisherigen Fällen war immer ein Ausländer Partei, sei es als Käufer oder Verkäufer. Eine Ersparnis der Verrechnungssteuer kann sich aber auch ergeben, wenn sowohl der Verkäufer als auch der Käufer in der gleichen Transaktion Ausländer sind. Das wäre dann der Fall, wenn das für den Käufer anwendbare Doppelbesteuerungsabkommen eine höhere Rückerstattung erlaubt als jenes, das für den Verkäufer gilt. Käufe zwischen Inländern hat die ESTV bisher nicht aufgegriffen.

68. Für die Parteien ist zu beachten, dass die übernommene Gesellschaft und nicht etwa der Verkäufer verrechnungssteuerpflichtig ist. Die steuerlichen Folgen treffen demnach den Käufer, denn sein Antrag wird abgewiesen, wenn er Verrechnungssteuern auf Ausschüttungen der übernommenen AG zurückfordert. Vor allem der Inländer, der vom Ausländer kauft, muss dies in Rechnung stellen.

dd) Einkommens- und Ertragssteuer

69. Wenn der Verkäufer ein Einzelunternehmer oder eine Personengesellschaft mit buchführungspflichtigem Betrieb oder eine AG ist, ergibt sich ein steuerbarer *Kapitalgewinn*, vorausgesetzt, der Verkaufspreis übersteigt den Steuerwert der Aktien. Der Kapitalgewinn ist wie das übrige Einkommen oder Ertrag und zusammen mit diesem der Einkommens- bzw. Ertragssteuer unterworfen. Der Kapitalgewinn qualifiziert nicht als Beteiligungsertrag; entsprechend kann der Holdingabzug im Sinne von Art. 59 BdBSt nicht geltend gemacht werden.

70. Für Aktien aus dem Privatvermögen des Veräusserers wird ein Gewinn aus dem Verkauf zwar als steuerfreier Kapitalgewinn betrachtet. Von diesem Grundsatz bestehen aber gewisse Ausnahmen. So wird der Mantelhandel als Liquidation und Neugründung einer Gesellschaft betrachtet (Bourquin, 81 ff.). Eine Besteuerung erfolgt ferner, wenn der Veräusserer vor Ablauf einer Sperrfrist von fünf Jahren die Aktien an einen Dritten verkauft, nachdem er sein Personenunternehmen ohne Realisierung der stillen Reserven in ein AG-Unternehmen umgewandelt hat (Känzig, N 52 zu Art. 2 BdBSt). Schliesslich ist sorgfältig zu prüfen, ob nicht eine *Teilliquidation* vorliegt.

71. So hat das Bundesgericht für einen Verkauf von Aktien an einen Dritten entschieden, dass der Verkäufer, der vor dem Verkauf gegen ein Darlehen Betriebsmittel aus der AG herausgenommen hatte, in dem Umfange steuerbare Leistungen erzielt, als er der AG keine reellen Gegenleistungen für die ihm gewährten Vorteile erbringt (ASA 54, 211). Entsprechend nahm das

Bundesgericht an, es liege nicht steuerfreier Kapitalgewinn, sondern steuerbares Einkommen aus beweglichem Vermögen vor. Im gleichen Entscheid ist festgehalten, dass die Bestimmung, wonach Einkommen aus beweglichem Vermögen in die Steuerberechnung fällt (Art. 21 Abs. 1 lit. c BdBSt), unter wirtschaftlicher Betrachtungsweise angewendet werden kann, ohne dass die Voraussetzungen der Steuerumgehung erfüllt sein müssten. Das Bundesgericht stellt weiter fest:

«Es wäre sodann auch zu überlegen, ob in Fällen, in denen ein Teil des Verkaufspreises für eine Gesellschaft im Grunde genommen aus Mitteln derselben finanziert wird, nicht ohnehin immer eine steuerbare Ausschüttung an den Verkäufer stattfindet, weil letztlich eine ‹indirekte› Teilliquidation vorliegt.»

Für die Abgrenzung zwischen – steuerbarer – geldwerter Leistung und – steuerfreiem – privatem Kapitalgewinn nimmt die ESTV eher eine steuerbare geldwerte Leistung an (Agner, ASA 56, 301): 72.
- wenn unter den Aktiven der veräusserten Gesellschaft nicht betriebsnotwendige, «liquide» Vermögenswerte figurieren (vgl. ASA 54, 211);
- wenn die veräusserte Gesellschaft wirtschaftlich liquidiert oder in liquide Form gebracht worden ist (sog. Mantelhandel, vgl. ASA 52, 649);
- wenn der neue Aktionär eine vom Veräusserer der Aktien eingegangene Schuldverpflichtung übernehmen muss (vgl. ASA 50, 583 und 54, 211);
- wenn der neue Aktionär die erworbene AG zu Ausschüttungen oder zur Gewährung von Darlehen verhalten muss, um den Aktienkaufpreis begleichen zu können (vgl. ASA 39, 114; 40, 512 und 50, 145);
- wenn ein Teil des Verkaufspreises für die veräusserte Gesellschaft aus Mitteln derselben finanziert wird («indirekte» Teilliquidation; vgl. ASA 54, 211);
- wenn die veräusserte AG im Anschluss an den Aktienverkauf ganz oder teilweise liquidiert wird (vgl. ASA 33, 511; 50, 583 und 54, 211);
- wenn der Aktienkäufer eine Holdinggesellschaft ist, die bei der Tilgung einer übernommenen Darlehensschuld durch Verrechnung mit Dividendengutschriften in den Genuss des Steuerprivilegs gemäss Art. 59 BdBSt gelangt (vgl. ASA 54, 211).

Problematisch sind nach Ansicht der ESTV derartige Fälle vor allem dann, 73. wenn die Gesellschaft, bevor sie veräussert wurde, eine Politik der Gewinnthesaurierung befolgt hat, also über eine lange Dauer keine Ausschüttungen vorgenommen hat (ASA 56, 301).

Die kantonalen Instanzen folgen dem Bundesgericht zwar nur zurückhaltend (StE 1988 B 24.4 Nr. 14; StE 1987 B 24.4 Nr. 10; Duss, StR 1988, 143; Altorfer, ST 12/1988, 519), doch selbst wenn nicht die wirtschaftliche Betrachtungsweise, sondern nur die Prinzipien der Steuerumgehung angewendet werden, besteht für den Verkäufer das Risiko, auf dem «Kapitalgewinn» besteuert zu werden. 74.

75. In der Praxis sind deshalb Vertragsklauseln anzutreffen, wonach sich der Käufer verpflichtet, den Kaufpreis nicht mit Mitteln der übernommenen AG zu bezahlen, aus dieser während einer gewissen Zeit keine Ausschüttungen vornehmen zu lassen und auch keine Betriebsteile des erworbenen Unternehmens zu verkaufen. Weiter sind Vereinbarungen zu sehen, wonach der Käufer, wenn er sich nicht an diese Abmachungen hält, dem Verkäufer die entstehenden Steuern zu bezahlen hat.

ee) Grundstückgewinnsteuer

76. Der Verkauf von Aktien an *Immobiliengesellschaften* kann in jenen Kantonen, in denen eine Grundstückgewinnsteuer erhoben wird, zu einer Besteuerung führen, wenn durch den Verkauf die wirtschaftliche Kontrolle über die durch die AG gehaltene Liegenschaft auf den Käufer übergeht. Für die direkte Bundessteuer ergeben sich keine besonderen Folgen. Ist nämlich der Verkäufer nicht zur Buchführung verpflichtet, so wird der Kapitalgewinn nicht besteuert, rühre er nun aus dem Verkauf der Liegenschaft oder aus dem Verkauf der Aktien her. Umgekehrt wird der Kapitalgewinn bei buchführungspflichtigen Unternehmen besteuert, unabhängig davon, ob er aus dem Verkauf der Liegenschaft oder aus dem Verkauf der Aktien resultiert.

2. Einlage von Gesellschaftsanteilen

a) Einlage in eine Personengesellschaft

aa) Stempelabgaben

77. Die Einlage von Aktien in eine Personengesellschaft, nicht dagegen die Einlage von Anteilen an einer Personengesellschaft, kann eine *Umsatzabgabe* auslösen, sofern ein Effektenhändler Vermittler oder Partei ist (Art. 13 StG). Eine *Emissionsabgabe* fällt demgegenüber nicht an, es sei denn, es liege ein Mantelhandel vor.

bb) Verrechnungssteuer

78. Eine Verrechnungssteuer entsteht nicht, vorbehältlich Mantelhandel. Es sind auch Fälle von Steuerumgehung vorstellbar, weil die Kollektiv- und die Kommanditgesellschaft gemäss Art. 24 Abs. 2 VStG einen Anspruch auf Rückerstattung der Verrechnungssteuer besitzen, wenn sie bei Fälligkeit der

steuerbaren Leistung ihren Sitz im Inland haben. Die Frage der Steuerumgehung wäre beispielsweise zu prüfen, wenn ein Ausländer die Aktien einer über substantielle Reserven verfügenden AG in eine Personengesellschaft einbringt.

cc) Einkommens- und Ertragssteuer

Die Einlage ist für den Einleger eine erfolgsneutrale Anlage (Cagianut/ Höhn, § 15 N 71), es sei denn, es erfolgen Ausgleichszahlungen oder der Einleger unterliegt einer Steuer für Kapitalgewinne. Vorbehalten bleibt der Mantelhandel, und auch hier sind Fälle der Steuerumgehung möglich. 79.

dd) Grundstückgewinnsteuer

Werden die Aktien einer *Immobiliengesellschaft* in eine Personengesellschaft eingebracht, so fällt in gewissen Kantonen, in denen die Grundstückgewinnsteuer besteht, eine Steuer an, weil die wirtschaftliche Verfügungsmacht über das Grundstück vom Einbringer auf die Personengesellschaft wechselt. 80.

b) Einlage in eine AG

aa) Stempelabgaben

Die Einlage ist mit einer Erhöhung des Grundkapitals der AG verbunden. Diese unterliegt einer *Emissionsabgabe* von 3 Prozent, welche auf dem Betrag erhoben wird, welcher der Gesellschaft als Gegenleistung zufliesst. Die Bewertung von Sacheinlagen erfolgt zum Verkehrswert. Die Emissionsabgabe erfasst ebenfalls ein allfälliges Agio. Für Gutschriften an den Einleger ist auf den eingebrachten Aktien eine *Umsatzabgabe* von 1,5 Promille geschuldet, sofern Aktien einer inländischen AG eingebracht werden und ein Effektenhändler als Partei oder Vermittler beteiligt ist. 81.

bb) Verrechnungssteuer

Eine Verrechnungssteuer fällt – vorbehältlich Mantelhandel – nicht an, wenn die Aktien zu ihrem Nennwert eingebracht und die übernehmende Gesellschaft einen allfälligen Mehrwert als Agio verbucht. Betreibt die übernehmende AG selber noch kein Unternehmen, wird die Einbuchung des Mehrwertes mit einem Agio aber kaum vereinbart, weil der Einleger eine 82.

echte Drittpartei ist und die übrigen Aktionäre, würde ein Agio eingebucht, unentgeltlich am Mehrwert des eingebrachten Unternehmens teilnehmen könnten.

83. Die Einlage der Aktien zum inneren Wert gegen Erhalt eines entsprechenden Kapitalnennwertes an der übernehmenden AG birgt jedoch das Risiko in sich, dass die ESTV – vor allem, wenn der Einleger ein Ausländer ist – eine Steuerumgehung annimmt und bei späteren Ausschüttungen der AG an den Einleger die Rückerstattung der Verrechnungssteuer verweigert. Im Zusammenhang mit der Einlage in eine eigene Holdinggesellschaft durch einen Ausländer hat die ESTV eine Steuerumgehung angenommen, wenn die eingebrachten Aktien zum inneren Wert eingebracht wurden (Superholdingtheorie, Verkauf an sich selbst; Stockar, N 8, 11 zu Art. 21 Abs. 2 VStG). Meines Erachtens ist es jedoch nicht zulässig, diese Behandlung auf Fälle auszudehnen, in denen der Einleger und die übernehmende AG nicht nahestehende Personen sind.

cc) Einkommens- und Ertragssteuer

84. Die Einlage von Aktien stellt für den Einbringer einen Aktientausch dar. Für die von ihm eingebrachten Aktien erhält er Aktien der übernehmenden Gesellschaft.

85. Für Aktien aus dem Privatvermögen des Einlegers stellt ein allfälliger Mehrerlös einen nicht steuerbaren Kapitalgewinn dar. Vorbehalten sind wieder die Fälle des Mantelhandels und der Einbringung innerhalb einer fünfjährigen Sperrfrist nach einer privilegierten Umwandlung in eine AG. Vorbehalten bleiben ferner die mit einer Liquidation (Teilliquidation, faktische Liquidation) und mit geldwerten Leistungen verbundenen Fälle (Bühler, StR 1986, 552 ff.).

86. Für Aktien aus dem Geschäftsvermögen eines buchführungspflichtigen Einlegers ergibt sich ein steuerbarer Kapitalgewinn, soweit ein Mehrwert realisiert wird (Cagianut/Höhn, § 10 N 28 ff.). Das gleiche trifft zu, wenn der Einleger eine AG ist. (Beispiel: Der Einleger hat die eingebrachten Werte bisher zu einem Steuerwert von 1 Mio. Franken gebucht. Die stillen Reserven darauf betragen 0.5 Mio. Franken, und der Einleger erhält nun Aktien im Nominalwert von 1.5 Mio. Franken. Es resultiert steuerbarer Kapitalgewinn von 0.5 Mio. Franken.)

87. Die übernehmende AG bleibt von der Einlage unberührt, vorbehältlich gewisser Spezialfälle (z. B. Mantelhandel).

dd) Grundstückgewinnsteuer

88. In den Kantonen mit Grundstückgewinnsteuer wird auf dem Mehrerlös eine Steuer erhoben, wenn eine Immobiliengesellschaft in eine AG eingebracht wird.

IV. Fusion

1. Echte Fusion

89. Mit echter Fusion ist die Fusion im Sinne von Art. 748/749 OR gemeint.

a) Emissionsabgabe

90. Auf Beteiligungsrechten, die in Durchführung von Beschlüssen über Fusionen von AG begründet oder erhöht werden, beträgt die Emissionsabgabe 1 Prozent – also nicht wie sonst üblich 3 Prozent – des Betrages, welcher der AG als Gegenleistung zufliesst, mindestens aber 1 Prozent des Nennwertes der ausgegebenen Aktien (Art. 9 Abs. 1 lit. a StG). Im üblichen Fall der Absorption besteht die Gegenleistung im Verkehrswert des übernommenen Unternehmens (Stockar, N 7 zu Art. 9 StG). Dieser ist für die Berechnung der Abgabe massgebend.

b) Umsatzabgabe

91. Eine Umsatzabgabe fällt bei Fusionen normalerweise nicht an (Art. 14 Abs. 1 lit. b StG). Ausnahme: Eine als Effektenhändlerin zu qualifizierende Holdinggesellschaft erwirbt durch Fusion sämtliche Wertschriften und Beteiligungen einer Tochtergesellschaft (Stockar, N 18 zu StG Art. 13 Abs. 1 und 2, Steuerbare Umsatzgeschäfte, 1. Im allgemeinen; für die Berechnung des Entgeltes, Stockar, N 5 zu Art. 16 StG).

c) Verrechnungssteuer

92. Eine Verrechnungssteuer ist nicht geschuldet, sofern die Reserven und Gewinne der übernommenen Gesellschaft auf die aufnehmende Gesellschaft übergehen (Art. 5 Abs. 1 lit. a VStG). Vorbehalten bleibt Steuerumgehung (Art. 21 Abs. 2 VStG).

93. Die Absorption einer Tochtergesellschaft führt zu einer Verrechnungssteuer auf dem Betrag, um welchen der Buchwert, zu dem die Beteiligung an

der Tochtergesellschaft in der Bilanz der Muttergesellschaft eingestellt ist, das Grundkapital der Tochtergesellschaft übersteigt.

94. Ferner fällt eine Verrechnungssteuer an, sofern eine Fusion Anlass zu geldwerten Leistungen gibt. Dazu gehören Ausgleichsmassnahmen wie z. B. Ausschüttungen, Spitzenausgleiche, Nennwerterhöhungen, und dergleichen mehr (Pfund, N 26 ff. zu Art. 5 Abs. 1 lit. a VStG).

d) Einkommens- und Ertragssteuer

aa) Bei der übernehmenden Gesellschaft

95. Eine Fusion wirkt sich für die übernehmende Gesellschaft dahingehend aus, dass sie für den Rest der laufenden Veranlagungsperiode in die Steuerpflicht der untergehenden Gesellschaft eintritt (Art. 12 Abs. 2 BdBSt). Es gilt das *Prinzip der erweiterten Steuersukzession,* d. h., dass die untergehende Gesellschaft die Steuer bis zum Ende der laufenden Veranlagungsperiode schuldet, und die übernehmende Gesellschaft diese Steuern für die ganze Veranlagungsperiode entrichten muss. Darüberhinaus hat sich die übernehmende Gesellschaft die Steuerfaktoren (Kapital und Gewinn) der übernommenen Gesellschaft künftig anrechnen zu lassen (für Beispiele siehe Reich, ST 9/1986, 337). Das erweist sich in jenen Fällen als günstig, da die übernommene Gesellschaft Verluste aufweist, mit denen die übernehmende Gesellschaft ihre Gewinne verrechnen kann. Eine solche Verrechnung wird von den Steuerbehörden jedoch verweigert, wenn eine Fusion lediglich zum Zwecke vorgenommen wird, Verluste zu verrechnen (Vorbehalt der Steuerumgehung).

bb) Bei der untergehenden Gesellschaft

96. Es stellt sich die Frage, ob eine Besteuerung der stillen Reserven unterbleiben kann. Nach herrschender Praxis und Lehre stellt die Fusion keinen Liquidationsfall im Sinne von Art. 53 BdBSt dar, so dass von einer Besteuerung abgesehen wird, sofern die stillen Reserven in der übernehmenden Gesellschaft weiterbestehen, die Übertragung der Vermögenswerte also zu den bisherigen Steuerbuchwerten erfolgt (Cagianut/Höhn, § 18 N 33; Känzig, N 17 zu Art. 12 Abs. 2 BdBSt; Masshardt, N 20 ff. zu Art. 53 BdBSt). Nach Masshardt müssen allerdings gewisse weitere Bedingungen erfüllt sein, damit von einer Besteuerung abgesehen wird. Vom Grundsatz der steuerfreien Übertragung stiller Reserven bestehen zudem gewisse Ausnahmen, so bei interkantonalen Verhältnissen und bei steuersystematischer Realisierung der stillen Reserven (Cagianut/Höhn, § 18 N 34).

cc) Bei den Aktionären der untergehenden Gesellschaft

Für sich selbst stellt der Austausch der Aktien keinen steuerbaren Kapitalgewinn dar. Zu prüfen ist daher nur, ob eine Fusion mit geldwerten Leistungen verknüpft ist.

Sind die Aktien Teil des Privatvermögens der Aktionäre der untergehenden Gesellschaft, so werden geldwerte Leistungen (Ausschüttungen, Spitzenausgleiche, Nennwerterhöhungen) als Vermögensertrag besteuert (Masshardt, N 75 zu Art. 21 Abs. 1 lit. c BdBSt und N 23 zu Art. 53 BdBSt).

Befinden sich die Aktien im Geschäftsvermögen eines buchführungspflichtigen Aktionärs oder werden sie durch eine juristische Person gehalten, so sind die geldwerten Leistungen (Ausschüttungen, Spitzenausgleiche, Nennwerterhöhungen) als Ertrag steuerbar. Nennwerterhöhungen werden aber nur erfasst, sofern sie als Ertrag verbucht werden.

dd) Absorption einer Tochtergesellschaft

Spezielle Folgen ergeben sich für die Absorption einer Tochtergesellschaft. Die stillen Reserven einer hundertprozentigen Tochtergesellschaft werden nicht besteuert, sofern die Übertragung der Vermögenswerte auf die Muttergesellschaft steuerlich zu Buchwerten erfolgt.

Für die Muttergesellschaft ergibt sich aber ein Fusionsgewinn, wenn der Buchwert des übernommenen Vermögens den Buchwert der Beteiligung an der Tochtergesellschaft übersteigt. Dieser Gewinn ist steuerbar (ZR 77 Nr. 38; über die Möglichkeit des Beteiligungsabzuges siehe Cagianut/Höhn, § 18 N 57).

Ist der Buchwert der Beteiligung niedriger als der Buchwert des übernommenen Vermögens, so entsteht ein Fusionsverlust. Dieser ist nicht abzugsfähig, es sei denn, es könne eine geschäftsmässig begründete Abschreibung vorgenommen werden, weil der Verkehrswert der Beteiligung entsprechend gefallen ist (StE 1984 B.72.15.2 Nr. 1; StE 1987 B 72.15.2 Nr. 3).

2. Fusionsähnliche Sachverhalte: Unechte Fusion und Quasifusion

a) Definition

Was unter unechter Fusion und Quasifusion zu verstehen ist, ist vorne (§ 5 N 32 ff., 34 ff.) dargelegt.

b) Emissionsabgabe

aa) Anwendungsbereich

104. Eine Emissionsabgabe ist nicht geschuldet, wenn sich Personenunternehmen zusammenschliessen oder wenn ein Personenunternehmen ein AG-Unternehmen übernimmt. Hingegen fällt auf neugeschaffenen Beteiligungsrechten eine Emissionsabgabe an, wenn sich AG-Unternehmen zusammenschliessen oder ein AG-Unternehmen ein Personenunternehmen übernimmt.

bb) Voraussetzungen für die Anwendung des privilegierten Satzes von 1 Prozent

105. Der bevorzugte Satz von 1 Prozent (statt der üblichen 3 Prozent) kommt nicht nur bei echten Fusionen, sondern auch bei wirtschaftlich den echten Fusionen gleichkommenden Zusammenschlüssen zur Anwendung (Art. 9 Abs. 1 lit. a StG).

106. Ein fusionsähnlicher Zusammenschluss ist nur gegeben, wenn die neuen Beteiligungsrechte nicht in bar, sondern durch Apport (Sacheinlage, Sachübernahme) liberiert werden (Stockar, N 1 zu StG Art. 9 Abs. 1 lit. a, 2. Fusionsähnlicher Zusammenschluss).

107. Weiter ist erforderlich, dass die Anteilsinhaber der übernommenen Gesellschaft mit Anteilen der übernehmenden Gesellschaft entschädigt werden, also zu Gesellschaftern der übernehmenden AG werden (Stockar, N 2 zu Art. 9 Abs. 1 lit. a StG, 2. Fusionsähnlicher Zusammenschluss). Dazu gehört auch, dass nicht mehr als die Hälfte des Verkehrswertes der überführten Vermögenswerte den Einbringern gutgeschrieben oder ausbezahlt werden dürfen (Stockar, N 13 zu StG Art. 9 Abs. 1 lit. a, 2. Fusionsähnlicher Zusammenschluss).

108. Der Verkauf eines Unternehmens mit den gesamten Aktiven und Passiven an eine AG mit anschliessender Auflösung und Liquidation der übertragenden Gesellschaft gilt als fusionsähnlich, vorausgesetzt die Gesellschafter der untergehenden Gesellschaft erhalten Titel der übernehmenden AG (Imbach, ASA 51, 11). Eine *unechte Fusion* ist somit abgaberechtlich privilegiert, allerdings nur wenn die übernommene Gesellschaft aufgelöst und liquidiert wird (Kramer, ASA 57, 17). Der reduzierte Satz von 1 Prozent ist aber nicht anwendbar, wenn eine AG ein Personenunternehmen übernimmt (Cagianut/Höhn, § 18 N 69; Kramer, ASA 57, 15).

109. Ein privilegierter Zusammenschluss liegt auch vor, wenn die Aktien von weiterbestehenden Gesellschaften in eine Holdinggesellschaft eingebracht werden, sofern (i) diese die eingebrachten Unternehmen wirtschaftlich integriert und leitet, (ii) mit der Einbringung die Wirkungen einer Fusion

beabsichtigt oder erwartet werden, und (iii) die Einbringung zu einer absoluten Beherrschung der integrierten Gesellschaften durch die aufnehmende Gesellschaft führt. Das letztere Erfordernis ist nur erfüllt, wenn die Holdinggesellschaft mindestens eine Zweidrittelsmehrheit der übernommenen Gesellschaft kontrolliert (Stockar, N 6, 14 zu Art. 9 Abs. 1 lit. a StG). Unter den angeführten Voraussetzungen ist für *Quasifusionen* der reduzierte Satz von 1 Prozent anwendbar (Stockar, Fallbeispiele, F 29; Kramer, ASA 57, 18 ff.).

Keine fusionsähnlichen Zusammenschlüsse sind gegeben, wenn lediglich 110. die Aktien eines einzigen Unternehmens als Sacheinlage in eine Holdinggesellschaft eingebracht werden – es fehlt am Erfordernis des Zusammenschlusses zweier Unternehmen – oder wenn bloss bestimmte Aktiven und Passiven einer Gesellschaft eingebracht werden, selbst wenn diese einen für sich fortführungsfähigen Unternehmensteil darstellen (Stockar, N 8, 9 zu StG Art. 9 Abs. 1 lit. a, 2. Fusionsähnlicher Zusammenschluss; Kramer, ASA 57, 16).

c) Umsatzabgabe

aa) Unechte Fusion

Eine unechte Fusion bedingt eine Übertragung des gesamten Vermögens 111. der untergehenden Gesellschaft auf die übernehmende Gesellschaft durch Sacheinlage. Selbst wenn die übrigen Voraussetzungen für eine Umsatzabgabe gegeben sind, sind so übertragene steuerbare Urkunden von der Abgabe befreit, sofern sie zur Liberierung von Aktien der übernehmenden AG dienen (Art. 14 Abs. 1 lit. b StG).

bb) Quasifusion

Eine Quasifusion führt ebenfalls zur Einlage von steuerbaren Urkunden in 112. die übernehmende Gesellschaft. Auch wenn die übrigen Voraussetzungen einer Umsatzabgabe erfüllt sind, entfällt eine Abgabe aber trotzdem, vorausgesetzt die eingelegten Aktien dienen der Liberierung von Aktien der übernehmenden Gesellschaft (Art. 14 Abs. 1 lit. b StG).

Wenn eine Bank zwischengeschaltet ist, welche zuerst die Aktien der 113. übernehmenden Gesellschaft zeichnet und sie nachher gegen die Aktien der untergehenden Gesellschaft tauscht, so ist nach Praxis der ESTV keine Umsatzabgabe geschuldet (Stockar, Fallbeispiele, F 29).

d) Verrechnungssteuer

114. Für die Verrechnungssteuer wird eine *unechte Fusion* gleich behandelt wie eine echte Fusion. Veräussert also eine AG ihr Unternehmen nach Art. 181 OR an eine andere AG, und wird die veräussernde AG anschliessend aufgelöst und liquidiert, dann wird keine Verrechnungssteuer erhoben, sofern Reserven und Gewinne der untergehenden AG in die Reserven der aufnehmenden AG übergehen (Art. 5 Abs. 1 lit. a VStG). Voraussetzung ist aber, dass die Aktionäre der untergehenden Gesellschaft Aktionäre der übernehmenden AG werden (Pfund, N 22, 26 ff. zu Art. 5 Abs. 1 lit. a VStG).

115. Die *Quasifusion* und der damit verbundene Aktientausch führen normalerweise nicht zu einer Verrechnungssteuer. Vorbehalten bleiben Mantelhandel und Steuerumgehung (Stockar, Fallbeispiele, F 29).

116. Übernimmt eine AG ein Personenunternehmen und verschmilzt es mit ihrem eigenen Unternehmen, so ergeben sich für die Verrechnungssteuern keine Folgen, weil Gewinne und Reserven des Personenunternehmens der Verrechnungssteuer ohnehin nicht unterliegen.

117. Wenn eine Personengesellschaft das Unternehmen einer AG übernimmt und es mit ihrem eigenen Unternehmen verschmilzt, liegt verrechnungssteuerlich eine Liquidation vor. Infolgedessen unterliegen Gewinnvortrag und Reserven der AG der Besteuerung.

118. Keine Verrechnungssteuern fallen beim Zusammenschluss von Personenunternehmen an.

e) Einkommens- und Ertragssteuer

119. Eine *unechte Fusion* zweier AG-Unternehmen hat die gleichen steuerlichen Folgen wie die echte Fusion, obschon die untergehende Gesellschaft zivilrechtlich liquidiert wird (Cagianut/Höhn, § 18 N 46 ff.; Masshardt, N 20 zu Art. 53 BdBSt).

120. Eine *Quasifusion* wirkt sich für die beteiligten AG steuerlich nicht aus, da diese als Rechts- und Steuersubjekt weiterbestehen bleiben. Die Aktionäre der übernommenen Gesellschaft werden steuerlich gestellt, wie wenn eine echte Fusion vorliegt.

121. Wenn eine AG direkt den Aktionären der Zielgesellschaft im Tausch gegen Aktien der Zielgesellschaft eigene Aktien anbietet *(Tender Offers, Take-Over Bids)*, liegt zwar auch eine Quasifusion vor. Hier wird jedoch anders als sonst angenommen, der Aktionär der übernommenen AG realisiere einen Mehrwert durch Tausch, was für buchführungspflichtige natürliche Personen, vorausgesetzt die hingegebenen Aktien gehören zu ihrem Geschäftsvermögen, und für juristische Personen zu einer Besteuerung führt (Gutachten, 146).

Die steuerlichen Folgen für die Zusammenschlüsse zwischen Personen- 122.
unternehmen einerseits und Personenunternehmen und AG-Unternehmen
andererseits hängen stark von den vertraglichen Abmachungen ab. Im
einzelnen ist hier die Spezialliteratur heranzuziehen (Cagianut/Höhn, § 18;
Känzig, Unternehmungskonzentrationen; Gutachten).

f) Grundstückgewinnsteuer

Ändern infolge eines Zusammenschlusses Grundstücke die Hand, so kann 123.
dies in gewissen Kantonen zu einer Grundstückgewinnsteuer führen, es sei
denn, es bestehe eine gesetzliche Ausnahmevorschrift für Zusammenschlüsse.

V. Gemeinschaftsunternehmen

Die steuerlichen Auswirkungen hängen stark vom Einzelfall ab. 124.
Wenn zwei AG ihre Unternehmen vollständig durch Sacheinlage in eine 125.
AG einbringen, deren Aktien ihnen je hälftig gehören, kann von einem
fusionsähnlichen Zusammenschluss gesprochen werden. Entsprechend fällt
für die zu gründende AG eine *Emissionsabgabe* von lediglich 1 Prozent an
(Stockar, N 6 zu Art. 9 Abs. 1 lit. a StG, 2. Fusionsähnlicher Zusammenschluss), erhoben auf dem Verkehrswert der eingebrachten Unternehmen.

Eine *Verrechnungssteuer* entsteht in der Regel nicht, da normalerweise 126.
kein Liquidationssachverhalt vorliegt (die einbringenden Aktiengesellschaften bleiben weiterbestehen).

Auch für die *Einkommens- und Ertragssteuer* muss meines Erachtens von 127.
einem fusionsähnlichen Zusammenschluss gesprochen werden, wenn zwei
AG ihre Unternehmen als Sacheinlage in eine ihnen je hälftig gehörende
AG einbringen. Demzufolge unterbleibt eine Besteuerung der stillen
Reserven auf den eingebrachten Unternehmen, sofern die Einlagen zu
Buchwert erfolgen. Die Aktionäre der beiden einbringenden AG bleiben
steuerlich unberührt, vorbehältlich geldwerter Leistungen, die sie als Ausgleichsmassnahmen (z. B. Barausschüttungen) erhalten und welche besteuert werden.

VI. Management Buy-Out

128. Die steuerlichen Folgen eines Management Buy-Out lassen sich nicht generell darstellen, sondern ergeben sich aus der jeweils gewählten Form. Im Einzelfall muss vor allem geprüft werden, ob eine Teilliquidation vorliegt (Bühler, StR 1986, 554; Gurtner, ASA 57, 23 ff.) oder ob geldwerte Leistungen gegeben sind.

§ 10 Vertragsgestaltung

I. Vorbemerkungen

1. Überblick

Erwerb und Zusammenschluss von Unternehmen geben Anlass zum Abschluss von verschiedenen Verträgen.

Der Kauf eines Unternehmens, sei es der Anteile der Gesellschaft, welcher das Unternehmen gehört, sei es des Unternehmens mit Aktiven und Passiven selbst, geschieht durch einen *Kaufvertrag*. Dieser wiederum kann verbunden sein mit gewissen zusätzlichen Verträgen, z. B. einem Escrow-Vertrag, einem Beratungs- oder Arbeitsvertrag mit dem Veräusserer oder einem Darlehensvertrag mit dem Veräusserer.

Die Einlage eines Unternehmens in eine Gesellschaft setzt für eine AG einen *Sacheinlagevertrag* voraus, für die Personengesellschaften ist ein *Einlagevertrag* mit den übernehmenden Gesellschaftern notwendig.

Eine echte Fusion wird durch einen *Fusionsvertrag* vereinbart, während unechte Fusionen und Quasifusionen durch einen *Fusions- bzw. Zusammenschlussvertrag* abgemacht werden und möglicherweise mit weiteren Verträgen verknüpft sind (Sacheinlagevertrag, Sachübernahmevertrag, Einlagevertrag mit den Personengesellschaftern).

Eine besondere Vielzahl von Verträgen ist bei den weniger üblichen Übernahmearten des *Management Buy-Out* (Kaufvertrag, Darlehensvertrag, Sicherungsverträge) und des *Gemeinschaftsunternehmens* (Grundvereinbarung, Satellitenvereinbarungen) anzutreffen.

2. Grundlagen der Vertragsgestaltung

An sich gilt das *Prinzip der Vertragsfreiheit*, d. h., die betroffenen Parteien dürfen ihre Rechtsverhältnisse so regeln, wie sie es wünschen. Dieses Prinzip ist aber in mancher Hinsicht eingeschränkt, sowohl bezüglich Form wie Inhalt. Insbesondere Sacheinlage- und Sachübernahmeverträge sowie Fusionsverträge sind durch gesellschaftsrechtliche Bestimmungen überlagert, welche sich auf den vertraglichen Inhalt stark auswirken. Zudem müssen viele vertragliche Regelungen getroffen werden, weil im Gesetz der «Unternehmenskauf» nicht besonders geregelt ist. Namentlich im Bereich der Erfüllungsstörungen bestehen viele offene und regelungsbedürftige Fragen.

7. Für die Vertragsgestaltung sind gewisse *Grundsätze* zu beachten. Dazu gehört zunächst, die vertraglichen Verabredungen auf die wirklich wesentlichen Punkte zu beschränken. Wo das dispositive Recht eine sachgemässe Lösung für den Fall vorsieht, dass die Parteien keine Regelung treffen, kann auf eine spezielle Bestimmung im Vertrag verzichtet werden. Weiter ist darauf zu achten, den Vertrag logisch zu strukturieren und eine einheitliche Terminologie einzuhalten. Rechte und Pflichten der Parteien sollten möglichst eindeutig festgesetzt und damit ein zuverlässiges Regelwerk für den Fall erarbeitet werden, dass sich die Parteien in Zukunft über gewisse Punkte nicht einigen können.

8. Nachfolgend werden – ohne Anspruch auf Vollständigkeit – einige notwendige oder typische Vertragsbestandteile von Kaufverträgen, Sacheinlage- und Sachübernahmeverträgen sowie von Fusionsverträgen dargestellt (ausführlich zum Aktienkauf Watter, N 474 ff.).

II. Unternehmenskaufvertrag

1. Parteien

9. Die Parteien bzw. ihre Organe und Vertreter sollten mit genauen Angaben bezeichnet werden (Name und Adresse). Zeichnungs- oder Vertretungsberechtigung sind anhand eines Handelsregisterauszugs oder von Vollmachten zu überprüfen, um sicherzustellen, dass der Vertrag verbindlich und durchsetzbar ist.

2. Präambel

10. Präambeln halten fest, was die Motive und die Geschäftsgrundlagen für die Parteien sind. Der Vertrag ist auch ohne sie gültig, doch kann eine Präambel für die Auslegung und allfällige Ergänzung des Vertrages nützlich sein. Weiter sind Präambeln von Bedeutung für die Beurteilung, ob eine Partei den Vertrag wegen Grundlagenirrtum anfechten kann.

3. Kaufobjekt

a) Unternehmen oder Gesellschaft

Die Parteien müssen sich darüber einig werden, ob das Unternehmen mit Aktiven und Passiven oder ob die Anteile der Gesellschaft verkauft werden sollen. In gewissen Fällen bleibt von vornherein nur der Verkauf des Unternehmens, z. B. wenn der Veräusserer Einzelunternehmer ist oder wenn ein Personenunternehmen einer AG verkauft wird. Wenn lediglich ein Teil eines Unternehmens verkauft wird, kommt auch nur ein Verkauf von Aktiven und Passiven in Frage. Andernfalls müsste zuerst der zu verkaufende Unternehmensteil ausgegliedert und in eine separate Gesellschaft eingebracht werden, deren Anteile dann verkauft werden. Entscheidend für die Wahl, ob die Gesellschaft oder das Unternehmen verkauft werden soll, sind sodann steuerliche Überlegungen sowie die Frage, ob gewisse Vermögenswerte überhaupt übertragbar sind (Konzessionen, Goodwill, Bewilligungen). Der Kauf der Gesellschaft statt des Unternehmens wird etwa vorgezogen, weil keine Zustimmung von Gläubigern eingeholt zu werden braucht oder weil der Verkäufer der zweijährigen Weiterhaftung für Verbindlichkeiten des Unternehmens gemäss Art. 181 OR entgehen will. Schliesslich ist die Übertragung der einzelnen Aktiven und Passiven durch Singularsukzession umständlich. Im Vergleich dazu ist die Übertragung von Gesellschaftsanteilen einfach.

11.

b) Unternehmen mit Aktiven und Passiven

Bilden Aktiven und Passiven eines Unternehmens Gegenstand des Kaufes, so ist im Vertrag auf die Übernahmebilanz zu verweisen, welche die übernommenen Aktiven und Passiven enthält und mit Vorteil dem Vertrag angeheftet wird. Weiter sollten die Parteien festhalten, wer die zwischen Vertragsabschluss und Übergangsstichtag erworbenen Aktiven und entstandenen Verbindlichkeiten übernehmen soll.

12.

c) Mitgliedschaft einer Personengesellschaft

Die Personengesellschaft ebenso wie die mit der Mitgliedschaft verbundenen Rechte und Pflichten sind genau zu bezeichnen.

13.

d) Aktien

14. Die Aktien werden am besten anhand des Handelsregisterauszuges beschrieben (Name der AG, Nennwert, Art und Anzahl der Aktien). Für Aktionärsdarlehen ist zu regeln, ob sie vom Käufer übernommen werden oder nicht.

4. Kaufpreisbestimmung

15. Die Parteien bestimmen den Kaufpreis meistens – selbst wenn es sich nicht um einen Festpreis handelt – anhand einer Bewertung des Unternehmens. Grundlage dazu bilden bereits bestehende Abschlüsse oder ein Zwischenabschluss. Die Bewertungsgrundsätze sollten im einzelnen vertraglich aufgeführt werden, damit bei Streitigkeiten die Preisbestimmung nachvollzogen werden kann.
16. Manchmal wird vereinbart, dass der Kaufpreis bloss vorläufig gelten und definitiv erst gemäss einer *Übernahmebilanz* fixiert werden soll. Vertraglich sollte festgelegt werden, wer für die Erstellung der Bilanz zuständig und nach welchen Grundsätzen sie zu errichten ist. Nicht selten wird eine Revisionsgesellschaft eingesetzt.
17. Die Parteien sollten für Aktien vereinbaren, ob sie mit oder ohne Dividendenanspruch auf den Käufer übergehen.
18. Die Parteien vereinbaren weiter die *Zahlungsmodalitäten*.

5. Gewährleistungen

19. Aus den in § 7 genannten Gründen sollten Gewährleistungen des Verkäufers in umfassender Weise geregelt werden. Manchmal müssen auch die Käufer Gewährleistungen abgeben (Beispiel: Der Käufer verpflichtet sich, das übernommene Unternehmen wie bisher fortzuführen und keine Entlassungen vorzunehmen).
20. Zu den üblichen Gewährleistungen des Verkäufers sind die folgenden zu zählen:
    – Die verkauften Vermögenswerte stehen dem Verkäufer bzw. der verkauften Gesellschaft zum unbelasteten Eigentum zu.
    – Die dem Kauf zugrundeliegende Bilanz ist richtig und vollständig. Namentlich sind genügend Rückstellungen gebildet worden; auch können die in der Bilanz genannten Debitorenforderungen eingebracht werden.
    – Die verkaufte Gesellschaft ist rechtmässig gegründet und existiert.

- Seit Abschluss der letzten Bilanz sind keine geldwerten Leistungen (Dividendenauszahlungen, Ausgabe von Optionen) erfolgt.
- Seit Abschluss der letzten Bilanz sind keine Vorfälle eingetreten, welche sich erheblich auf die Geschäfte des Unternehmens auswirken würden.
- Die Gesellschaft hat keine anderen wesentlichen Verträge abgeschlossen, als die dem Käufer bekanntgegebenen.
- Das verkaufte Unternehmen ist adäquat versichert.
- Alle Steuern sind bezahlt und die notwendigen Steuerrückstellungen sind gemacht worden.
- Es sind keine Prozesse oder andere Verfahren hängig oder drohen, ausser denen, die dem Käufer bekanntgegeben worden sind.

Manchmal wird speziell vorgesehen, dass der Verkäufer den Käufer für Schulden und Verpflichtungen schadlos halte, die – obschon bei Abschluss bereits vorhanden – nicht in die Bilanz aufgenommen worden sind. Die Schadloshaltung kann sich auch auf Schulden und Verpflichtungen beziehen, welche zwar nach Bilanzabschluss, aber auf der Grundlage früherer Geschäftstätigkeit entstanden sind (z. B. Nachsteuern). 21.

Weiter verabreden die Parteien, wie lange die Gewährleistungen in Kraft sein sollen und innerhalb welcher Periode der Gegenpartei Ansprüche zu melden sind. Will sich der Käufer das Recht auf Wandelung vorbehalten, sollte er sich das vertraglich zusichern lassen, weil der Richter nur in Extremfällen auf Wandelung erkennt. Ebenso sollten für die Wandelung die Modalitäten der Rückabwicklung des Vertrages festgelegt werden. Häufig verlangt der Käufer, dass Teile des Kaufpreises bei einem Dritten hinterlegt werden, um so seine Gewährleistungsansprüche sicherzustellen. 22.

6. Übergangszeit

Mit der Übergangszeit ist die Zeit zwischen Vertragsabschluss bis zum Übergangsstichdatum (Closing) gemeint. Die Verträge enthalten jeweils detaillierte Bestimmungen darüber, was die Pflichten und Rechte der Parteien in dieser Zeit sind. 23.

Der Verkäufer verpflichtet sich beispielsweise zu gewissen Vorbereitungsmassnahmen, wie z. B. die Ausgliederung eines Teils des Unternehmens in eine separate Gesellschaft, welche dann verkauft wird, oder die Veräusserung von betriebsfremden Aktiven. Meistens wird abgemacht, dass der Verkäufer dem Käufer Informationen und Dokumente (langfristige Verträge, Grundbuchauszüge, Patentanmeldungen) abgibt, welche es dem Käufer erlauben, während der Übergangszeit die Angaben über das Unternehmen zu prüfen. 24.

25. Die Parteien einigen sich ferner darüber, wie die Geschäftstätigkeit bis zum Closing zu erfolgen hat und wer dafür verantwortlich ist. Beispiel für eine Klausel: Der Verkäufer betreibt die Geschäfte des Unternehmens normal weiter und holt für wesentliche Entscheide die Zustimmung des Käufers ein.
26. Weiter verpflichtet sich der Verkäufer, ohne Zustimmung des Käufers keine geldwerten Leistungen, namentlich keine Dividenden, aus dem Unternehmen zu beziehen.

7. Inkrafttreten, Bedingungen, Closing

27. Das Inkrafttreten des Vertrages wird von gewissen *Bedingungen* abhängig gemacht. Dazu gehören vor allem öffentlichrechtliche Bewilligungen wie z. B. die Bewilligung der Bankenkommission oder die Lex Friedrich-Bewilligung. In Frage kommen auch privatrechtliche Zustimmungen (z. B. die Zustimmung der Gesellschaft, wenn vinkulierte Aktien gekauft werden).
28. Der Vertrag hält zudem fest, welches das *Übergangsstichdatum (Closing)* ist und wie die Übergabe des Kaufgegenstandes zu erfolgen hat. Am Stichtag werden die einzelnen Übertragungshandlungen vorgenommen, der Vertrag also vollzogen, indem der Kaufgegenstand Zug um Zug gegen den Kaufpreis oder zumindest gegen einen Teil davon übergeben wird.
29. Der Käufer sollte auf einer Erklärung des Verkäufers bestehen, dass die Gewährleistungen auch zum Zeitpunkt des Closing noch zutreffen.
30. Oft will sich der Käufer bis zum Closing ein Rücktrittsrecht für den Fall vorbehalten, dass sich die Gewährleistungen des Verkäufers während der Übergangszeit als unzutreffend herausstellen sollten. Meistens widersetzt sich der Verkäufer dieser Forderung. Welche Regelung schliesslich getroffen wird, hängt von den Umständen ab.

8. Weitere Vertragsklauseln

31. Der Vertrag sollte weiter Bestimmungen enthalten über (i) das übernommene Personal (Übernahme von Arbeitsverträgen, Personalfürsorge), (ii) die Stellung des Verkäufers nach dem Verkauf (Beratungsvertrag, Arbeitsvertrag, Bestellung von Verwaltungsrat, evtl. Konkurrenz- und Abwerbungsverbot), (iii) Aufteilung der Kosten (z. B. Beraterhonorare, Umsatzabgabe), und (iv) Regelung über die Fortführung des Namens.
32. Schliesslich sind das anwendbare Recht und der Gerichtsstand festzusetzen. Vielfach wird ein Schiedsgericht als zuständig erklärt.

III. Sacheinlage- und Sachübernahmevertrag

1. Sacheinlagevertrag

a) Bei einer AG

Sacheinlageverträge sind, zumindest bei der Einlage in eine AG, recht 33. kurz. Der notwendige Inhalt ergibt sich im wesentlichen aus den aktienrechtlichen Vorschriften zur Sacheinlage.

Parteien des Vertrages sind der Einleger und die Gesellschaft, in welche 34. das Unternehmen eingebracht wird. Ihre Namen und Adressen sind zu bezeichnen, ebenso die sie vertretenden Personen. Im Falle, dass die übernehmende Gesellschaft erst gegründet wird, wird sie als in Gründung begriffen durch die Gründer vertreten.

Gegenstand des Vertrages ist die Sacheinlage. Beteiligungen können in 35. einer Liste, welche dem Vertrag beigefügt wird, einzeln bezeichnet werden. Für eingebrachte Unternehmen mit Aktiven und Passiven wird auf eine Übernahmebilanz oder Inventarliste verwiesen, welche dem Einlagevertrag angefügt wird. Empfehlenswert ist eine allgemeine Umschreibung des übernommenen Betriebes.

Weiter müssen die Parteien im Vertrag den *Übernahmepreis* festlegen. 36.

Der Sacheinlagevertrag nennt ferner die *Gegenleistungen*, welche der 37. Einleger für seine Einlage erhält, nämlich Aktien und unter Umständen eine Gutschrift. Ein im Vergleich zum Übernahmepreis zugunsten des Verkäufers noch verbleibender Saldo stellt für eine AG Agio dar.

Manchmal vereinbaren die Parteien auch, wann *Nutzen und Gefahr* 38. übergehen.

b) Bei einer Personengesellschaft

Parteien sind die einbringende(n) Person(en) sowie die Gesellschafter der 39. übernehmenden Personengesellschaft. Sie sind mit Name und Adresse einzusetzen, allfällige Vertretungsverhältnisse sind zu nennen und Vollmachten beizubringen.

Gegenstand des Vertrages ist die Einlage. Das kann ein Unternehmen mit 40. Aktiven und Passiven sein oder – seltener – Beteiligungen. Die Einlage ist genau zu bezeichnen, üblicherweise ergänzt durch eine Übernahmebilanz oder Inventarliste, welche dem Vertrag beigeheftet wird.

Der *Übernahmepreis* wird vereinbart, und es wird festgelegt, in welchem 41. Umfang der neue Teilhaber am Gesellschaftsvermögen beteiligt wird. Hierzu gehören auch Abreden, wem die stillen Reserven auf dem übernehmenden bzw. übernommenen Unternehmen gehören sollen.

42. *Weitere Regelungen* sind deshalb notwendig, weil der Einleger Gesellschafter wird. So müssen sich die Parteien darüber einig werden, welches die Ansprüche des neuen Gesellschafters auf Gewinn, Zins und allenfalls Honorar sein sollen. Manchmal werden im Einlagevertrag auch die übrigen gesellschaftsrechtlichen Rechte und Pflichten schon festgelegt (Geschäftsführung, Vertretung, Stimmrecht). Ob dies tunlich ist oder ob einfach auf den bereits bestehenden Gesellschaftsvertrag verwiesen werden kann, hängt vom Einzelfall ab. Möglicherweise ist der Gesellschaftsvertrag neu zu fassen.
43. Weiter ist der Übergang von *Nutzen und Gefahr* zu regeln, sofern dieser von den üblichen Regeln abweichen soll.

2. Sachübernahmevertrag

44. Der Sachübernahmevertrag folgt im Prinzip der gleichen Ordnung wie der Sacheinlagevertrag mit dem Unterschied allerdings, dass das Entgelt der übernehmenden AG nicht in der Übergabe von eigenen Aktien besteht, sondern in der Bezahlung eines Preises in bar. Dementsprechend muss der Vertrag eine Klausel über den Kaufpreis und dessen Zahlungsweise enthalten.

IV. *Fusionsvertrag*

45. Zu nennen sind vorweg die *Parteien,* nämlich die fusionierenden Gesellschaften.
46. Es ist festzuhalten, welche *Art von Fusion* vereinbart wird (Kombination oder Annexion). Im Falle der Absorption wird vereinbart, welches die untergehende und welches die weiterbestehende Gesellschaft ist.
47. Es wird vereinbart, auf der Basis von welchen Bilanzwerten die Fusion erfolgt. Die *Bilanzen* werden dem Vertrag beigefügt. Weiter einigen sich die Parteien darüber, nach welchem *Austauschverhältnis* die Aktionäre der untergehenden Gesellschaft Aktien der übernehmenden Gesellschaft erhalten sollen.
48. Die Parteien einigen sich ferner über *Ausgleichsmassnahmen;* dazu gehören etwa Aktiensplit, Nennwerterhöhungen, Ausschüttungen und/oder Kapitalherabsetzungen.
49. Sofern eine Fusion eine *Kapitalerhöhung* erfordert, werden deren Modalitäten verabredet, darin eingeschlossen, wer die Emissionsabgabe zu tragen hat.

Die vertraglichen *Bedingungen* werden vereinbart. Meistens werden als 50. Bedingungen für den Vertrag die erforderlichen Generalversammlungsbeschlüsse, sei es für die Fusion, sei es für Kapitalerhöhungen, vorbehalten.

Weitere Regelungen sind etwa, wer für den Austausch der Titel und die 51. Anmeldung im Handelsregister verantwortlich ist, und andere mehr (Übersicht über die vielfältigen weiteren Vertragsklauseln bei R. Meier, 66 ff.).

§ 11 Unfreundliche Übernahmen («Unfriendly Take-Overs»)

1. Auch in der Schweiz sind in der Vergangenheit unfreundliche Übernahmen vorgekommen, obschon sie ungleich seltener sind als in anderen Rechtsgebieten (USA, Grossbritannien im speziellen). Charakteristisch für die unfreundliche Übernahme ist der Umstand, dass der Angreifer sich gegen den Willen der Verwaltung der angegriffenen Gesellschaft die Kontrolle über deren Unternehmen verschaffen will. Vorliegend wird eine Übersicht über die einzelnen Angriffsmittel und Abwehrmassnahmen gegeben, wobei die Darstellung auf die AG beschränkt ist. Im Vordergrund steht als angegriffene Gesellschaft eine Publikumsgesellschaft, deren Aktien an der Börse gehandelt werden.

I. Angriffsmittel

1. Geheimer Aufkauf

2. Das übliche Vorgehen eines Angreifers besteht darin, über Banken oder Strohmänner im Markt Aktien des Übernahmekandidaten anonym aufzukaufen. In den vergangenen Fällen konnten so zwischen zehn bis knapp über fünfzig Prozent des Stimmkapitals erworben werden. Diese Taktik ist gemäss Schweizer Recht zulässig, besteht doch im Unterschied zu anderen Ländern hier *keine Offenlegungspflicht der kaufenden Partei*, auch dann nicht, wenn ein bestimmter Prozentsatz des Grundkapitals überschritten ist. Ebensowenig ist der Käufer verpflichtet, ab einer bestimmten Menge von erworbenen Aktien allen Aktionären ein Übernahmeangebot zu unterbreiten.

3. Allerdings sind im Falle von vinkulierten Namenaktien gewisse Schwierigkeiten zu überwinden. So muss der Käufer die Aktien – falls er nicht als ins Aktienbuch eintragbare Partei qualifiziert – über eine Bank einkaufen, die entgegen einer *Empfehlung der Schweizerischen Bankiervereinigung* aus dem Jahre 1961 (Text in SAG 1961/62, 11; siehe auch Lyk, SAG 1979, 12) bereit ist, Aktien für einen Auftraggeber zu kaufen, von dem sie wissen muss, dass er im Aktienbuch der betreffenden Gesellschaft nicht eingetragen wird.

4. Für Käufe von vinkulierten Namenaktien über Strohmänner besteht ein Problem darin, dass die Gesellschaft normalerweise vor Eintragung eines Erwerbers ins Aktienbuch eine urkundliche Zusicherung verlangt, wonach die einzutragende Partei nicht fiduziarisch, d. h. im Auftrag und auf Risiko eines anderen, sondern auf eigene Rechnung handelt. *Strohmänner* müssten

also wahrheitswidrige Erklärungen abgeben, um eingetragen zu werden und das Stimmrecht ausüben zu können.

Dem heimlichen Aufkauf sind auch wegen des relativ kleinen Schweizer Marktes Grenzen gesetzt. Ab einer gewissen Anzahl erworbener Aktien wird der Verwaltungsrat der belagerten Gesellschaft aufgrund der stark steigenden Preise, selbst wenn es sich um Inhaberaktien handelt, merken, dass ein Aufkäufer am Werke ist. Dies trifft insbesondere für Aktien mittlerer und kleinerer Gesellschaften zu, deren Märkte eng sind. 5.

Der unbemerkte Aufkauf einer kontrollierenden Mehrheit des Stimmkapitals einer AG erscheint daher praktisch als schwierig. Immerhin kann es einem Angreifer gelingen, beachtliche Pakete zu erwerben, bevor seine Identität ans Licht kommt, weil eben keine Offenlegungspflicht besteht. Der Angreifer kann dann aus einer günstigen Position mit der Leitung der angegriffenen Gesellschaft verhandeln. Der Ausgang solcher Verhandlungen hängt vom Einzelfall ab. In Frage kommen Vereinbarungen über eine Zusammenarbeit zwischen dem Angreifer und der angegriffenen Gesellschaft oder eine Vereinbarung, wonach die angegriffene Gesellschaft selbst oder ihr nahestehende Kreise das vom Angreifer aufgekaufte Aktienpaket zu einem Aufpreis übernehmen. Zu einer Übernahme der angegriffenen Gesellschaft durch den Angreifer selbst hat aber der geheime Aufkauf der Aktien allein in der Schweiz bisher nicht geführt. Die Kontrolle zu erlangen setzt demnach weitere – nachstehend besprochene – Massnahmen voraus. 6.

2. Öffentliches Übernahmeangebot («Tender Offer»)

a) Bedeutung und Rechtsnatur

Ein weiteres Angriffsmittel ist das öffentliche Übernahmeangebot. Danach unterbreitet der Angreifer den Aktionären des Übernahmekandidaten direkt ein öffentliches Kaufangebot. Dieses Angriffsmittel ist neuerdings auch in der Schweiz verwendet worden. Im Unterschied zu ausländischen Rechtsordnungen ist ein öffentliches Kaufangebot in der Schweiz verhältnismässig einfach. Insbesondere besteht für die angreifende Partei keine Prospektpflicht; sie muss also nicht darlegen, wer sie ist, wie sie den Kaufpreis finanziert oder warum die Übernahme für die Aktionäre der angegriffenen Gesellschaft vorteilhaft sein soll. Es trifft sie auch keine Pflicht, die Aktionäre gleich zu behandeln (siehe auch Otto, DB, 12/1988, 5). 7.

Über den rechtlich notwendigen Inhalt des öffentlichen Übernahmeangebotes und über das Zustandekommen des Vertrages siehe vorne § 4 N 19 ff. 8.

b) Zustellung an die Aktionäre

9. Der Angreifer muss das Übernahmeangebot aus praktischen Gründen in der Zeitung und in anderer geeigneter Weise veröffentlichen (Pressecommuniqué, Pressekonferenz). Das ist für Inhaberaktien selbstverständlich, weil deren Inhaber anonym sind. Auch für Namenaktien bleibt dem Angreifer aber nichts anderes übrig, weil er gegenüber der angegriffenen Gesellschaft kein Recht darauf hat, dass ihm die Namen der Aktionäre bekanntgegeben oder dass gar die Angebotsunterlagen den Aktionären zugestellt werden. Dieses Recht hat er auch dann nicht, wenn er bereits Aktionär der angegriffenen Gesellschaft ist. Namentlich gibt ihm das Auskunftsrecht als Aktionär nach herrschender Auffassung keinen Anspruch darauf, dass ihm die Namen der anderen Aktionäre offengelegt werden (Benz, 35 ff.). Dem ist allerdings entgegenzuhalten, dass es unter Umständen durchaus dem Gesellschaftsinteresse dient, z. B. bei Misswirtschaft durch die bestehende Geschäftsleitung, wenn sich der Angreifer direkt an die Aktionäre wendet.

c) Pflichten des Verwaltungsrates der angegriffenen Gesellschaft

10. Den Verwaltungsrat der belagerten Gesellschaft trifft im Prinzip keine Pflicht, eine Stellungnahme abzugeben, denn das Übernahmeangebot lässt lediglich ein Rechtsverhältnis zwischen Angreifer und den Aktionären entstehen. Agiert der Verwaltungsrat aber, sei es, indem er aus eigenem Antrieb eine Stellungnahme abgibt, sei es, dass er das von ihm bevorzugte Angebot eines Dritten mit einer Annahmeempfehlung an die Aktionäre weiterleitet oder sei es auf andere Weise, dann handelt er als Organ und untersteht entsprechenden Pflichten (Hirsch, 190). Er hat sich also vom Gesellschaftsinteresse leiten zu lassen und die Gleichbehandlung der Aktionäre zu gewährleisten. Nach Hirsch hat er auch die Pflicht, den Aktionären Informationen zu liefern, damit diese einen fundierten Entscheid über den Verkauf treffen können.

11. Der Angreifer kann den Verwaltungsrat der anvisierten Gesellschaft leicht zu einer Stellungnahme zwingen, wenn die Gesellschaft vinkulierte Namenaktien ausstehend hat. Er kann den Verwaltungsrat auffordern, sich zum voraus darüber zu äussern, ob er die Zustimmung zur Eintragung des Angreifers im Aktienbuch gewähre. Besonders heikel ist die Position für den Verwaltungsrat, wenn die Gesellschaft mehrere Übernahmeangebote erhält. Steht es dem Verwaltungsrat frei, den Übernahmekampf in der Weise zu entscheiden, dass er zum voraus bekanntgibt, wer von den Angreifern gegebenenfalls im Aktienregister eingetragen würde? Für die Beantwortung ist auszugehen vom Wortlaut der Vinkulierungsbestimmungen in den Statuten. Ist die Eintragung verboten, z. B. weil der Angreifer Konkurrent ist, so

bleibt dem Verwaltungsrat nichts anderes übrig, als die Eintragung von vornherein abzulehnen. Kann die Eintragung ohne Angabe von Gründen verweigert werden, dann hat der Verwaltungsrat ein Ermessen, das er im Sinne des Gesellschaftsinteresses ausüben muss. Wenn sich aus dieser Sicht keine zwingenden Anhaltspunkte ergeben, hat sich der Verwaltungsrat meines Erachtens neutral zu verhalten. Jedenfalls muss er sich darüber klar sein, dass er als Organ handelt und als solches nach Art. 754 OR schadenersatzpflichtig werden kann. Eine gewisse Zurückhaltung zur Abgabe der Erklärung, die Eintragung werde verweigert, empfiehlt sich auch deshalb, weil ein öffentliches Übernahmeangebot wirtschaftlich betrachtet in jenen Fällen einer Fusion nahekommt, in denen der Angreifer seinerseits ein Unternehmen betreibt. Auch von daher betrachtet erscheint es richtig, den Entscheid, an wen verkauft werden soll, soweit als möglich, den Aktionären zu überlassen.

3. Recht zur Einberufung der Generalversammlung

a) Voraussetzungen

Hat der Angreifer bereits Aktien erworben, die zehn Prozent des Grundkapitals ausmachen, so kann er unter Angabe des Zweckes die Einberufung einer Generalversammlung verlangen (Art. 699 Abs. 3 OR). Das Gesuch ist an den Verwaltungsrat zu richten, welcher dem Begehren binnen angemessener Frist zu entsprechen hat, andernfalls der Richter auf Antrag die Einberufung anordnet (Art. 699 Abs. 4 OR). Als angemessene Frist gilt eine Zeitspanne von einem Monat (von Steiger, Das Recht der Aktiengesellschaft, 183). 12.

Der Richter hat die Generalversammlung einzuberufen, wenn die gesetzlichen Voraussetzungen erfüllt sind. Dazu gehören ein vorgängiger Antrag an den Verwaltungsrat und weiter der Nachweis, dass die Antragsteller zehn Prozent des Grundkapitals auf sich vereinigen (SAG 1986, 189). Der Richter nimmt keine materielle Überprüfung des Antrages vor (Bürgi, N 27 zur Art. 699 OR). Allerdings hat er die Schranke von Art. 2 ZGB (Treu und Glauben) zu beachten, weshalb möglicherweise die Einberufung doch als rechtsmissbräuchlich abgelehnt wird. 13.

Unter Umständen hat der Angreifer schon aufgrund statutarischer Vorschriften die Möglichkeit, eine ausserordentliche Generalversammlung einzuberufen, auch wenn er noch nicht zehn Prozent des Grundkapitals erworben hat. Nur wenige Publikumsgesellschaften weisen aber solche statutarischen Bestimmungen auf (Brunner, 55). 14.

b) Traktanden

15. Erst die Möglichkeit, eine ausserordentliche Generalversammlung einzuberufen, eröffnet dem Angreifer den Weg, Traktanden eigener Wahl zur Abstimmung zu bringen. Vorbehältlich anderslautender statutarischer Regelungen hat der Aktionär, wenn er weniger als zehn Prozent des Grundkapitals vertritt, sonst kein Recht, den Verhandlungsgegenstand ordentlicher oder ausserordentlicher Generalversammlungen zu bestimmen. Für den Angreifer ist es naheliegend, als Traktandum die Abberufung und Neuwahl des Verwaltungsrates zu verlangen, um sich so die Kontrolle über die Gesellschaft zu verschaffen. Allerdings bestehen keine Aussichten auf Erfolg, wenn ein harter Aktionärskreis existiert, welcher die Mehrheit des Grundkapitals kontrolliert. Da der Verwaltungsrat mit der absoluten Mehrheit der vertretenen Aktienstimmen gewählt wird (Art. 703 OR), hat der Angreifer rechtlich gesehen nicht einmal die Möglichkeit, auch nur einen einzigen Abgeordneten in den Verwaltungsrat zu wählen, wenn es ihm nicht gelingt, die Mehrheit der Aktienstimmen für seinen Vorschlag zu gewinnen. Nicht selten wird einem Aktionär ein Sitz im Verwaltungsrat und damit ein gewisser unternehmerischer Einfluss doch zugestanden, wenn er ein bedeutendes Aktienpaket erworben hat. Das wird dann aber üblicherweise mit einem Stillhalteabkommen verknüpft. Darin verpflichtet sich der Angreifer, ohne Zustimmung des Verwaltungsrates von weiteren Aktienkäufen abzusehen.

16. Für den Angreifer ist zu beachten, dass die Bestimmung der Verhandlungsgegenstände in den Statuten unter Umständen anders als im Gesetz geordnet ist. Es gibt eine nicht geringe Anzahl von Publikumsgesellschaften, welche Aktionären schon bei einer geringeren als zehnprozentigen Beteiligung das Recht einräumen, ein Traktandum zur Abstimmung zu bringen (Brunner, 65).

4. Abstimmungskämpfe

a) Recht zur Vorbereitung der Generalversammlung

17. Die Pflicht und – im Zusammenhang mit Übernahmekämpfen wichtig – das Recht, die Geschäfte der Generalversammlung vorzubereiten, steht der Verwaltung zu (Art. 722 Ziff. 1 OR). Zur Vorbereitung der Generalversammlung gehört auch die Bestimmung der Verhandlungsgegenstände, vorbehältlich anderslautender statutarischer Bestimmungen und vorbehältlich des Traktandierungsrechtes von Aktionären, die zusammen zehn Prozent des Grundkapitals vertreten. Damit über Verhandlungsgegenstände

gültig beschlossen werden kann, sind sie mindestens zehn Tage vor dem Versammlungstag bekanntzugeben (Art. 700 OR). Auch die Abberufung der Verwaltung kann von der Generalversammlung nur gültig beschlossen werden, wenn sie ordnungsgemäss angekündigt wurde (Bürgi, N 20 zu Art. 700 OR).

Der Angreifer kann also einen Abstimmungskampf nur über jene Gegenstände entfachen, die auf der Traktandenliste stehen. Es ist ihm nicht möglich, einen Kampf über die Wahl des Verwaltungsrates zu führen, wenn die Wahl nicht Traktandum der betreffenden Generalversammlung ist.

18.

b) Antragsrecht

Ist ein Traktandum aber einmal gültig angekündigt, so hat der Angreifer, wenn er bereits Aktionär ist, die Möglichkeit, an der Generalversammlung Antrag zu stellen und seinen Antrag zu begründen. Er kann auf diese Weise versuchen, die anderen Aktionäre zu einer Stimmabgabe in seinem Sinne zu bewegen.

19.

c) Proxy Rules

Abstimmungskämpfe, wie in den USA üblich (sog. Proxy Fights), sind in der Schweiz selten. Dies hat einerseits damit zu tun, dass sog. Proxy Rules nach amerikanischem Muster bei uns fehlen. Die Proxy Rules sehen unter anderem für opponierende Aktionäre das Recht vor, das Aktionärsregister der Gesellschaft zu konsultieren. Das ist angesichts der Tatsache, dass in den USA die Aktien stets auf den Namen lauten, von besonderer Bedeutung. Der Angreifer kann so in Erfahrung bringen, wer die Aktionäre sind und sich direkt mit ihnen in Verbindung setzen. Weiter muss nach den Proxy Rules die Verwaltung Anträge oppositioneller Aktionäre sowie deren Unterlagen inklusive Vollmachtsgesuche an die Aktionäre weiterleiten. Solche Rechte oppositioneller Aktionäre bestehen unter Schweizer Recht nicht, und die Verwaltung hat daher gegenüber dem Angreifer einen Vorteil, weil nur ihr bekannt ist, wer die Namenaktionäre sind. Sie kann die Aktionäre direkt kontaktieren und sie um die Abgabe einer Stimmvollmacht ersuchen. Das tut sie in der Praxis auch (Tillmann, 124 ff.). Demgegenüber müsste der Angreifer die Aktionäre über die Presse mobilisieren und sie dazu bewegen, in seinem Sinne zu stimmen oder ihm ihre Stimmvollmacht zu gewähren.

20.

Bei Inhaberaktien weiss zwar die Verwaltung auch nicht ohne weiteres, wer die Aktien hält. In vielen Fällen besteht aber ein Aktionärskern, welcher die Gesellschaft kontrolliert und der Verwaltung bekannt ist. Hier hat es der Angreifer ebenfalls schwer, weil er weder die Aktionäre kennt, noch deren

21.

gegenseitige Absprachen (Syndikatsverträge, Poolverträge, Stimmbindungsverträge). In jenen Fällen, da die Inhaberaktien breit gestreut sind, begegnet der Angreifer der Schwierigkeit, dass das Stimmrecht der Publikumsaktionäre zu einem grossen Teil durch die Banken wahrgenommen wird. Die Banken lassen sich nämlich für die bei ihnen deponierten Aktien General- oder Spezialvollmachten ausstellen und üben gestützt darauf das Stimmrecht aus (sog. *Depotstimmrecht*). Die Richtlinien der Schweizerischen Bankiervereinigung von 1980 (revidiert November 1988) sind gegebenenfalls anwendbar. Nach Art. III Ziff. 5 der Richtlinien übt eine Bank das Depotstimmrecht im Sinne der Zustimmung zu den Anträgen der Verwaltung aus, wenn ihr der Depotkunde keine besonderen Instruktionen erteilt. Angesichts der bekannten Lethargie des Kleinaktionärs wirkt sich das Depotstimmrecht für den Angreifer zum Nachteil aus. Selbst wenn die Bank noch der Auffassung ist, die Stimme müsste gegen die Anträge der Verwaltung abgegeben werden, orientiert sie zuerst den Kunden und holt dessen Zustimmung ein. Bleibt diese aus, enthält sie sich der Stimme (Art. II Ziff. 3 und 7 der Richtlinien).

5. Wahl des Verwaltungsrates

a) Grundsatz: Majorzsystem

22. Die Wahl des Verwaltungsrates erfolgt nach dem Majorzsystem. Entsprechend sichert erst die Kontrolle über die Mehrheit des Stimmkapitals dem Angreifer die Möglichkeit, den Verwaltungsrat zu bestellen, es sei denn, die Statuten sehen für die Wahl des Verwaltungsrates andere Grundsätze vor. Besondere Konstellationen vorbehalten, kann der Angreifer nicht ein einziges Mitglied in den Verwaltungsrat wählen, selbst wenn er 49% des Stimmkapitals auf sich vereinigt. Praktisch gesehen aber hat der Angreifer, der ein bedeutendes Aktienpaket erworben hat, doch häufig das Gewicht, in der Geschäftsführung mitzureden und ein Mitglied in den Verwaltungsrat bestellen zu können.

b) Wahlrecht verschiedener Aktienkategorien

23. Gesellschaften, welche verschiedene Aktienkategorien aufweisen, haben durch die Statuten jeder Gruppe die Wahl wenigstens eines Vertreters in die Verwaltung zu sichern (Art. 708 Abs. 4 OR). Hier besteht für den Angreifer ein möglicher Ansatz, eine Person seines Vertrauens in den Verwaltungsrat beordern zu können. Das Vertretungsrecht besteht auch dann, wenn es in

den Statuten nicht ausdrücklich vorgesehen wird (BGE 66 II 50). Als unterschiedliche Aktienkategorien gelten etwa Vorzugsaktien im Vergleich zu Stammaktien, Stimmrechtsaktien im Vergleich zu gewöhnlichen Aktien, vinkulierte Namenaktien im Vergleich zu gewöhnlichen Namenaktien, Namenaktien im Vergleich zu Inhaberaktien und vinkulierte Namenaktien im Vergleich zu gewöhnlichen Namenaktien (Brunner, 94 ff.). Nach Bundesgericht hat eine Gruppe zwar das Recht, einen Vertreter zur Wahl vorzuschlagen. Die Generalversammlung gesamthaft bleibt aber für die Wahl zuständig und ist frei, den vorgeschlagenen Verwaltungsrat nicht zu wählen, wenn wichtige Gründe vorliegen (BGE 66 II 50). Wann ein wichtiger Grund gegeben ist, beurteilt sich nach dem Gesamtinteresse der Gesellschaft. Es sind namentlich die fachlichen und persönlichen Fähigkeiten der vorgeschlagenen Person in Rechnung zu stellen. Wenn sich also ein Angreifer die Mehrheit der Inhaberaktien einer Publikumsgesellschaft sichert, die auch als vinkulierte Stimmrechtsaktien ausgestaltete Aktien ausgegeben hat, hat er die Möglichkeit, wenigstens ein Mitglied in den Verwaltungsrat wählen zu lassen. Folgt die Generalversammlung dem Vorschlag nicht und liegen keine wichtigen Gründe vor, so kann der Angreifer den betreffenden Generalversammlungsbeschluss nach Art. 706 OR anfechten. Es ist dann eine weitere Generalversammlung einzuberufen mit dem Zweck, die Wahl des Gruppenvertreters nachzuholen (Bürgi, N 61 zu Art. 708 OR).

6. Auskunftsrecht

a) Auskunfts- und Einsichtsrecht

Hat ein Angreifer bereits Aktien erworben, kann er versuchen, Auskünfte über die Gesellschaft zu erhalten, indem er das Auskunfts- und Einsichtsrecht des Aktionärs geltend macht. Eine Einsichtnahme in die Geschäftsbücher und Korrespondenzen ist aber nur mit ausdrücklicher Ermächtigung der Generalversammlung oder durch Beschluss der Verwaltung und unter Wahrung des Geschäftsgeheimnisses gestattet (Art. 697 Abs. 2 OR). Das Begehren um Einsichtnahme kann sogar bloss in der Generalversammlung gestellt werden (Bürgi, N 18 zu Art. 697 OR). Im Gesetz ist zwar ausdrücklich die Möglichkeit vorgesehen, das Einsichts- und Auskunftsrecht klageweise durchzusetzen (Art. 697 Abs. 3 OR). Die Interessen einer Gesellschaft dürfen dadurch aber nicht gefährdet werden. Praktisch fällt es für den Angreifer schwer, gegen den Einwand anzukommen, dass ein Geschäftsgeheimnis vorliege bzw. das Gesellschaftsinteresse verletzt sei.

24.

b) Einsicht in das Aktienbuch

25. In der Lehre ist umstritten, ob der Aktionär gestützt auf das Einsichts- und Auskunftsrecht auch in das Aktienbuch Einsicht erlangen darf (Nachweis bei Benz, 40). Selbst die Befürworter machen das Einsichtsrecht von Bedingungen abhängig, so dass Einsicht in das Aktienbuch nur in speziellen Fälle gewonnen werden kann.

c) Klage auf Auskunft

26. Das Auskunfts- und Einsichtsrecht des Aktionärs ist kein besonders wirksames Mittel für den Angreifer. Immerhin kann es zu einem gewissen Rechtfertigungsdruck auf die Verwaltung der angegriffenen Gesellschaft führen. Ausserdem kann es als selbständiges Aktionärsrecht Grundlage für eine Klage sein (BGE 95 II 157), wobei aber auch hier die Gesellschaft die Verletzung des Geschäftsgeheimnisses bzw. des Gesellschaftsinteresses einwenden kann.

7. Klagerechte

a) Klagemöglichkeiten

27. Ohne hier auf die einzelnen Klagemöglichkeiten im Detail einzugehen, kann doch festgestellt werden, dass Klagen des Angreifers zum festen Bestandteil der Angriffsmittel gehören. Als solche Klagen kommen die folgenden in Frage:
    - Klage auf Anfechtung von Generalversammlungsbeschlüssen (Art. 706 OR),
    - Klage auf Feststellung der Nichtigkeit von Generalversammlungsbeschlüssen,
    - Schadenersatzklage des Angreifers gegen die Aktionärsmehrheit im Sinne einer Deliktsklage (Art. 41 OR),
    - Klage auf Auflösung einer AG (Art. 736 Ziff. 4 OR),
    - Klage auf Feststellung der Nichtigkeit von Verwaltungsratsmassnahmen,
    - Verantwortlichkeitsklagen (Art. 752 ff. OR),
    - Klage auf Auskunft (Art. 697 OR), und
    - Klage auf Einberufung einer Generalversammlung (Art. 699 OR).

    Nicht zulässig ist hingegen die Klage auf Anfechtung von Verwaltungsratsbeschlüssen (BGE 91 II 303).

28. Auch wenn Gerichtsklagen für sich selber nicht zur Übernahme eines Unternehmens führen, so belasten sie doch die angegriffene Gesellschaft

beträchtlich und können, je nach den Umständen, deren Verwaltungsrat kompromissbereit machen.

b) *Superprovisorische Verfügungen*

Als besonders hinderlich für die angegriffene Gesellschaft haben sich bisher superprovisorische Massnahmen erwiesen, welche der Angreifer gegen die Durchführung von Abwehrmassnahmen erwirkt hat (siehe z. B. SAG 1987, 175). Das sind richterliche Massnahmen, die ohne Anhörung der Gegenpartei angeordnet werden. So ist es z. B. vorgekommen, dass eine Kapitalerhöhung oder die Umwandlung von Inhaber- in vinkulierte Namenaktien als Folge einer superprovisorischen richterlichen Verfügung nicht im Handelsregister eingetragen werden durfte (siehe auch ZR 86 Nr. 127, in welchem Fall einer AG für die Dauer des Prozesses verboten wurde, ohne einen entsprechenden rechtsgültigen Beschluss der Aktionäre einen grösseren Teil des Produktionsbereiches auf eine andere AG zu übertragen).

29.

c) *Schranken*

Das Recht, Klage gegen die Zielgesellschaft zu führen, findet seine Schranke darin, dass es widerrechtlich ist, sachlich ungerechtfertigte Verfahren einzuleiten (Oftinger/Stark, § 16 N 163 ff.). Sachlich ungerechtfertigt ist ein Verfahren dann, wenn von vornherein keine begründete Hoffnung besteht, einen Prozess zu gewinnen, sondern damit nur andere Zwecke verfolgt werden.

30.

Das Ziel einer Partei, eine Gesellschaft gegen den Willen der Verwaltung zu übernehmen, ist nicht widerrechtlich (Schluep, SAG 1988, 98). Werden aber, um diese Ziele zu verwirklichen, von vornherein aussichtslose Prozesse gegen die Zielgesellschaft eingeleitet, nur um die angegriffene Gesellschaft handlungsunfähig und für die Übernahme willfährig zu machen, so kann dies widerrechtlich sein und zu Schadenersatzansprüchen führen. Im Schrifttum wird neuerdings auch die Auffassung vertreten, der Angreifer könne sich unter Umständen durch Anheben hoffnungsloser Prozesse sogar des unlauteren Wettbewerbs schuldig machen (Schluep, SAG 1988, 89).

31.

II. Abwehrmittel

1. Vinkulierung

32. Die Vinkulierung stellt zweifellos das üblichste Abwehrmittel schweizerischer Publikumsgesellschaften gegenüber unerbetenen Übernahmeversuchen dar. Zur Zeit bestehen nur noch wenige Publikumsgesellschaften, deren Statuten die Vinkulierung nicht vorsehen. Allerdings vermittelt die Vinkulierung keinen absoluten Schutz vor einer Übernahme, wie jüngere Vorfälle gezeigt haben. Dies insbesondere, wenn ein öffentliches Übernahmeangebot mit einem genügend hohen Kaufpreis ergeht (Böckli, SAG 1988, 150).

33. Vinkuliert werden können bloss *Namenaktien,* und die Vinkulierung muss in den Statuten vorgesehen werden (Art. 684 ff. OR). Die Statuten können auch bestimmen, dass die Gesellschaft die Eintragung des Erwerbers vinkulierter Aktien ohne Angabe von Gründen verweigern darf. Diese Generalklausel findet sich in den Statuten von Publikumsgesellschaften sehr häufig; in zahlreichen Fällen werden auch noch einzelne Ablehnungsgründe speziell aufgezählt (insbesondere werden Ausländer und/oder Konkurrenten abgelehnt oder Parteien, welche mehr als einen bestimmten Prozentsatzes des Grundkapitals erworben haben).

34. Wird die Eintragung abgelehnt, kommt es zur *Spaltung,* d. h., die mitgliedschaftlichen Rechte bleiben beim Veräusserer der Aktien, während die aus den mitgliedschaftlichen Vermögensrechten fliessenden Forderungen im obligationenrechtlichen Sinn auf den Erwerber übergehen (BGE 90 II 241). Das Stimmrecht verbleibt beim Buchaktionär, dem Veräusserer der Aktien, während der Erwerber dieses Stimmrecht nicht wahrnehmen kann (BGE 114 II 57). Dem Buchaktionär steht es grundsätzlich frei, das Stimmrecht gegen den Willen des Erwerbers auszuüben (ZR 86 Nr. 26). Veräusserer und Erwerber dürfen vertraglich aber abmachen, dass der Veräusserer seine Mitwirkungsrechte in der Gesellschaft nicht mehr weiter wahrnimmt.

35. Dem Erwerber ist es grundsätzlich nicht einmal gestattet, mit dem Veräusserer einen Aktionärbindungsvertrag abzuschliessen, wonach der Veräusserer das Stimmrecht im Sinne des Erwerbers ausübt. Nach Bundesgericht ist die auf einem solchen Vertrag beruhende Stimmabgabe dann unzulässig, wenn statutarische Vinkulierungsvorschriften umgangen werden sollen (BGE 81 II 539, 109 II 43). Eine missbräuchliche Umgehung ist anzunehmen, wenn der Buchaktionär die Stimme nach Weisungen des Erwerbers und in dessen Interesse ausübt und der Erwerber selber nicht eingetragen werden könnte (Forstmoser, Aktionärbindungsverträge, 379).

36. Das Bundesgericht hat kürzlich bestätigt, dass die Spaltungstheorie auch bei *Börsengeschäften* gilt (BGE 114 II 57).

Es ist zu unterscheiden zwischen der *ursprünglichen Vinkulierung* und der *nachträglichen Vinkulierung*. Ursprünglich wird die Vinkulierung genannt, wenn sie bereits bei Gründung der Gesellschaft vorgesehen wird. In diesem Falle müssen die Gründer die Vinkulierungsbestimmungen genehmigen (Lutz, 18/19). Von nachträglicher Vinkulierung wird gesprochen, wenn bei einer bereits gegründeten AG die Inhaber- oder Namenaktien in vinkulierte Namenaktien umgewandelt oder die bestehenden Vinkulierungsbestimmungen verschärft werden. Dies setzt einen entsprechenden Mehrheitsbeschluss der Generalversammlung voraus. Die nachträgliche Vinkulierung muss aber, um zulässig zu sein, durch sachliche Gründe gerechtfertigt und zweckproportional sein und darf den Grundsatz der Gleichbehandlung der Aktionäre nicht verletzen (Lutz, 19 ff.). 37.

So erachtete es das Handelsgericht Zürich für eine Gesellschaft als unzulässig, nachträglich in den Statuten vorzusehen, dass auch der Übergang der aus den Vermögensrechten entstehenden Forderungsrechte (z. B. der beschlossenen Dividende) der Zustimmung des Verwaltungsrates bedürfe (SJZ 1968, 167). Das Gericht fand, die bisherige Vinkulierung habe genügt, unerwünschte Kreise von der Gesellschaft fernzuhalten, und eine weitere Einschränkung des Rechtes der Aktionäre auf freie Veräusserlichkeit ihrer Aktien sei nicht gerechtfertigt. Für ein weiteres Beispiel übermässiger nachträglicher Vinkulierung siehe BJM 1965, 83. 38.

Die nachträgliche Vinkulierung kann nicht rückwirkend eingeführt werden. Dies bedeutet für bereits bestehende Namenaktien, dass Eintragungsgesuche nach den bisherigen Bestimmungen zu beurteilen sind, bis die nachträgliche Vinkulierung rechtswirksam ist, d. h. bis zum Zeitpunkt, da die Statutenänderung im Handelsregister eingetragen ist. Für Inhaberaktien heisst dies, dass der Inhaberaktionär bei Umwandlung der Aktien in vinkulierte Namenaktien ein Recht darauf hat, eingetragen zu werden, vorausgesetzt er war bereits zu dem Zeitpunkt Aktionär, da die Statutenänderung im Handelsregister eingetragen wurde (BGE 109 II 243). 39.

Wegen des Verbots der Rückwirkung nachträglicher Vinkulierung ist die Vinkulierung dann kein geeignetes Abwehrmittel mehr, wenn der Angreifer bereits die Mehrheit des Stimmkapitals erworben hat. Aus diesem Grunde haben die meisten Publikumsgesellschaften in den vergangenen Jahren die Vinkulierung als Präventivmassnahme eingeführt. 40.

Die Wirksamkeit der Vinkulierungsvorschriften ist noch zusätzlich durch die Zusammenarbeit der Börsengesellschaften mit der Schweizerischen Bankiervereinigung verstärkt worden. Gestützt auf eine *Empfehlung der Schweizerischen Bankiervereinigung* vom 6. April 1961 (Text in SAG 1961/62, 11) führen die Banken Aufträge zum Kauf von vinkulierten Namenaktien nicht aus, wenn klar ist, dass der Auftraggeber die von der Gesellschaft aufgezählten und den Banken bekanntgegebenen Vinkulierungsbedingungen nicht erfüllt. Die Banken haben sich weiter verpflichtet, vinkulierte 41.

Namenaktien nicht fiduziarisch zu erwerben. In der praktischen Abwicklung stellt eine Bank zudem ihrem Kunden das Eintragungsgesuch zu, auf welchem der Erwerber bestätigen muss, die Aktien auf eigene Rechnung gekauft zu haben. Trotz dieser Richtlinien ist es allerdings in den vergangenen Jahren Angreifern immer wieder gelungen, Banken zu finden, welche grosse Pakete gekauft haben, obschon eine Eintragung im Aktienbuch klar nicht möglich war. Auch haben die Banken praktische Schwierigkeiten, zu überprüfen, ob der Kunde die Voraussetzung erfüllt (Jahresbericht 1987/88 der Bankiervereinigung, 171).

42. Die Wirksamkeit der Vinkulierung als Abwehrmittel kann erhöht werden, indem man diese mit weiteren Massnahmen verknüpft. So kann etwa vorgesehen werden, dass der Eintragung nur zugestimmt wird, wenn der Erwerber einem bereits bestehenden Aktionärbindungsvertrag beitritt (Forstmoser, Aktionärbindungsverträge, 376 Fn. 114).

43. Eine Schranke findet die Vinkulierung im Willkürverbot, welches auch dann anwendbar ist, wenn die Eintragung gemäss Statuten ohne Angabe von Gründen verweigert werden kann. Meines Erachtens ist demnach eine rückwirkende Verschärfung der Eintragungspraxis auch da nicht zulässig, wo für die Ablehnung keine Gründe genannt zu werden brauchen. Ebensowenig ist es gestattet, vom Erwerber sachfremde Angaben, Bestätigungen und Dokumente einzufordern.

2. Stimmrechts- und Vertretungsbeschränkungen

a) Stimmrechtsbeschränkungen

44. Statutarisch kann vorgesehen werden, dass ein Besitzer mehrerer Aktien die damit verbundenen Stimmrechte nur bis zu einem gewissen Prozentsatz aller Stimmen wahrnehmen oder nur für eine bestimmte Anzahl seiner Aktien stimmen darf (Art. 692 Abs. 2 OR). Von dieser Statutenmöglichkeit haben viele Publikumsgesellschaften Gebrauch gemacht (Brunner, 76). Namentlich bei Inhaberaktien ist es aber schwierig, die Stimmrechtsbeschränkung zu kontrollieren.

45. Es ist zulässig, die Stimmrechtsbeschränkungen nachträglich zu beschliessen. Qualifizierte Anwesenheiten oder Mehrheiten sind hierfür nicht notwendig. Dagegen sind sachliche Gründe erforderlich, und der Grundsatz der Gleichbehandlung der Aktionäre ist zu wahren (Forstmoser/Meier-Hayoz, § 35 N 44; Bürgi, N 12 zu Art. 692 OR).

b) Vertretungsbeschränkungen

Die statutarische Beschränkung des Kreises der vertretungsberechtigten Personen ist erlaubt, sofern sie in sachlicher Art erfolgt (Art. 689 Abs. 2 OR; Bürgi, N 23 zu Art. 692 OR). So kann etwa vorgesehen werden, dass nur Aktionäre vertretungsberechtigt sind. Weiter darf auch bestimmt werden, dass ein Aktionär nicht mehr als eine gewisse Anzahl Aktionäre vertreten und deren Stimmen wahrnehmen darf. Statutarische Vertretungsbeschränkungen finden sich in vielen Publikumsgesellschaften (Brunner, 77). 46.

Solche Bestimmungen dürfen auch nachträglich eingeführt werden. Spezielle Mehrheits- oder Anwesenheitsvorschriften für die Beschlussfassung durch die Akionäre bestehen nicht. 47.

3. Stimmrechtsaktien

Als weiteres Abwehrmittel kommen Stimmrechtsaktien in Betracht. Sie ermöglichen mit einem reduzierten Kapitaleinsatz die Kontrolle über eine Gesellschaft. Durch frühzeitige Ausgabe von Stimmrechtsaktien an nahestehende Personen kann eine Gesellschaft das Risiko einer unliebsamen Übernahme verringern. 48.

Normalerweise bemisst sich das Stimmrecht eines Aktionärs nach der Höhe seiner Kapitalbeteiligung (Art. 692 Abs. 1 OR). Es ist aber möglich, in den Statuten das Stimmrecht unabhängig vom Nennwert einer Aktie festzusetzen, so dass auf jede Aktie eine Stimme entfällt (Art. 693 Abs. 1 OR). Solche Aktien, welche nur als Namenaktien und voll einbezahlt ausgegeben werden dürfen (Art. 693 Abs. 2 OR), werden Stimmrechtsaktien genannt. Sie verleihen für einen geringeren Kapitaleinsatz eine – verhältnismässig betrachtet – grössere Stimmkraft. Die privilegierte Stimmkraft der Stimmrechtsaktien ist aber nicht zulässig für die Wahl der Kontrollstelle und die Ernennung besonderer Kommissäre oder Sachverständiger sowie für die Beschlussfassung über die Anhebung einer Verantwortlichkeitsklage (Art. 693 Abs. 3 OR). 49.

Die Einführung von Stimmrechtsaktien erfordert einen Beschluss, dem mindestens zwei Drittel des Grundkapitals zugestimmt haben (Art. 648 Abs. 1 OR). Die Zustimmung von zwei Dritteln des Grundkapitals lässt sich für Publikumsgesellschaften praktisch nicht erreichen, so dass hier die nachträgliche Einführung von Stimmrechtsaktien kaum je durchführbar ist. Ob die Zweidrittelsmehrheit auch für Kapitalerhöhungen zu beachten ist, mit welchen zusätzliche Stimmrechtsaktien geschaffen werden, ist umstritten (Übersicht: SAG 1986, 88). 50.

51. Im Schrifttum wird für die nachträgliche Einführung von Stimmrechtsaktien verlangt, dass sie nur zulässig sein soll, wenn sie aus sachlichen Gründen gerechtfertigt ist und der Grundsatz der Gleichbehandlung der Aktionäre gewahrt bleibt (Forstmoser/Meier-Hayoz, § 35 N 44; Bürgi, N 12 zu Art. 692 OR).

52. Wie die Vinkulierung sind Stimmrechtsaktien besser geeignet als präventive Massnahme. Wenn ein Übernahmeangriff schon im Gang ist, erweist sich die Einführung von Stimmrechtsaktien – besonders angesichts des qualifizierten Mehrheitserfordernisses – unter Umständen als verspätet.

4. Partizipationsscheine

53. Anstelle von im Gesetz nicht vorgesehenen stimmrechtslosen Aktien sind in der Praxis Partizipationsscheine zur Mittelaufnahme entwickelt worden. Partizipationsscheine gewähren dem Inhaber bloss Vermögensrechte (Dividende, Liquidationserlös), dagegen keine Mitverwaltungsrechte, namentlich keine Stimmrechte. Welches die Rechte der Partizipanten im einzelnen sind, ist den Statuten zu entnehmen. Partizipationsscheine gestatten einer Gesellschaft die Mittelaufnahme und die Kotierung an den Börsen, ohne dass die Kontrolle über die Gesellschaft in Gefahr steht.

54. Die Schweizer Publikumsgesellschaften haben Partizipationsscheine in grosser Zahl ausgegeben. Durch eine entsprechende Zusammensetzung ihres Kapitals aus vinkulierten Stimmrechtsaktien mit geringem Nennwert, Inhaberaktien mit hohem Nennwert sowie stimmrechtslosen Partizipationsscheinen haben viele Publikumsgesellschaften eine Kapitalstruktur geschaffen, welche eine unfreundliche Übernahme erschwert.

5. Kapitalerhöhungen

55. Zur Abwehr von Angriffen kann das Aktienkapital erhöht werden, wobei das Bezugsrecht der bisherigen Aktionäre ausgeschlossen und die neuen Aktien durch nahestehende Kreise übernommen werden.

56. Für Kapitalerhöhungen steht zwar den bisherigen Aktionären ein Bezugsrecht zu (Art. 652 OR), doch ist das Bezugsrecht kein wohlerworbenes Recht (von Greyerz, 160). Demzufolge kann es statutarisch oder durch den Erhöhungsbeschluss ausgeschlossen werden, vorausgesetzt, der Ausschluss ist sachlich gerechtfertigt und der Grundsatz der Gleichbehandlung der Aktionäre gewahrt (von Greyerz, 160). Eine qualifizierte Anwesenheit oder Mehrheit der Aktionäre ist für den Ausschluss nicht notwendig.

Ein veröffentlichtes Präzedenzurteil zur Frage, ob die Abwehr von 57.
Übernahmeversuchen den Ausschluss des Bezugsrechtes rechtfertigt, fehlt
bisher.

6. Erwerb eigener Aktien

Zur Abwehr eines Angriffs, namentlich zur Abweisung einer feindlichen 58.
Übernahmeofferte an die Aktionäre, könnte eine Gesellschaft erwägen,
selber Aktien im Markt zu erwerben oder gar den Aktionären selber eine –
höhere – Übernahmeofferte zu unterbreiten. Sie könnte auch laufend Aktien
kaufen, um den Kurs hochzuhalten und damit eine Übernahme zu erschweren.

Zwar ist der Erwerb eigener Aktien verboten (Art. 659 OR), doch handelt 59.
es sich hierbei laut Bundesgericht bloss um eine Ordnungsvorschrift. Das
bedeutet, dass Rückkäufe eigener Aktien gleichwohl gültig sind, sofern aus
freien Mitteln finanziert (Meier-Schatz, SAG 1988, 117 mit Nachweisen).
Allerdings geht die Verwaltung das Risiko ein, sich im Falle eines Schadens
verantwortlich zu machen, da es eine Sorgfaltspflichtverletzung wäre, im
Widerspruch zu Art. 659 OR eigene Aktien zu kaufen.

Als Ausweg bietet sich für die Verwaltung die Möglichkeit an, Aktien der 60.
eigenen Gesellschaft durch nahestehende Kreise erwerben zu lassen oder gar
eine Übernahmeofferte durch eine genehme Partei (sog. «White Knight») zu
provozieren.

7. Aktionärbindungsverträge und statutarische Erwerbsberechtigungen

Eine kontrollierende Aktionärsgruppe kann einen Aktionärbindungsver- 61.
trag abschliessen, damit die Kontrolle über die Gesellschaft nicht zu unerwünschten Drittparteien wechselt. Im Vertrag verpflichten sich die Parteien,
ihre Aktienstimmen im gegenseitigen Einverständnis abzugeben. Weiter
wird etwa vorgesehen, dass die Aktien nicht ohne vorherige Zustimmung der
übrigen Vertragsparteien verkauft werden dürfen (siehe vorn § 5 N 51 ff.).

Weiter ist es zwar möglich, für kotierte Publikumsgesellschaften aber 62.
kaum praktikabel, Erwerbsrechte, namentlich Vorkaufsrechte der übrigen
Aktionäre, statutarisch zu verankern (siehe vorn § 5 N 52 ff.).

8. Weitere statutarische Massnahmen

a) Anwesenheits- und Mehrheitserfordernisse

63. Es ist zulässig, statutarisch zusätzlich zum Gesetz erschwerende Anwesenheits- und Mehrheitserfordernisse für die Beschlussfassung in der Generalversammlung vorzusehen (Art. 703 OR).
64. Um eine Übernahme unattraktiv werden zu lassen, kann erwogen werden, gewisse Beschlüsse (z. B. Fusion, Ausschluss des Bezugsrechts) einem besonderen Anwesenheits- oder Mehrheitserfordernis zu unterwerfen. Es ist jedoch in Betracht zu ziehen, dass solche Erschwernisse die Gesellschaft in «Friedenszeiten» nicht handlungsunfähig machen dürfen. Weiter ist zu berücksichtigen, dass nach Art. 648 OR Statutenbestimmungen über die Erschwerung der Beschlussfassung zu ihrer Abänderung ihrerseits die Zustimmung von zwei Dritteln des gesamten Grundkapitals voraussetzen. Da eine solche Mehrheit bei Publikumsgesellschaften praktisch kaum zu erlangen ist, können sich statutarische Erschwernisse der Beschlussfassung später als irreversibel erweisen.

b) Abschreckungsklauseln nach amerikanischer Art

65. In der Schweiz haben sich bisher die vorstehend beschriebenen Abwehrmassnahmen als sehr wirkungsvoll erwiesen, so dass ein Angreifer kaum je erfolgreich war. Aus diesem Grund finden sich bis jetzt die in den USA häufig anzutreffenden Abschreckungsklauseln in den Statuten von Schweizer Publikumsgesellschaften selten.
66. Als solche Klauseln kommen vor allem Bestimmungen über die Wahl des Verwaltungsrates (sog. gestaffelter Verwaltungsrat) oder finanzielle Giftpillen (sog. «Poison Pills») in Frage. Für eine Übersicht und Besprechung solcher Klauseln siehe Hanschka/Roth, AG 1988, 81; Meier-Schatz, SAG 1988, 106.

Literaturverzeichnis

Agner, P.	Spiegel der Rechtsprechung, ASA 56, 291
Altorfer, W.	Veräusserung von Beteiligungen – Kapitalgewinn oder Vermögensertrag? Steuerumgehung? ST 12/1988, 519
Baldi, P.	Über die Gewährleistungspflicht des Verkäufers von Aktien, insbesondere beim Verkauf aller Aktien einer Gesellschaft, Diss. Zürich 1975
Bär, R.	Die kaufmännische Unternehmung im neuen Ehe- und Erbrecht, Berner Tage für die juristische Praxis 1987, Bern 1988, 179 ff.
Benjamin, H.	Leveraged Acquisitions and Buyouts, Practising Law Institute, New York, 1987
Benz, U.	Aktienbuch und Aktionärswechsel, Diss. Zürich 1981
Blum/Pedrazzini	Das Schweizerische Patentrecht, 2. Aufl., Bern 1975
Blumer, K.	Die kaufmännische Bilanz, 9. Aufl., Zürich 1986
Böckli, P.	Darlehen an Aktionäre als aktienrechtlich kritischer Vorgang, ST 2/1980, 4 ff.
Böckli, P.	Zankapfel der Aktienrechtsrevision: die Vinkulierung der Namenaktien, SAG 1988, 150
Bourquin, M.	Steuerrechtliche Probleme beim Handel mit Aktienmänteln, Diss. Zürich 1985
Brand, M.	(Hsg.) Kauf und Verkauf von Unternehmen, 2. Aufl., Zürich 1986
Brühwiler, J.	Handkommentar zum Einzelarbeitsvertrag, Bern 1978
Brunner, M.	Streifzug durch die Statuten schweizerischer Publikumsaktiengesellschaften, Bern 1976
Bucher, E.	Schweizerisches Obligationenrecht, Allg. Teil ohne Deliktsrecht, 2. Aufl., Zürich 1988
Bühler, J.	Entgeltliche Übertragung von Beteiligungen und Wahl der Unternehmensform, StR 1986, 549
Bühler, R.	Die Geschäftsübernahmeartikel in den Statuten der AG, ST 12/1982, 2
Bürgi, F.W.	Zürcher Kommentar zu Art. 660 ff. OR, Zürich 1957
Bürgi, F.W.	Zürcher Kommentar zu Art. 698 ff. OR, Zürich 1969
Bürgi/Nordmann	Zürcher Kommentar zu Art. 739 ff. OR, Zürich 1979
Cagianut/Höhn	Unternehmenssteuerrecht, Bern/Stuttgart 1986°
Cavin, P.	Kauf, Tausch und Schenkung, SP, Bd. VII/1, Basel/Stuttgart 1977
Dietzi, H.P.	Das Gegenrechtserfordernis als Bewilligungsvoraussetzung zum Geschäftsbetrieb einer ausländischen bzw. ausländisch beherrschten Bank, in: von Graffenried (Hsg.), Beiträge zum Schweizerischen Bankenrecht, Bern 1987
Duss, M.	Spekulationen zu und mit dem Entscheid des Zürcher Verwaltungsgerichtes vom 27. Oktober 1987, StR 1988, 143

Emmerich, V.	Kartellrecht, München 1988
Fischer/Lüdecke	Lizenzverträge, Weinheim 1957
Forstmoser, P.	Schweizerisches Aktienrecht, Bd. I/Lieferung 1, Zürich 1981
Forstmoser, P.	Das neue schweizerische Insider-Recht, Zürich 1988
Forstmoser/Meier-Hayoz	Einführung in das schweizerische Aktienrecht, 3. Aufl., Bern 1983
Giger, H.	Berner Kommentar zu Art. 184 ff. OR, Bern 1979
Giger, M.	Die Einbringung eines Geschäftes in eine Kollektivgesellschaft, Diss. Freiburg 1940
Graf, H.-J.	Verträge zwischen Konzerngesellschaften, Diss. Bern 1988
Guhl/Merz/Kummer	Das Schweizerische Obligationenrecht, 7. Aufl., Zürich 1980 (zit.: «Guhl»)
Gurtner, P.	Systemwechselfälle bei Beteiligungsübertragungen, ASA 57, 23 ff.
Gutachten	Gutachten über steuerliche Fragen beim Zusammenschluss von Unternehmungen, Hrsg. Schutzorganisation der privaten Aktiengesellschaft, Zürich 1970 (zit.: «Gutachten»)
Gygi, F.	Verwaltungsrecht, Bern 1986
Häfelin/Haller	Schweizerisches Bundesstaatsrecht, Zürich 1984
Hanschka/Roth	Übernahmeangebote und deren Abwehr im deutschen Recht, AG 1988, 181
Hartmann, W.	Berner Kommentar zu Art. 552 OR ff., Bern 1943
Helbling, C.	Steuerschulden und Steuerrückstellungen, Bern 1988
Herren, K.W.	Statutarische Berechtigung zum Erwerb von Aktien als Übertragungsbeschränkungen, SAG 1975, 41
Hirsch, A.	La cession du contrôle de société anonyme: responsabilité des administrateurs envers les actionnaires, FS Bürgi, Zürich 1971, 183 ff.
Imbach, F.	Traitement des fusions et des opérations assimilées en matière en droit de timbre fédérale d'émission, ASA 51, 7 ff.
Imboden/Rhinow	Schweizerische Verwaltungsrechtsprechung, 5. Aufl., Basel 1976
Jäger, C.	Schadenversicherung, Bd. II, Kommentar zum Bundesgesetz über den Versicherungsvertrag, Bern 1932
Käfer, K.	Berner Kommentar zu Art. 957-964 OR, Bern 1981
Känzig, E.	Die eidgenössische Wehrsteuer, 2. Aufl., I. Teil, Basel 1982
Känzig, E.	Unternehmungskonzentrationen, Bern 1971
Keller/Lörtscher	Kaufrecht, 2. Aufl., Zürich 1986
Keller/Schöbi	Allgemeine Lehren des Vertragsrechts, 3. Aufl., Basel/Frankfurt a. M. 1988 (zit.: «Keller/Schöbi»)
Keller/Schöbi	Gemeinsame Rechtsinstitute für Schuldverhältnisse aus Vertrag, unerlaubter Handlung und ungerechtfertigter Bereicherung, Basel/Frankfurt a. M. 1984 (zit.: «Gemeinsame Rechtsinstitute»)
Kramer, M.	Fusionen und fusionsähnliche Zusammenschlüsse im Bereich der Emissionsabgabe, ASA 57, 7

Küry, A.	Die Universalsukzession bei der Fusion von Aktiengesellschaften, Basel 1962
Lörtscher, Th.	Aktienkaufvertrag, Zeitschrift der Handelskammer Deutschland-Schweiz 6/81, 313
Lörtscher, Th.	Sachgewährleistung beim Unternehmenskauf im schweizerischen und deutschen Recht, ZVglRWiss 83 (1984) 51 ff. (zit.: «Sachgewährleistung»)
Lutz, P.	Vinkulierte Namenaktien, Diss. Zürich 1988
Lyk, R.	Entwicklungstendenzen bei der Übertragung schweizerischer kotierter Namenaktien, SAG 1979, 9
Masshardt, H.	Kommentar zur direkten Bundessteuer, 2. Aufl., Zürich 1985
Maurer, A.	Schweizerisches Privatversicherungsrecht, 2. Aufl., Bern 1986
Meier, R.	Die Rechtsnatur des Fusionsvertrages, Zürich 1986
Meier-Hayoz, A.	Berner Kommentar zu Art. 655 ff. ZGB, Bern 1964
Meier-Hayoz/Forstmoser	Grundriss des Schweizerischen Gesellschaftsrechts, 4. Aufl., Bern 1981
Meier-Schatz, Chr.	Aktienrechtliche Verteidigungsvorkehren gegen unerwünschte Unternehmensübernahmen, SAG 1988, 106
Mühlebach/Geissmann	Lex F., Kommentar zum Bundesgesetz über den Erwerb von Grundstücken durch Personen im Ausland, Thun 1986
Müller, B.	Die Praxis der Eidg. Bankenkommission, FS 50 Jahre Eidg. Bankenaufsicht, Zürich 1985, 281 ff. (zit.: «Müller»)
Müller, B.	La pratique de la Commission fédérale des banques, Zürich 1987
Müllhaupt, W.	Die grenzüberschreitende Fusion nach schweizerischem Recht, SJZ 1980, 253
Oftinger/Stark	Schweizerisches Haftpflichtrecht, II/1, 4. Aufl., Zürich 1987
Otto, H.-J.	Übernahmeversuche bei Aktiengesellschaften und Strategien der Abwehr, DB 1988, Beilage Nr. 12/88
Patry, R.	Grundlagen des Handelsrechts, SP, Bd. VIII/1, Basel/Stuttgart 1976
Pedrazzini, M.	Erbvertrag, Verlagsvertrag, Lizenzvertrag, SP, Bd. VII/1, Basel/Stuttgart 1977, 495 ff. (zit.: «Pedrazzini»)
Pedrazzini, M.	Patent- und Lizenzvertragsrecht, 2. Aufl., Bern 1987
Pfund, W.R.	Die eidgenössische Verrechnungssteuer, I. Teil, Basel 1971
Pfund/Zwahlen	Die eidgenössische Verrechnungssteuer, II. Teil, Basel 1985
Rauss, B.	Der Letter of Intent – ein Vorvertrag?, ST 10/1988, 397
Reich, M.	Zeitliche Bemessung bei Umwandlung, Fusion und Teilung von Kapitalgesellschaften und Genossenschaften, ST 9/1986, 337 ff.

Reize, E.	Bewilligungspflichtige Personen und Geschäfte, Referat, Das Bundesgesetz über den Erwerb von Grundstücken durch Personen im Ausland, Veröffentlichungen des Schweizerischen Instituts für Verwaltungskurse an der Hochschule St. Gallen, Bd. 23, St. Gallen 1985
Reymond, C.	Le contrat de «Joint Venture», FS Schluep, Zürich 1988, 383 ff.
Reymond, C.	Réflexions sur la nature juridique du contrat de joint venture, JDT 1975 I 480
Riemer, H.	Das Recht der beruflichen Vorsorge in der Schweiz, Bern 1985 (zit.: «Vorsorge»)
Riemer, H.	Die Auswirkungen grösserer Personalfluktuationen beim Arbeitgeber auf dessen Personalvorsorgestiftung, Schweiz. Zeitschrift für Sozialversicherung, 1982, Heft 1 (zit.: «Auswirkungen»)
Riemer, H.	Berner Kommentar zu Art. 80 ff. ZGB, Bern 1975 (zit.: «Riemer»)
Schluep, W.R.	Privatrechtliche Probleme der Unternehmenskonzentration und -kooperation, ZSR 1973 II, 153 ff.
Schluep, W.R.	Lauterkeitsrechtliche Aspekte des «Unfriendly Take- Over», SAG 1988, 89
Schmid, N.	Schweizerisches Insiderstrafrecht, Bern 1988
Schweingruber, E.	Kommentar zum Arbeitsvertrag, Bern 1974
Schucany, E.	Kommentar zum Schweizerischen Aktienrecht, 2. Aufl., Zürich 1960
Schürmann/Schluep	KG & PG, Zürich 1988
Siegwart, A.	Zürcher Kommentar zu Art. 530 ff. OR, Zürich 1938
Siegwart, A.	Zürcher Kommentar zu Art. 620 ff. OR, Zürich 1945
Stockar, C.	Die Praxis der Bundessteuern, II. Teil: Stempelabgaben und Verrechnungssteuer, Bd. I, Loseblattsammlung, Basel (zit.: «Stockar»)
Stockar, C.	Übersicht und Fallbeispiele zu den Stempelabgaben und zur Verrechnungssteuer, Basel 1983 (zit.: «Fallbeispiele»)
Sträuli/Messmer	Kommentar zur Zürcherischen Zivilprozessordnung, 2. Aufl., Zürich 1982
Studer, N.	Die Quasifusion, Bern 1974
Tillmann, E.	Das Depotstimmrecht der Banken, Diss. Zürich 1985
Troller, A.	Immaterialgüterrecht, Bd. I, 3. Aufl., Basel/Frankfurt a.M. 1983, S. 1-540 (zit.: «Troller I»)
Troller, A.	Immaterialgüterrecht, Bd. II, 3. Aufl., Basel/ Frankfurt a.M. 1985, S. 601–1125 (zit.: «Troller II»)
Tschäni, R.	Gesellschafts- und kartellrechtliche Probleme der Gemeinschaftsunternehmen (joint ventures), SAG 1977, 88 ff.
Tuor/Schnyder	Das Schweizerische Zivilgesetzbuch, 10. Aufl., Zürich 1986
Vischer, F.	Der Arbeitsvertrag, SP, VII/1, Basel/Stuttgart 1977
Vischer/von Planta	Internationales Privatrecht, 2. Aufl., Basel/Frankfurt a. M. 1982

Vogel, O.	Grundriss des Zivilprozessrechts, Bern 1984
von Graffenried, D.	Übertragbarkeit und Handelbarkeit von Gesellschaftsanteilen, Diss. Bern 1981
von Greyerz, Chr.	Die Aktiengesellschaft, SP, VIII/2, Bern 1982
von Moos, P.	Bewilligungs- und Verweigerungsgründe, Referat, Das Bundesgesetz über den Erwerb von Grundstücken durch Personen im Ausland, Veröffentlichungen des Schweizerischen Instituts für Verwaltungskurse an der Hochschule St. Gallen, Bd. 23, St. Gallen 1985
von Paetzold, V.	Unternehmenskauf in der Schweiz, Handelskammer Deutschland-Schweiz 1986
von Steiger, W.	Gesellschaftsrecht, SP, Bd. VIII/1, Basel/Stuttgart 1976
von Steiger, W.	Zürcher Kommentar zu Art. 772 ff. OR, Zürich 1965
von Steiger, W.	Das Recht der Aktiengesellschaft, 3. Aufl., Zürich 1966
von Tuhr/Peter	Allgemeiner Teil des Schweizerischen Obligationenrechts, Bd. I, Zürich 1979
von Tuhr/Escher	Allgemeiner Teil des Schweizerischen Obligationenrechts, Bd. II, Zürich 1974
Walder, H.	Veräusserung und Erwerb eines in der Form der Aktiengesellschaft bestehenden Unternehmens nach schweizerischem Recht, Zürich 1959
Walder, H.	Zivilprozessrecht, 3. Aufl., Zürich 1983 (zit.: «Walder»)
Watter, R.	Unternehmensübernahmen, Habilitationsschrift, Manuskript 1988
Weber, B.	Die Übernahme von Unternehmungen, Diss. Zürich 1972
Willi, G.	Die Anwendung der Regeln über zweiseitige Verträge bei Sacheinlagegründungen im Aktienrecht, Diss. Zürich 1941
Zihlmann, P.	Gemeinschaftsunternehmen (Joint Business Ventures) in der Form von Doppelgesellschaften, SJZ 1972, 317 ff.
Zulauf, U.	Banken und Parabanken – Zum Geltungsbereich des Bankengesetzes, ST 11/1988, 430 ff.

Sachwortverzeichnis

A

Abschreibung 9 N 30, 54, 102
Absichtserklärung 2 N 8, 12
Absorption 5 N 1; 8 N 43; 9 N 90, 93, 101 ff.; 10 N 46
Abspaltung 1 N 9
Abstimmungskampf 11 N 17 ff.
Abtretung, s. Zession
Abtretungsvertrag über Gesellschaftsanteile 4 N 2 f.
Abwehrmittel gegen unfreundliche Übernahmen 11 N 1, 29, 32 ff.
– Erwerb eigener Aktien 11 N 58 ff.
– Kapitalerhöhung 11 N 55 ff.
– Partizipationsscheine 11 N 53 f.
– Stimmrechts- und Vertretungsbeschränkungen 11 N 44 ff.
– Vinkulierung 11 N 32 ff.
Agio 9 N 41, 81 f.; 10 N 37
AHV/IV 3 N 44
Aktien
– Beweisurkunden 4 N 5, 10
– Einlage von A. 4 N 1, 26, 28 f.; 9 N 77 ff., 81 ff.
– Innerer Wert 9 N 64, 83
– -kategorie 11 N 23
– Kauf von A. 1 N 2; 3 N 19; 4 N 4 ff.; 7 N 8, 24, 44, 53 ff., 66 f., 73; 8 N 69 f.; 9 N 60 ff.
– -mehrheit 4 N 15; 7 N 58, 97; 11 N 6, 15
– Nominalwert 9 N 27, 82, 90; 10 N 14; 11 N 49, 54
– -split 5 N 19, 24; 10 N 48
– Tausch 5 N 19, 39, 41; 7 N 97; 9 N 84
– Wertpapiere 4 N 5, 10
Aktienbuch 4 N 7 f., 14; 7 N 47, 49 f., 52; 11 N 3 f., 11, 41
– Einsicht ins A. 11 N 20, 25
– Verweigerung der Eintragung 4 N 8; 11 N 11, 33, 43
Aktiengesellschaft (AG)
– AG-Unternehmen 3 N 56; 6 N 5; 9 N 37
– Begriff 1 N 12

– Übernahme 8 N 70, 75
– Steuerfolgen 9 N 14 ff., 104, 119
Aktionärbindungsvertrag 1 N 19; 5 N 46; 11 N 35, 42, 61 f.
Aktiven
– Einlage, s. dort
– Entnahme 6 N 13, 23
– Kauf, s. dort
– Übernahme, s. dort
– Verpfändung 6 N 4 f.
Allonge 3 N 7
Andienungsrecht 5 N 52, 54
Angriffsmittel für unfreundliche Übernahmen 11 N 1 ff.
– Abstimmungskampf 11 N 17 ff.
– Auskunfts- und Einsichtsrecht 11 N 24 ff.
– Einberufung der Generalversammlung 11 N 12 ff.
– Geheimer Aufkauf 11 N 2 ff.
– Klagerechte 11 N 27 ff.
– öffentliches Übernahmeangebot 11 N 7 ff.
Anleihe 4 N 13; 5 N 14
Annexion 1 N 2; 5 N 1, 18, 20 ff.; 10 N 46
Anteile, s. Gesellschaftsanteile
Apport 9 N 106; s. auch Sacheinlage, -übernahme
– -mehrwert 9 N 43
Arbeitsvertrag 5 N 11; 10 N 2
– Beendigung 3 N 30
– Übernahme 3 N 27 ff.; 5 N 11; 10 N 31
Aufklärungspflicht des Verkäufers 2 N 4
Auflösung einer Gesellschaft 1 N 2; 8 N 8, 13 f., 32, 52, 59; 9 N 25 ff., 108
Auflösungsbeschluss 8 N 8, 13 f.; 9 N 15
Auflösungsklage 3 N 65; 4 N 17; 11 N 27
Aufspaltung eines Unternehmens 1 N 7
Auskunft 2 N 4 ff.
Auskunftsrecht des Aktionärs 4 N 17; 11 N 9, 24 ff.
Auslegung, s. Übernahmevertrag
Ausschüttung 9 N 66, 68, 72, 75, 83, 94, 98 f.; 10 N 48

– Reserve- 9 N 65
– Gewinn- 9 N 65, 73
Austausch
– -verhältnis 1 N 17; 5 N 19, 24, 38; 10 N 47
– von Aktien 5 N 19, 39, 41; 7 N 97; 9 N 84, 97, 113, 115,

B

Bank
– Aufsicht 8 N 30 ff., 42 f.
– ausländisch beherrschte B. 8 N 44 ff.
– Ausübung des Stimmrechts 11 N 21, s. auch Depotstimmrecht
– Begriff 8 N 30
– Betriebsbewilligung 8 N 51
– Bewilligung 8 N 30 ff.; 10 N 27
– Effektenhändler 9 N 8
– Eidg. Bankenkommission (EBK) 8 N 30 ff.
– Erwerb durch Ausländer 8 N 41
– Liquidation 8 N 37, 43
– Mäkler 9 N 9
– Mitwirkung bei Kapitalerhöhung 5 N 41
– Mitwirkung bei MBO-Finanzierung 6 N 3, 7 ff.
– Statuten 8 N 38, 42
– Übernahme mit Aktiven und Passiven 8 N 36 ff.
– Schweizerische Bankiervereinigung 11 N 3, 21, 41
– Zusatzbewilligung 8 N 44 ff.
Bankenrecht 8 N 30 ff.
Bemessungsperiode 9 N 25
Berufliche Vorsorge 3 N 46 ff.
Besitzanweisung 3 N 6 f.; 4 N 6
Beteiligungsabzug 9 N 101
Beteiligungsertrag 9 N 27, 71
Betriebsgesellschaft 6 N 7, 10 ff.; 8 N 13
Bewegliche Sachen 3 N 6; 7 N 11, 81, 90
– Übertragung 3 N 6, 63 f.; 5 N 7
Bewertung 1 N 17 ff.; 9 N 42, s. auch Unternehmensbewertung, Sacheinlagebewertung
– -seinheit 1 N 22
– -sformel 1 N 23, 26
– -sverfahren 1 N 22 ff.; 9 N 42

Bewilligung 10 N 11
– allg. öffentlich-rechtliche B. 8 N 20 ff., 25; 10 N 27
– Bank- 8 N 30 ff.; 10 N 27
– Erwerb von Grundstücken durch Ausländer 8 N 62 ff.; 10 N 27
– Zusatz- 8 N 44 ff.
Bezugsrecht 5 N 18, 28, 41; 7 N 8; 11 N 55 ff.
Bilanz 1 N 27; 3 N 62; 5 N 28; 6 N 14; 7 N 59, 68; 8 N 71; 9 N 8, 93; 10 N 20, 47
– Konsolidierung 8 N 58, 71
– Steuer- 9 N 4, 25
– Übernahme- 3 N 65; 7 N 2, 60; 9 N 11; 10 N 12, 16, 35, 40
Blind Bids 5 N 46
Börse 7 N 58; 11 N 1, 53
– Bestimmungen 7 N 52
– Usancen 7 N 52
Börsenfirma 8 N 34
Börsengeschäft 7 N 52; 11 N 36
Buchaktionär 11 N 34 f.
Buchverlust 6 N 24
Buchwert 6 N 24; 9 N 32, 43, 52, 54, 93, 100 ff., 127
– von Aktiven und Passiven 9 N 4
– von Grundstücken 8 N 71

C

Change of Ownership 4 N 13
Closing 7 N 13 ff.; 8 N 83; 10 N 12, 23, 25, 28 ff.
– Conditions of C. 7 N 12
Contribution of Assets 3 N 55 ff.
Contribution of Shares 4 N 25 ff.
Culpa in contrahendo 2 N 1, 7, 11

D

Damnum emergens 7 N 63
Darlehen 6 N 7 ff.; 9 N 16, 65 f., 70, 72
– Aktionärs- 10 N 14
– Sicherung 6 N 5 f., 18 ff.
– -svertrag 6 N 10 ff.; 9 N 16; 10 N 2
Deadlock Device 5 N 46
Delkrederposten 1 N 27

Depotstimmrecht 11 N 21
Differenztheorie 7 N 25, 28
Dividende 4 N 8; 5 N 19; 6 N 7 f., 13; 7 N 8, 10, 14, 50; 10 N 17, 26; 11 N 53
Doppelbesteuerungsabkommen 9 N 19, 64, 67
Doppelvertretung 6 N 28

E

Effektenhändler 9 N 8, 12, 60, 77, 81
Einbringer 3 N 56 ff.; 9 N 32 f., 43, 46 ff.; 10 N 42
Einfache Gesellschaft 1 N 12; 4 N 26, 28; 5 N 37, 47; 6 N 26
Einkommenssteuer 9 N 20 ff., 30, 51 ff., 58, 71, 127
– -wert 9 N 20 f., 51, 69
Einlage, s. auch Sacheinlage
– Aktien
– in AG 4 N 28 f.; 9 N 81 ff.
– in Personengesellschaft 4 N 26; 9 N 77 ff.
– Gesellschaftsanteile 4 N 1; 5 N 55; 10 N 40
– in AG 4 N 28; 9 N 81 ff.
– in Personengesellschaft 4 N 25 ff.; 9 N 77 ff.
– -rückgewähr 5 N 39 f.; 6 N 13, 22
– Sach-, s. dort
– Unternehmen mit Aktiven und Passiven 1 N 4; 3 N 1; 7 N 87; 9 N 127; 10 N 40
– in AG 3 N 60 ff.; 9 N 41 ff., 53 f.
– in Personengesellschaft 3 N 56 ff.; 4 N 25; 9 N 35, 37 f.
– -vertrag 3 N 57, 65, 68; 4 N 27 ff.; 7 N 84 ff.; 10 N 3 f., s. auch Sacheinlagevertrag
Einrede des nicht erfüllten Vertrages 7 N 30
Einsichtsrecht des Aktionärs 11 N 24 ff.
Einzelfirma 1 N 8, 9; 3 N 2, 14, 56, 61; 9 N 13, 20, 48
Einzelunternehmer 3 N 56; 9 N 32, 69; 10 N 11
Emission
– unter pari 3 N 66; 5 N 19, 41; 7 N 91; 9 N 48

– -sabgabe 5 N 21; 9 N 35, 39, 41, 43, 61, 77, 81, 90, 104, 125; 10 N 49
Endzweck einer AG 6 N 11; 8 N 12
Entwehrung 7 N 32, 36
Erfolgshonorar 2 N 21, s. auch Mäklerlohn
Erfordernis der Deckung
– bei Sacheinlage 3 N 64
– bei Sachübernahme 3 N 67
Erfüllungsklage 7 N 71
Erfüllungsstörungen 7 N 17 ff., 84, 91, 94; 10 N 6
Erschleichung einer falschen Beurkundung 3 N 64
Ertrag 1 N 26
– -ssteuer 9 N 20 ff., 26, 51 ff., 69, 99, 127
– -swert 1 N 25 ff.; 9 N 42, 51
– -swertverfahren 1 N 25
Erwerb
– eigener Aktien 5 N 20, 22, 39 ff.; 6 N 16; 11 N 58 ff.
– Gesellschaftsanteile 1 N 10; 4 N 1 ff.
– Unternehmen mit Aktiven und Passiven, s. Kauf und Übernahme
Escrow Agreement/Vertrag 7 N 8 f.; 10 N 2
Escrow Agent 7 N 8 f., 24; 9 N 9
Europäische Gemeinschaft (EG) 1 N 13, 16
Extraterritoriale Wirkung fremden Rechts 7 N 83

F

Fabrkationsgeheimnis 3 N 9
– Übertragung 3 N 9
Finanzgesellschaft 8 N 30
– bankähnliche F. 8 N 33 f., 39 f.
– Statuten 8 N 40
Firma 3 N 14, 56; 4 N 3, 16, 25; 8 N 37
– Übertragung 3 N 14
Fixgeschäft 7 N 21
Forderungen 3 N 4; 5 N 6; 7 N 34, 46
– Bonität 7 N 34, 46, 78
– Übertragung 3 N 17, 19, 63 f.; 5 N 6; 7 N 78
– Verität 7 N 46
Fortführungswert 1 N 24
Fusion 1 N 1, 7; 4 N 16, 18, 29; 5 N 1 ff.; 7 N 96; 8 N 20, 24, 43, 67; 11 N 11

- Banken 8 N 43, 56 f.
- -sbeschluss 5 N 16, 20, 30; 7 N 96, 98; 9 N 90
- Bewertung 5 N 19
- -sbilanz 5 N 24, 29
- echte F. 1 N 4; 4 N 29; 5 N 32 ff.; 9 N 89 ff., 105, 114, 119 f.; 10 N 4
- -sgewinn 9 N 101
- Gläubigerschutz 5 N 31
- internationale F. 5 N 33 f.; 7 N 82
- -skontrolle 8 N 25
- Mutter und Tochtergesellschaft 1 N 9; 5 N 18; 9 N 100 ff.
- Quasifusion, s. dort
- Schwestergesellschaften 5 N 18, 21
- Spitzenausgleich in bar 5 N 19
- Steuerfolgen 9 N 89 ff.
- unechte F. 1 N 2, 4; 4 N 29; 5 N 2, 32 ff.; 7 N 82; 9 N 103 ff.; 10 N 4
- -sverlust 9 N 102
- -svertrag 1 N 2; 5 N 16, 24 f., 29 f., 32; 7 N 1, 95 ff.; 10 N 4, 6, 8, 45 ff.
- vorbereitende Massnahmen 1 N 9; 5 N 19, 24

G

Garantie 6 N 7 ff., 19 ff.; 7 N 60
Garantievertrag 7 N 60
Gefahr, s. Nutzen und Gefahr
Gefahrtragung bei Sacheinlage 3 N 59
Gegenrecht 8 N 48
Gegenwartsbemessung 9 N 20
Gegenwartsbesteuerung 9 N 23
Geheimer Aufkauf 11 N 2 ff.
Geldwerte Leistung 9 N 48, 54, 72, 85, 94, 97 ff., 127 f.; 10 N 20, 26
Gemeinschaftsunternehmen (GU) 1 N 3, 7; 5 N 44 ff.; 8 N 24; 9 N 124 ff.; 10 N 5
Generalversammlung 3 N 70; 4 N 8, 15 ff.; 5 N 20, 25 ff., 46, 51; 8 N 13, 15; 11 N 15, 17 f., 23 ff.
- Anfechtung von Beschlüssen 11 N 23, 27
- Antragsrecht 11 N 19
- -sbeschlüsse 4 N 15 ff.; 5 N 20, 26 ff., 46; 7 N 97; 8 N 13 ff., 17; 10 N 50; 11 N 37, 63 f.
- Einberufung 11 N 12 ff., 27
- Nichtigkeit von Beschlüssen 11 N 27
- Quorum 3 N 70; 4 N 16; 5 N 26, 28; 11 N 45, 47, 56, 63 f.
- Vorbereitung der Geschäfte 11 N 17 f.
Genossenschaft 1 N 8; 5 N 1
Genussschein 4 N 16, 18
Gerichtsstand 10 N 32
Gesamtnachfolge, s. Universalsukzession
- prozessrechtliche Wirkungen 3 N 53
Geschäftsbereich 4 N 16; 5 N 20, 27, 43; 8 N 8 f., 15, 17
Geschäftsbücher 3 N 15; 11 N 24
Geschäftsgeheimnis 11 N 24, 26
Geschäftsübernahme 3 N 16, 19, 50, 53, 62; 8 N 67
Geschäftsvermögen 9 N 27, 86, 99, 121
Gesellschaftsanteile
- Einlage von G. 4 N 1, 25 ff.; 5 N 55; 10 N 40
- Steuerfolgen 9 N 77 ff.
- Erwerb von G. 4 N 1 ff.; 6 N 8
- Kauf von G. 4 N 1 ff.; 6 N 3, 6, 8; 7 N 1 f., 6, 33, 35 f., 47 ff.; 10 N 11
- Steuerfolgen 9 N 56 ff.
- Verpfändung von G. 6 N 4
Gesellschaftsinteresse 4 N 22; 6 N 11, 16; 7 N 84; 11 N 9 ff., 23 f., 26
Gesellschaftsstatuten 1 N 19; 3 N 65 ff.; 4 N 8, 11, 15 ff.; 5 N 20, 27 ff., 43; 6 N 16, 20; 7 N 89 f., 93 f.; 8 N 13; 11 N 11, 14 ff., 22 f., 32 ff., 53, 62 ff.
Gesellschaftsvertrag 4 N 2; 8 N 6, 8; 10 N 42
Gesellschaftszweck 4 N 16, 18; 5 N 20, 26 f., 43; 6 N 11, 16, 20, 23; 7 N 87, 91; 8 N 5 ff., 37
- Änderung 4 N 16, 18; 5 N 20, 26 f., 43; 8 N 8 f., 13 ff., 17
Gewährleistung 7 N 3 f., 18, 32, 36 ff., 84; 10 N 19 ff., 29 f., s. auch Rechts- und Sachgewährleistung
- Sacheinlage 3 N 59
- Sicherung 7 N 9; 10 N 22
Gewinn 9 N 92, 114, 116 f.
- -ausschüttungen 9 N 65
- -steuer 9 N 25, 30
- -thesaurierung 9 N 73
- -vortrag 9 N 42
GmbH 1 N 8

Goodwill 3 N 14, 62, 65; 5 N 34; 10 N 11
Grossist 9 N 31
Grundbuch 3 N 5, 17, 63 f.; 5 N 5; 7 N 34, 81; 8 N 66, 79
Grundkapital 4 N 16 ff.; 5 N 26; 6 N 14; 9 N 41 ff.; 11 N 12 ff.
Grundlagenirrtum 7 N 65 ff.; 10 N 10
Grundsatz der Gleichbehandlung der Aktionäre 4 N 17, 11 N 37, 45, 51, 56
Grundstück 3 N 4 f.; 5 N 5; 7 N 6, 11, 34, 76, 81; 8 N 62 ff.
– Erwerb durch Ausländer 8 N 62 ff.
  – Auflagen 8 N 77 ff.
  – Bedingungen 8 N 77 ff.
  – Bewilligungspflicht 8 N 62 ff.
  – Bewilligungsvoraussetzungen 8 N 74 ff.
– -gewinnsteuer 9 N 1, 29 f., 55, 59, 76, 80, 88, 123
Gründung 3 N 60, 62, 68 f.
– Gründerbericht 3 N 65 ff.; 5 N 28 ff.
– Sacheinlagegründung 3 N 61 ff.; 7 N 89
– Sachübernahmegründung 3 N 67
– Sukzessivgründung 3 N 65, 67
Grundvereinbarung/-vertrag des Gemeinschaftsunternehmens 5 N 45 ff.; 10 N 5
– Beendigung 5 N 49 f.
– Dauer 5 N 48 ff.
Gutschrift zugunsten des Einbringers 9 N 43, 46, 81; 10 N 37

H

Haftung
– für Gesellschaftsschulden 4 N 3, 12
– für Rechtsmängel 7 N 32
Handelsamtsblatt, Schweizerisches 3 N 65; 4 N 28
Handelsregister 3 N 14, 56 f., 60, 64 ff.; 4 N 3; 5 N 16, 23, 28, 30, 34; 7 N 47, 82, 90, 92 ff.; 8 N 3, 5, 7 f., 12 f., 16, 30, 37 f., 43; 10 N 9, 14, 51; 11 N 38 f.
Handels- und Gewerbefreiheit 8 N 18 ff.
Handlungsfähigkeit 8 N 1
Hängiger Prozess 3 N 49 ff.; 5 N 15
Heads of Agreement 2 N 13, s. auch Punktationen

Holdingabzug 9 N 27, 69
Holdinggesellschaft 3 N 61; 5 N 44; 6 N 7 ff., 17, 19 ff., 32; 8 N 13, 24, 71; 9 N 64, 66, 72, 83, 91, 109 f.
– als Effektenhändler 9 N 8, 91
Hostile Take-Over, s. Take-Over

I

Immaterialgüterrechte 1 N 14; 3 N 8 ff.; 5 N 8; 7 N 34, 81
Immaterielle Vermögenswerte 1 N 27
Immobiliengesellschaft 8 N 69 ff.; 9 N 76, 80, 88
– im engeren Sinn 8 N 69
– im weiteren Sinn 8 N 70, 78
Inhaberaktie 4 N 5 f., 14; 5 N 53; 7 N 35; 11 N 5, 9, 21, 23, 39, 44, 54
– Übertragung 4 N 6
Inhaberpapier 3 N 7; 4 N 5 f.; 6 N 3
– Übertragung 3 N 7
Innerer Wert von Aktien 9 N 64 f., 83
Innominatskontrakt 3 N 33; 5 N 25, 47; 7 N 8
Internationaler Unternehmenskauf 7 N 75 ff.
Insiderhandel 2 N 27 ff.; 6 N 29 ff.
Inventarliste 10 N 40
Irrtum 1 N 18; 2 N 6; 7 N 19, 65 ff., 91
– Grundlagen- 7 N 65 ff.; 10 N 10
Istwert 9 N 4

J

Jahressteuer, besondere 9 N 20, 23, 25, 58
Joint-Venture, s. Gemeinschaftsunternehmen

K

Kaduzierung 5 N 54; 7 N 91
Kapitalerhöhung 3 N 60, 62, 68 ff.; 4 N 16; 5 N 18 ff., 34, 41, 46; 7 N 61, 89, 92; 9 N 81; 10 N 49 f.; 11 N 50, 55 ff.
– qualifizierte K. 5 N 43
Kapitalgesellschaft 3 N 2, 61; 5 N 2
Kapitalgewinn 9 N 21 ff., 51, 53 f., 58, 69 ff., 85 f., 98

– -steuer 9 N 1, 70, 79, 85 f.
Kapitalherabsetzung 5 N 19, 24; 6 N 13; 7 N 91; 10 N 48
Kapitalisierung 1 N 26
– -zinsfuss 1 N 23, 26
Kapitalmarktrecht 7 N 83
Kapitalrückzahlung 5 N 39; 6 N 13
Kartell 1 N 3; 8 N 23 ff.
– -ähnliche Organisation 8 N 29
– -kommission 8 N 24 ff.
– -recht 7 N 83; 8 N 23 ff.
Kauf
– Aktien 1 N 2; 3 N 19; 4 N 4 ff.; 7 N 8, 24, 44, 53 ff., 66 f., 73; 8 N 69 f.
  – Steuerfolgen 9 N 60 ff.
– Gesellschaftsanteile 4 N 1 ff.; 6 N 3, 6, 8; 7 N 1 f., 6, 33, 35 f., 47 ff.; 10 N 11
  – Steuerfolgen 9 N 56 ff.
– Unternehmen mit Aktiven und Passiven 1 N 1, 4, 7; 3 N 2 ff.; 5 N 3; 6 N 3, 6 f., 25; 7 N 1 ff., 29, 33 f., 45 f., 61; 8 N 6 ff.; 10 N 6, 11 ff.
  – internationaler K. 7 N 75 ff.
  – Steuerfolgen 9 N 6 ff.
Kaufmännische Buchführungspflicht 9 N 22 f., 29, 58, 69, 76, 86, 99, 121
Kaufpreis 1 N 17; 4 N 20 f.; 6 N 3, 7, 10 ff.; 7 N 2 ff.; 9 N 66; 10 N 44
– Bestimmung 10 N 15 ff.
– Erfüllungsort 7 N 5
– Fälligkeit 7 N 4
– Minderung 7 N 38, 56, 61 ff., 67, 70, 72 f., 87, 91
– Sicherung 6 N 18 ff.; 7 N 6 ff.; 9 N 75
Kaufsrecht 5 N 46, 52 f.
Kaufvertrag 5 N 42; 7 N 34, 46; 10 N 2, 8
Klumpenrisiko 6 N 15, 23
Know-how 1 N 14
– Übertragung 3 N 9
Kollektivgesellschaft 1 N 8, 12; 3 N 56; 4 N 3; 8 N 3, 8, 10; 9 N 78
Kombination 1 N 1 f.; 5 N 1; 10 N 46
Kommandit-AG 5 N 1
Kommanditär 3 N 56 f.
Kommanditgesellschaft 1 N 8, 12; 3 N 56; 4 N 3; 8 N 3, 10; 9 N 78
Kommanditsumme 3 N 57

Komplementär 8 N 4
Konkurs 6 N 17, 21, 29
Kontinuität
– Mitgliedschaft 5 N 18 ff.
– Personengesellschaft 4 N 2
Kontrolle 7 N 14, 47; 9 N 76
– Gesellschaft 11 N 22, 48, 53, 61
– Übergang/Wechsel 1 N 4, 7, 9 f.; 4 N 13; 7 N 61
– Unternehmen 1 N 1 f.; 4 N 1 f., 4, 15; 7 N 56, 58; 9 N 109; 11 N 1, 6, 15, 21
Kontrollstelle 7 N 2; 11 N 49
Konzern 1 N 2; 4 N 29; 6 N 2; 8 N 42
Konzession 5 N 17, 34; 8 N 20 f.; 10 N 11
Kreditkauf 7 N 24

L

Leasingvertrag 3 N 32
– Übernahme 3 N 32
Letter of Intent 2 N 8 ff., s. auch Absichtserklärung
Leveraged Buy-Out 6 N 1
Lex Friedrich 5 N 30; 8 N 62 ff.; 10 N 27
Liquidation
– Einzelfirma 9 N 20
– faktische L. 8 N 13; 9 N 16, 28, 49, 85
– Gesellschaft 8 N 8, 13, 32; 9 N 14 f., 23 ff., 61 f., 70, 108
– verrechnungssteuerrechtliche L. 9 N 16, 117
Liquidationsausschüttungen 9 N 27
Liquidationserlös 3 N 61; 5 N 33; 9 N 16 f., 25; 11 N 53
Liquidationsgewinn 9 N 20, 23, 25, 54
– -steuer 9 N 38, 58
Liquidationsverfahren 5 N 34
Liquidationswert 1 N 22, 24
Lizenzvertrag 3 N 33 ff.; 4 N 13; 5 N 12, 14
– Übernahme 3 N 33 f.
– Patent- und Musterlizenz 3 N 37 f.
Lombardkredit 6 N 3 f.
Lucrum cessans 7 N 63

M

Mahnung 7 N 21

Majorzsystem bei Verwaltungsratswahl 11 N 22
Mäkler 2 N 16 ff.; 9 N 9
- -lohn 2 N 19 ff., 25
- Sorgfaltspflicht 2 N 23
- Zurechnung des Verhaltens 2 N 24
Mäklervertrag 2 N 18
- Beendigung 2 N 25
- Exklusivität 2 N 22
Management Buy-Out (MBO) 1 N 7; 6 N 1 ff.; 10 N 5
- Steuerfolgen 9 N 128
Mängelrüge 7 N 37, 43, 52, 60, 72 f.
Mantelhandel 1 N 10; 9 N 61 f., 70, 72, 77 ff., 82, 85, 87, 115
Marken
- Fabrik- 3 N 13
- Firmen- 3 N 13
- Handels- 3 N 13
- Register 3 N 12; 5 N 8
- Übertragung 3 N 12 f.; 5 N 8
Miete 3 N 21 ff.; 8 N 66
- Abtretung der M. 3 N 23
- Unter- 3 N 22 f.
Mietvertrag 5 N 10, 14; 8 N 66
- Kündigung 3 N 25; 5 N 10
- Übernahme 3 N 21 ff.; 5 N 10
- Vormerkung im Grundbuch 3 N 24
Minderheitsaktionär 5 N 18
- Schutzrechte der M. 4 N 17
Minderung 7 N 38, 56, 61 ff., 67, 70, 72 f., 87, 91
Mitgliedschaft 4 N 2, 7, 12; 5 N 54; 7 N 35, 47 ff., 64, 77, 80; 10 N 13
- Kontinuität 5 N 18 ff.
- Mitverwaltungsrechte 4 N 8; 5 N 54; 11 N 53
- Mitwirkungsrechte 4 N 5; 11 N 34
- -srechte 5 N 18; 7 N 47 ff.; 11 N 34
- Übertragbarkeit 5 N 54
- Vermögensrechte 4 N 5, 8; 5 N 54; 7 N 50; 11 N 34, 38, 53
Mittelwertverfahren 1 N 25
Motorfahrzeughaftpflicht 3 N 42
Muster und Modelle
- Register 3 N 11; 5 N 8

- Übertragung 3 N 11; 5 N 8
Muttergesellschaft 1 N 9; 5 N 18, 20 ff., 35; 6 N 7 ff.; 9 N 93, 100 f.

N

Nachfrist 7 N 20 f.
Nachliberierung 9 N 48
Namenaktie 4 N 5, 7, 14, 19; 5 N 53; 7 N 35, 47; 11 N 9, 20, 23, 39, 49
- Übertragung 4 N 7; 5 N 53
- vinkulierte N. 4 N 5, 8, 21; 5 N 53; 7 N 49 ff.; 10 N 27; 11 N 3 ff., 11, 23
Namenpapier 4 N 5; 6 N 3
Nennwert/Nominalwert 9 N 27, 42, 82, 90; 10 N 14; 11 N 49, 54
Nennwerterhöhung 9 N 94, 98 f.; 10 N 48
Nichterfüllung des Vertrags 7 N 20 ff., 71, 74, 86
- Schadenersatz 7 N 20, 23, 25 f., 71, 97
Non-Versé 6 N 14; 7 N 91
Nutzen und Gefahr 7 N 10 ff., 38, 61, 84 f.
- Übergang 7 N 10 ff., 37, 90, 94, 96; 10 N 38, 43

O

Obligationenanleihe 4 N 13; 5 N 14
Offenlegungspflicht 11 N 2, 6
Öffentliches Übernahmeangebot 1 N 2; 4 N 19 ff.; 6 N 2; 11 N 2, 7 ff., 32
- Annahmeerklärung 4 N 21, 24
- Annahmefrist 4 N 20 ff.
- Antrag/Offerte 4 N 20, 23 f.; 11 N 58, 60
- Bedingungen 4 N 21, 23
- Zustellung 10 N 9
Orderpapier 3 N 7; 4 N 5; 6 N 3
- Übertragung 3 N 7

P

Parteiwechsel im Zivilprozess 3 N 50; 5 N 15
Partizipationsscheine 4 N 16; 5 N 36; 11 N 53 f.
Passiven
- Übernahme, s. dort
Patente 3 N 4, 8; 7 N 34

- Register 3 N 8; 5 N 8
- Übertragung 3 N 8; 5 N 8

Paulianische Anfechtungsklage 6 N 17
Pensionskasse 3 N 46; 5 N 13
Personalfürsorge 3 N 46 ff.; 10 N 31
- -stiftung 3 N 46 ff.

Personengesellschaft 1 N 8; 3 N 2, 61; 5 N 2; 10 N 13
- Anteile an P. 4 N 2 ff.
- Begriff 1 N 12
- Einlage in P. 3 N 56; 4 N 25 ff.
- Firma 3 N 14
- Übernahme einer P. 8 N 68
  - Steuerfolgen 9 N 13, 23 ff., 32 ff., 48, 69, 78, 117
- Vertretung 8 N 3 f., 6 ff.

Personenunternehmen 3 N 1; 10 N 11
- Begriff 1 N 12
- Übernahme 8 N 68
  - Steuerfolgen 9 N 13, 23 ff., 104, 108, 116

Personenversicherung 3 N 43
Persönlichkeitsrecht 5 N 17
Poison Pills 11 N 66
Poolvertrag 11 N 21
Präambel 10 N 10
Praktikermethode 1 N 25; 9 N 42
Privatvermögen 9 N 27, 70, 84, 98
Prospekt 3 N 65 ff.; 4 N 22; 11 N 7
Proxy Fight 11 N 20, s. auch Abstimmungskampf
Proxy Rules 11 N 20 f.
Prozess 3 N 49 ff.; 5 N 15; 10 N 20; 11 N 30 f.
Publikumsgesellschaft 11 N 1 ff.
Punktation 2 N 13
Purchase of Assets 1 N 6; 3 N 2 ff.
Purchase of Shares 1 N 6; 4 N 1 ff.

Q

Qualifizierte Anwesenheit, s. Quorum
Qualifizierte Mehrheit 4 N 16, 18; 5 N 26, 28; 8 N 13; 11 N 47; 11 N 50, 52, 56, 63 f.
Quasifusion 1 N 4; 4 N 29; 5 N 2, 34 ff.; 7 N 82; 8 N 15, 24; 10 N 4
- Steuerfolgen 9 N 103 ff.

Quorum an Generalversammlung der AG 3 N 70; 4 N 16, 18; 5 N 26, 28; 11 N 45, 47, 56, 63 f.

R

Rechtsgewährleistung 7 N 31 ff.
- für Aktiven und Passiven 7 N 34
- für Gesellschaftsanteile 7 N 35 f.

Rechtsmangel 7 N 18, 32 ff.
Rechtsträger 1 N 10
Rechtswahl 7 N 76 ff.
Rektaaktie 4 N 5, 9; 7 N 35, 51
- Übertragung 4 N 9

Reorganisation 1 N 7; 9 N 2
Reserven 9 N 64 ff., 78, 92, 114, 116 f.
- -ausschüttungen 9 N 65
- freie R. 6 N 14
- gesetzliche R. 6 N 14
- offene R. 9 N 42, 46
- stille R., s. dort

Right to Call 5 N 46
Right to Put 4 N 13; 5 N 46
Rückkaufsrecht 5 N 54
Rücktritt vom Vertrag 7 N 20 ff., 86, 91; 10 N 30
Rückzahlung der Einlage 5 N 39, s. auch Kapitalrückzahlung
Rügepflicht, s. Mängelrüge

S

Sacheinlage 1 N 4; 3 N 1, 55 ff.; 4 N 16; 5 N 28, 32, 42 f.; 5 N 55; 6 N 7; 8 N 15; 10 N 33 ff.
- Bewertung 3 N 57, 62, 65 ff.; 9 N 81
- Gefahrtragung 3 N 59
- Gewährspflicht 3 N 59
- -gründung 3 N 66 f.
- Steuerfolgen 9 N 37 ff., 106, 110 f., 125, 127
- Überbewertung 9 N 48, 54
- Unterbewertung 9 N 54
- -vertrag 3 N 63 ff.; 4 N 27 ff.; 5 N 42; 7 N 1, 84 ff.; 10 N 3 f., 6, 8, 33 ff.
- zu Eigentum 3 N 58
- zu Gebrauch 3 N 58

Sachgewährleistung 1 N 18; 7 N 10, 31, 36 ff., 87
- für Aktiven und Passiven 7 N 45 f.
- für Gesellschaftsanteile 7 N 47 ff.
- -sklage 7 N 71
Sachmangel 7 N 18, 37 ff., 71, 73, 86
Sachübernahme 3 N 60, 67; 5 N 43, 55; 9 N 45, 47, 106
- -gründung 3 N 67
- -vertrag 7 N 1, 93 f.; 10 N 4, 6, 8, 44
Sachversicherung 3 N 40 f.
Satellitenvertrag 5 N 56; 10 N 5
Schaden
- konkreter S. 7 N 28
- mittelbarer S. 7 N 63
- unmittelbarer S. 7 N 63
Schadenersatz 7 N 20, 23, 25 ff., 61 ff., 72, 97; 11 N 31
Schadloshaltung 10 N 21
Schiedsgerichtsvertrag 7 N 2
Schiedsgutachten 7 N 2
Schiedsklausel 5 N 46; 10 N 32
Schulden
- Haftung für übernommene S. 3 N 20
- Übernahme 3 N 16, 18 f.; 7 N 79
Schuldenruf 5 N 31
Schutzrechte der Aktionäre 4 N 17
Schweizerische Bankiervereinigung 11 N 3, 21, 41
Schweizerisches Handelsamtsblatt 3 N 65; 4 N 28
Schweizerische Nationalbank 8 N 33, 44
Singularsukzession 3 N 4, 58, 63; 4 N 27 f.; 5 N 3, 33; 10 N
Sitzverlegung 7 N 82
Sozialversicherung 3 N 44 ff.
Spaltung der Aktionärsrechte 11 N 34
Spaltungstheorie 4 N 8; 7 N 50 f.; 11 N 36
Sperrjahr 5 N 23, 31, 33
Spitzenausgleich 9 N 94, 98 f.
Stammaktie 7 N 47; 11 N 23
Statuten, s. Gesellschaftsstatuten
- Bank-, s. dort
- des Gemeinschaftsunternehmens 5 N 47
Stempelabgabe, s. Emissionsabgabe, Umsatzabgabe

Steuern
- eidgenössische S. 9 N 1
- kantonale S. 9 N 1
- latente S. 9 N 5
Steuer(buch)wert 9 N 23, 26 f., 58, 69, 96
Steuerfaktoren 9 N 95
Steuersubjekt 9 N 23, 25, 37, 62, 120
Steuersukzession 9 N 95
Steuerumgehung
- Begriff 9 N 63
- Einkommens- und Ertragssteuer 9 N 71, 74, 95
- Verrechnungssteuer 9 N 36, 40, 63 ff., 78 f., 83, 92, 115
Stille Reserven 1 N 27; 6 N 14; 9 N 4 f., 33, 37 f., 42, 52, 54, 100, 127; 10 N 41
- Begriff 9 N 4
- Realisierung 9 N 4, 32 f., 37, 52 f., 70, 96
- Sperrfrist 9 N 52, 70, 85
- Übernahme der st. R. 9 N 32, 96
Stillhalteabkommen 11 N 15
Stimmbindung 5 N 51; 7 N 80; 11 N 21
Stimmkapital 4 N 18; 7 N 58; 11 N 2, 6, 22, 40
Stimmrecht 4 N 6, 8; 11 N 4, 21, 34 f., 44, 49, 53
- Beschränkung 11 N 44 f.
Stimmrechtsaktie 4 N 16, 18; 11 N 23, 48 ff.
- vinkulierte S. 11 N 23, 54
Stimmrechtslose Aktie 11 N 53
Stimmvollmacht 11 N 20
Streubesitz 7 N 58
Strohmann 11 N 2, 4
Substanzwert 1 N 25 ff., 9 N 42
Sukzessivgründung 3 N 65, 67
Superholdingtheorie 9 N 83
Superprovisorische Verfügung 11 N 29
Syndikatsvertrag 11 N 21
Synergieeffekt 1 N 13, 16

T

Take-Over
- Bid 9 N 121
- friendly 4 N 19
- hostile 1 N 2
- unfriendly 1 N 2; 2 N 26; 4 N 19; 5 N 37; 11 N 1 ff.

Tausch
- Aktien- 5 N 39, 41; 9 N 84, 113, 115, 121, s. auch Austausch von Aktien
- -vertrag 5 N 42

Täuschung 2 N 6; 7 N 19, 37, 65 ff., 91
Teilleistung 7 N 29
Teilliquidation 9 N 65, 70 ff., 85, 128
Tender Offer 4 N 19 ff.; 9 N 121; 11 N 7 ff., s. auch öffentliches Übernahmeangebot
Tipgeber 2 N 27
Tippee/Tipnehmer 2 N 27
Tochtergesellschaft 1 N 9; 5 N 18, 20 ff., 35, 40 ff.; 6 N 7 f.; 8 N 53 f.; 9 N 91, 93, 100 ff.
Traktanden 11 N 15 f., 18
Treuepflicht des Aktionärs 4 N 14

U

Übergangsstichtag 7 N 13 ff.; 10 N 12, 23, 28, s. auch Closing
Übernahme
- -angebot, s. öffentliches Übernahmeangebot
- -bilanz 3 N 65; 7 N 2, 60; 9 N 11; 10 N 12, 16, 35, 40
- Geschäfts- 3 N 16, 19, 50, 53, 62; 8 N 67
- -kampf 11 N 11, 17
- mit Verschmelzung 1 N 2
- ohne Verschmelzung 1 N 2
- ohne Vertrag 1 N 2
- -preis 1 N 17; 5 N 20, 28; 10 N 36 f., 41, s. auch Kaufpreis
- unfreundliche Ü. 2 N 26; 11 N 1 ff., s. auch Take-Over
- Unternehmen mit Aktiven und Passiven 1 N 1 ff., 9; 3 N 1 ff.; 4 N 3, 11 f., 25, 29; 5 N 3, 6 f., 13, 25, 32; 6 N 25; 8 N 36, 65 ff.
  - Steuerfolgen 9 N 6 ff.

Übernahmevertrag 2 N 1 ff.; 8 N 60
- Abbruch der Vertragsverhandlungen 2 N 2, 10
- Auslegung 2 N 1; 10 N 10
- Bedingungen 7 N 12 f.; 10 N 27, 50
- Einreden 3 N 20
- Verhandlungen 2 N 1 ff.

Übertragungsbeschränkungen
- für Anteile am Gemeinschaftsunternehmen 5 N 52 ff.
- statutarische Ü. 5 N 53

Umsatzabgabe 9 N 6 ff., 35, 39, 46, 56, 60, 77, 81, 91, 111 ff.; 10 N 31
- Abgabepflicht 9 N 12
- Fälligkeit 9 N 12
- steuerbare Urkunde 9 N 7, 11, 56, 60, 111 f.

Umtausch, s. Austausch
Unfallversicherung 3 N 45
Unfriendly Take-Over, s. Take-Over
Ungetreue Geschäftsführung 6 N 29, 33 ff.
Universalsukzession 4 N 3; 5 N 3 f., 10, 13, 16 f., 20; 7 N 96, s. auch Gesamtnachfolge
Unlauterer Wettbewerb 11 N 31
Unternehmen
- Begriff 1 N 5 f.
- Bewertung 1 N 17 ff.; 3 N 57, 66; 7 N 62; 10 N 15
- Bewertungsverfahren 1 N 22 ff.
- -serwerb, s. Erwerb
- Gewährleistung 7 N 36
- -sherrschaft 1 N 7; 4 N 18; 7 N 54, s. auch Kontrolle
- -skontrolle, s. Kontrolle
- Rechtsobjekt 1 N 5, 8
- Rechtssubjekt 1 N 5, 8
- -sträger 1 N 5, 8, 10
- Vermittler 2 N 16 ff., s. auch Mäkler
- -swert 1 N 23, 25 ff.; 3 N 66; 7 N 7, 42, 62; 9 N 4
- -szusammenschluss, s. Zusammenschluss

Untervermietung 3 N 22
Urheberrechte 3 N 10
- Übertragung 3 N 10

UVG 3 N 45

V

Veranlagungsperiode 9 N 95
Verantwortlichkeitsklage 4 N 17; 11 N 27, 49
Verfalltagsgeschäft 7 N 21

Verfügungsbeschränkung 8 N 1 ff.
- erbrechtliche V. 8 N 1
- familienrechtliche V. 8 N 1
- gesellschaftsrechtliche V. 8 N 2 ff.
- öffentlich-rechtliche V. 8 N 18 ff.
- personenrechtliche V. 8 N 1
Verfügungsgewalt 1 N 7
Verkauf, s. Kauf
Verkehrswert 3 N 66; 8 N 71; 9 N 42 f., 51, 54, 78, 81, 90, 102, 107, 125
Vermittler 2 N 16 ff.; 9 N 9, 60, 77, 81, s. auch Mäkler
Vermittlungsmäkelei 2 N 18; 9 N 9
Vermögensertrag 9 N 98, s. auch Beteiligungsertrag
Vermögensrecht aus Aktien 4 N 5, 8; 7 N 50 f.; 11 N 34, 38
Vermögensverwalter 8 N 34
Verrechnungssteuer 9 N 13 ff., 28, 36, 40, 48 ff., 54, 56, 62 ff., 78, 82 f., 92 f., 114 ff., 126
- Rückerstattung 9 N 19, 63 ff., 78, 83
Verschmelzung
- s. Übernahme und Zusammenschluss
Versicherung
- AHV/IV 3 N 44
- Berufliche Vorsorge 3 N 46 ff.
- Motorfahrzeughaftpflicht- 3 N 42
- Personalfürsorge 3 N 46 ff.
- Personen- 3 N 43
- Sach- 3 N 40 f.; 5 N 13
- Sozial- 3 N 44 ff.
- Unfall- 3 N 45
Versicherungsvertrag 3 N 39 ff.; 5 N 13
- Übernahme 3 N 40 ff.
Vertragsfreiheit 10 N 6
Vertragsgestaltung 10 N 1 ff.
Vertragsinteresse
- negatives V. 7 N 20, 25, 27
- positives V. 7 N 20, 27
Vertragsübernahme 3 N 16
Vertretung 10 N 9
- AG 8 N 5
- -sbeschränkung 11 N 46 f.
- Personengesellschaft 8 N 3 f., 6 ff.; 10 N 39

Verwaltungsrat 4 N 8, 15, 19, 21 f.; 5 N 24, 46; 6 N 26, 31; 7 N 49; 8 N 5, 11 ff., 75; 11 N 5, 10 f.
- Abberufung 11 N 15, 17
- gestaffelter V. 11 N 66
- Verantwortlichkeit
  - strafrechtliche 6 N 29 ff.
  - zivilrechtliche 5 N 39; 6 N 15, 20, 23; 11 N 27, 59
- Wahl 11 N 15, 18, 22 ff.
Verzug 7 N 20 ff.
- Käufer 7 N 17
- Verkäufer 7 N 17, 29
- -szinsen 7 N 22
Vinkulierte Namenaktie 4 N 5, 8, 21; 5 N 53; 7 N 49 ff.; 10 N 27; 11 N 3 ff., 11, 23
Vinkulierung 5 N 54; 11 N 11, 32 ff.
- nachträgliche V. 11 N 37 ff.
- Rückwirkung 11 N 39 f.
- ursprüngliche V. 11 N 37
Vorkaufsrecht
- statutarisches V. 4 N 11; 5 N 52, 54; 11 N 62
- vertragliches V. 4 N 11; 5 N 46, 52 f.
Vorratsaktie 5 N 18, 41
Vorvertrag 2 N 14 f.
Vorzugsaktien 4 N 16; 7 N 47; 11 N 23

W

Wandelobligation 5 N 36
Wandelung 7 N 38, 44 ff., 61, 63, 73, 87, 91; 10 N 22
Warenumsatzsteuer 9 N 31
Warenvorräte 1 N 27
Wertpapiere 1 N 22; 3 N 7; 4 N 5; 7 N 35, 47 f.
- Übertragung 3 N 7
White Knight 11 N 60
Willensmangel 1 N 18; 5 N 25; 7 N 3, 19, 65 ff., 92, 98
Wohlerworbenes Aktionärsrecht 11 N 56

Z

Zahlungsmodalitäten 10 N 18, 44
Zession 3 N 16 ff.; 4 N 9 f.; 5 N 6; 7 N 48, 64

- anwendbares Recht 7 N 78
- -svertrag 4 N 2 f.

Zielgesellschaft 4 N 19, 22 f.; 9 N 121; 11 N 30 f.

Zivilprozessordnung 3 N 49; 5 N 15; 7 N 2
- Bund 3 N 50; 5 N 15
- Zürich 3 N 51, 53; 5 N 15; 7 N 2

Zusammenschluss, s. auch Fusion
- fusionsähnlicher Z. 5 N 44 f., 47, 50
  - Steuerfolgen 9 N 103 ff., 125 f.
- kartellrechtliche Untersuchung 8 N 23 ff.
- koordinierter Z. 1 N 3, 7
- mit Verschmelzung 1 N 2
- ohne Verschmelzung 1 N 2; 5 N 34
- ohne Vertrag 1 N 2
- subordinierter Z. 1 N 3
- unkoordinierter Z. 1 N 3
- Unternehmens- 1 N 1 ff., 16; 3 N 55; 5 N 1
  - Steuerfolgen 9 N 33, 41, 50, 52 f., 118, 122 f.
- -vertrag 1 N 2; 5 N 37 f; 10 N 4

Zusicherung 7 N 4, 16, 36, 41 f., 50, 54, 57 ff., 67, 70, 73; 10 N 22; 11 N 4

Zwischenveranlagung 9 N 20, 23 f.